2011
中国经济
预测与展望

中国科学院预测科学研究中心

China Economic Forecast
and Outlook in 2011

科学出版社
北京

内 容 简 介

本书是中国科学院预测科学研究中心推出的第五个年度经济预测报告。本报告根据截至 2010 年 11 月份的各种数据，运用经济先行指数和计量经济预测方法对 2010 年我国经济的不同层面进行了全面系统的总结和回顾，对 2011 年我国的经济趋势走势和主要经济变量进行了预测，并提出了相应的政策建议。

全书由 15 个报告组成，内容涉及经济增长、物价水平、股票市场、商品期货、农业生产、居民收入、房地产业、物流业、碳排放等多个方面；此外，本书还包括了世界经济景气以及各大机构对全球经济增长趋势的预测。

本书适合于以下读者参阅：国家各级政府部门，特别是中央级政府部门的分析与决策人员；国内外企业的经营管理人员；宏观经济和行业经济的研究人员；关注中国和世界经济形势的各界人士以及广大中小投资者。

图书在版编目 (CIP) 数据

2011 中国经济预测与展望/中国科学院预测科学研究中心编. —北京：科学出版社，2011

ISBN 978-7-03-029939-0

Ⅰ.①2… Ⅱ.①中… Ⅲ.①经济预测-中国-2011②经济发展趋势-中国-2011 Ⅳ.F123.2

中国版本图书馆 CIP 数据核字（2011）第 003250 号

责任编辑：马 跃 / 责任校对：赵桂芬
责任印制：张克忠 / 封面设计：耕者设计工作室

科 学 出 版 社 出版
北京东黄城根北街 16 号
邮政编码：100717
http://www.sciencep.com

骏 杰 印 刷 厂 印刷
科学出版社发行 各地新华书店经销

*

2011 年 1 月第 一 版　　开本：787×1092　1/16
2011 年 1 月第一次印刷　　印张：15 1/4
印数：1—4 500　　　　　字数：343 000

定价：36.00 元
（如有印装质量问题，我社负责调换）

撰稿人名单

主编

    杨晓光   杨翠红（中国科学院预测科学研究中心）

编委

    鲍勤   陈全润   陈锡康   董阳   段玉婉   蒋雪梅   李晖

    刘畅   刘晓欣   刘秀丽   陆凤彬   欧变玲   庞淑娟   齐晓楠

    邵燕敏   汪寿阳   王珏   王会芳   王会娟   王玉静   徐山鹰

    杨翠红   杨晓光   余乐安   张戈   张嘉为   张珣   赵大萍

    赵琳   祝坤福（中国科学院预测科学研究中心）

    董慧妍   董纪昌   高鹏   郭琨   李斌   李秀婷   吴迪

    张恩瑜   张莉莉（中国科学院研究生院管理学院）

    车欣薇（北京航空航天大学经济管理学院）

    程建华（安徽大学经济学院）

    冯耕中   徐金鹏   尤晓岚（西安交通大学管理学院）

    权威（西安交通大学公共政策与管理学院）

    高铁梅   李颖（东北财经大学数学与数量经济学院）

    谷宇（大连理工大学经济学院）

    黄德龙（中信证券风险控制部）

    闫淑君（中国物流信息中心）

前　言

2010 年的中国经济，走出了国际金融危机的阴霾，成为带动世界经济增长的火车头。为摆脱国际金融危机的负面冲击，2008 年、2009 年中央政府实施了力度空前的刺激经济政策，我国经济成功地由快速下滑转向稳步上行。在确保了经济高速增长的大好形势下，2010 年中央政府及时调整政策，在逐步退出刺激性经济政策的同时，着手于对伴随着刺激性经济政策而来的房地产行业膨胀、节能减排形势的严峻以及地方融资平台风险聚集等问题的宏观调控。中央政府成熟的宏观调控手法，使得中国经济运行由政策推动平稳过渡到正常增长，为中国经济平稳进入十二·五奠定了良好的基础。

2011 年是十二·五的开局之年，中国经济担负着调整经济结构，转变经济增长方式的艰巨任务。而制定正确的经济政策完成这一艰巨任务的前提，是需要回答一系列中国经济所面临的不确定性问题。逐季下滑的国民生产总值的增速走向何方？2011 年中国经济运行中的有利因素和不利因素有哪些？重点行业前景如何？正在攀升中的居民消费价格指数是否会进一步冲高？民以食为天的粮食能否实现供给满足需求？诸多调控措施而不见成效的房地产价格是否仍旧我行我素？2010 年波澜不惊的中国股市是否会在 2011 年面貌一新？外需不明朗而摩擦不断的对外贸易会如何发展？高压下的人民币汇率是否有较大变化？生产和贸易中的碳排放到底有多少？节能减排的目标能否实现？等等。对这些问题的深入分析和解答，无疑有利于人们正确判断 2011 年中国经济的整体走势。

经过数年的摸索，针对公众对每年预测报告的反应，我们对今年的年度预测报告进行了"瘦身"处理，更多选择公众更为关注的话题作为预测报告的讨论对象。2011 年的中国经济预测与展望报告由 15 个分报告组成。分报告 1、分报告 2、分报告 3，是从宏观层面讨论 2011 年经济形势，分别从 2011 年三大产业增速及三大需求对国内生产总值增速的拉动和贡献，预测 2011 年国内生产总值增速及其走势；分析 2011 年我国经济发展中有利的因素和不利因素；计算并分析 2011 年我国及世界经济景气。分报告 5、分报告 9、分报告 10、分报告 13 围绕着公众极为关心的物价、房价、股价和城乡居民收入展开讨论。分报告 4、分报告 6 分别讨论对社会经济稳定非常重要的粮食供需问题和进出口形势。分报告 7、分报告 8 对若干近几年在国民经济发展中起主导作用的重要行业前景进行了分析。分报告 11、分报告 12 重点讨论对金融市场有重要影响的汇率和商品期货价格走势。分报告 14、分报告 15 集中测算我国生产和对外贸易中的碳排放问题。我们希望这 15 个分报告，能够抓住 2011 年我国经济发展中的重点和热点问题。

同往年一样，本年度的预测报告是一个集体智慧的结晶。报告的写作聚集了来自中国科学院预测科学研究中心以及预测科学研究中心的联系单位——东北财经大学、西安交通大学、中国科学院研究生院、安徽大学等单位的 50 多位作者。本报告的高质量完成，凝聚着各位作者的辛勤劳动和智慧。作为本报告的主编，我们向本报告的每一位作者表示衷心的感谢。在本报告的出版过程中，科学出版社有关领导和编辑同志也做了大量的工作，在此向他们一并表示由衷的感谢。此外，本报告的工作，还得到中国科学院和国家自然科学基金委员会的资助，对此我们深表谢意。

杨晓光　杨翠红

中国科学院预测科学研究中心

2010 年 11 月 25 日

目　录

2011 年我国 GDP 增速预测

陈锡康　祝坤福　王会娟

报告摘要：2010 年是我国国民经济和社会发展史上极不平凡的一年。在复杂多变的国内外环境下，我国保持了经济平稳较快发展的良好态势。2010 年前三季度我国的国内生产总值（GDP）增长率达到了 10.6%。我们预计，2010 年我国全年我国的 GDP 增长率为 10.1%。最近时期，我国经济增长速度将呈明显下降趋势，2010 年第四季度 GDP 增速将比前三个季度为低，预计 2010 年第四季度 GDP 增速为 9.1%，今后增速将继续下降。经济增速出现较大幅度下降主要有四个原因，即从紧的货币措施抑制了内需增长，基数高低的影响，产业结构调整及压缩高耗能产业产能等的影响和外需增长趋于缓慢等因素的影响。

展望 2011 年，我国经济虽然面临着不少挑战，但仍将平稳较快发展。在中央有关部门能够妥善地处理好经济平稳增长和控制通货膨胀预期关系的前提下，我们预测 2011 年 GDP 增速为 9.5% 左右，经济发展较为平稳，GDP 增速呈现前低后高的趋势，各季度 GDP 增长率极差在 1 个百分点左右。经济增长的主要特点为：经济增长主要是来自内需的推动；消费对经济增长的贡献率有所上升，但仍低于正常水平；投资增速下降；进出口增速下降，外需形势不容乐观。

一、2010 年 GDP 增长速度预测

2010 年是我国国民经济和社会发展史上极不平凡的一年。在复杂多变的国内外环境下，我国保持了经济平稳较快发展的良好态势。根据国家统计局公布的资料，2010 年前三个季度 GDP 增速分别为 11.9%、10.4% 和 9.6%，前三季度 GDP 增速为 10.6%。根据我们最近的测算，第四季度 GDP 增速为 9.1%，全年 GDP 增速为 10.1%。全年 GDP 增速前高后低，逐季回落[①]，如图 1 所示。

我们预测第四季度 GDP 增速（9.1%）较第三季度（9.6%）为低。在 2010 年 8～10 月份连续三个月制造业采购经理指数（PMI）上升的情况下，第四季度我国的 GDP 增速有较大幅度下降的主要原因如下：

[①] 在 2009 年年末和 2010 年年初我们预测并发布了我国 2010 年 GDP 增速为 10% 左右，全年各季经济增长速度为前高后低。从目前情况看，预测精度很高，各季经济增长速度的趋势也是正确的。

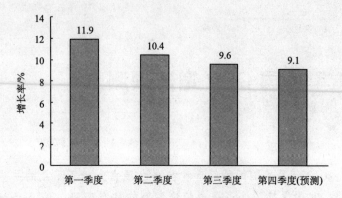

图 1　2010 年四个季度我国 GDP 增速

资料来源：中国经济信息网数据库及项目组测算。

（1）从紧的货币措施抑制了内需增长。在国家统计局发布 10 月份居民消费价格指数（CPI）较上年同期增高 4.4%（创两年以来的新高），以及美国联邦储备委员会（以下简称美联储）公布了第二波量化宽松的货币政策以后，为控制流动性和降低通货膨胀预期，中国人民银行（以下简称央行）采取了一系列从紧的货币措施，如上调金融机构人民币存款基准利率等。这些措施对控制流动性和减少资产泡沫无疑是有效的，但也在一定程度上抑制了内需增长和降低了实体经济的增长速度。

（2）基数高低的影响。2009 年第四季度 GDP 增速为 11.3%，较当年第三季度 GDP 增速（9.5%）高 1.8 个百分点。这也促使 2010 年第四季度 GDP 同比增速较第三季度略为放缓。

（3）产业结构调整、压缩高耗能产业产能等的影响。2010 年上半年我国高耗能行业的快速发展加大了全年节能减排的压力，各级政府在下半年加大了遏制高耗能行业，如钢铁、有色金属、化工、非金属、石油加工以及电力等行业产能扩大的力度，关停了一批小火电企业等。

（4）主要发达国家经济复苏缓慢。部分西方国家，如爱尔兰、葡萄牙和西班牙等国均有可能发生严重的债务和金融危机，部分发达国家强烈压迫人民币升值，并再次推出了量化宽松的货币政策。由此，我们认为，2011 年我国的外需增长不容乐观。预计 2010 年 11 月份以后出口和进口增速将有较大幅度下降，外贸顺差也呈下降趋势。

综合上述分析，我们预测 2010 年第四季度我国 GDP 增速为 9.1%。其中，第一产业增速为 5.6%，第二产业增速为 9.5%，第三产业增速为 9.7%。

预计 2010 年全年 GDP 增速为 10.1%。其中，第一产业增速为 4.7%，第二产业增速为 11.6%，第三产业增速为 9.6%。在 GDP 增速的 10.1 个百分点中，最终消费拉动 GDP 增长 3.6 个百分点，对 GDP 增长的贡献率为 35.6%；资本形成总额拉动 GDP 增长 6.2 个百分点，贡献率为 61.4%；货物和服务净出口拉动 GDP 增长 0.3 个百分点，贡献率为 3.0%。详见表 1 和表 2。

表 1　2010 年三大产业增长率	
项目	增长率/%
GDP	10.1
第一产业	4.7
第二产业	11.6
第三产业	9.6

资料来源：项目组测算。

表 2　2010 年三大需求对 GDP 增长的拉动和贡献率

项目	拉动/百分点	贡献率/%
最终消费	3.6	35.6
资本形成总额	6.2	61.4
货物和服务净出口	0.3	3.0
合计	10.1	100.0

资料来源：项目组测算。

二、2011 年我国 GDP 增长速度初步预测

2011 年是我国"十二·五"的开局之年。在中央有关部门，特别是央行等部门能够妥善地处理好经济平稳增长和控制通货膨胀预期关系的前提下，我们预测 2011 年我国的 GDP 增速为 9.5% 左右，其中，第一产业增速为 4.5%，第二产业增速为 10.4%，第三产业增速为 9.6%，如表 3 所示。

表 3　2006～2011 年我国 GDP 增长速度（单位：%）

年份	2006	2007	2008	2009	2010 预测	2011 预测
GDP	12.7	14.2	9.6	9.1	10.1	9.5
第一产业	5.0	3.7	5.4	4.2	4.7	4.5
第二产业	13.4	15.1	9.9	9.9	11.6	10.4
第三产业	14.1	11.6	10.4	9.3	9.6	9.6

资料来源：2006～2009 年数据来自国家统计局的《2010 中国统计年鉴》（中国统计出版社，2010 年）；2010 年和 2011 年数据为项目组测算数。

预计 2011 年最终消费将拉动 GDP 增长 4.0 个百分点，对 GDP 增长的贡献率为 42.1%；资本形成总额拉动 GDP 增长 5.3 个百分点，对 GDP 增长的贡献率为 55.8%；货物和服务净出口拉动 GDP 增长 0.2 个百分点，对 GDP 增长的贡献率为 2.1%。如表 4 所示。

表 4　2011 年三大需求对 GDP 增长的拉动和贡献率

项目	拉动/百分点	贡献率/%
最终消费	4.0	42.1
资本形成总额	5.3	55.8
货物和服务净出口	0.2	2.1
合计	9.5	100.0

资料来源：项目组测算。

预计 2011 年我国经济增长有如下五个特点：

（1）2011 年我国经济增长将主要是来自内需的推动。内需成为中国经济增长的主

要驱动力，消费对经济增长的贡献将有较大幅度的增加。在正常情况下，一个国家的经济增长主要依靠内需的拉动，内需对增长的贡献率应大于95%。在2005～2007年这三年期间，内需对我国经济增长的平均贡献率为80.1%，外需的平均贡献率为19.1%。这种情况是不可持续的。2010年内需已经表现出很强的增长态势，内需对GDP增长的贡献率达到97%，预计2011年将继续这一增长态势。

（2）消费对经济增长的贡献率将有所上升，但仍低于正常水平。在正常情况下，消费对经济增长的平均贡献率应在60%以上。我国1991～2000年这10年中消费对GDP增长的平均贡献率为57%，2001－2009年平均为42%。提高消费对经济增长的贡献率成为我国经济健康发展和改变经济增长方式的关键。预计2011年消费对经济增长的贡献率为42.1%，比2010年有所提高。继续大力提高消费对GDP增长的贡献率是我国改变经济结构的重点工作之一。

2010年前10个月全社会消费品零售总额增速为18.3%，较2009年提高了3个百分点；前三个季度城镇家庭人均消费性支出名义累计增速约为9.3%，农村家庭人均现金支出名义累计增速约为11%。随着居民收入水平的不断提高和城镇化率的加快，2011年我国消费继续保持强劲增长的可能性较大。主要依据分析如下：

第一，居民收入水平不断提高。"十二·五"规划的一个主要目标是"城乡居民收入普遍较快增加"，居民人均收入增长与GDP增速同步发展。居民收入的提高是扩大消费需求的一个重要前提。同时，我国政府已经并将继续在社会保障方面投入较大的资金支持。2010年前10个月国家财政支出中社会保障和就业资金累计达到6 635.49亿元，已经高于2009年全年的水平。随着我国社会保障制度和公共服务体系的进一步完善和居民收入的提高，消费需求潜力势必巨大。

第二，最低工资标准上调。2010年以来，全国已有30个省（自治区、直辖市）调整了最低工资标准，调整幅度一般都在20%以上，低端劳动力工资涨幅较高。我国正在积极探索的收入分配制度的逐步完善，国家收入分配格局的合理调整，都将进一步提高消费潜力较大的城乡低收入居民家庭的收入，为2011年内需的提振增添新的保障力量。

第三，城镇化率的提高能够创造新的消费需求，农村居民消费改善空间较大。"十一·五"期间，前四年我国的城镇化率年均增幅为0.9个百分点，2009年已经达到46.6%。我们预计2011年城镇化率将达到48%左右。越来越多的农民转移到城市以后所带来的生活、住房、教育、卫生等消费需求，以及城镇化过程中带来的交通、供电、供水等基础设施建设需求均可以创造巨大的内需。

（3）投资增速稳中有降。2010年我国城镇固定资产投资完成额累计名义增速已经呈现出逐月回调的态势。如图2所示，前10个月累计增速为24.4%，同比降低了8.7个百分点。

2011年我国固定资产投资增速的下降主要受以下几种因素的影响：

第一，调控政策的滞后影响。2010年我国已经出台了一系列调控房地产市场、清理地方政府融资平台、治理产能过剩的措施，这些政策措施的滞后影响将会在2011年显现，对投资增速的提高有一定的影响。

第二，资源环境的约束进一步加强。2011 年我国土地使用政策的进一步收紧、趋于严格的工业项目能耗审核、对落后产能的继续打压控制等将会使得某些地区、某些行业的发展受到制约，将对投资增速产生负面影响。

第三，区域规划等加速投资力度。近几年国务院先后批准了 13 个区域规划，东部率先、西部开发、东北振兴、中部崛起的区域发展战略必将有力地支撑我国投资的发展。2011 年是"十二·五"规划的第一年，中西部地区的基础设施建设和产业发展项目离不开各级政府及社会的投资力度加大，同时产业调整将加快机器设备等

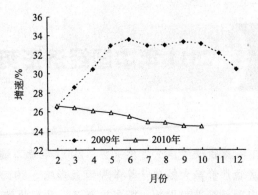

图 2　2009 年和 2010 年城镇固定资产投资完成额月度累计增速
资料来源：中国经济信息网数据库。

的更新速度，众多因素为我国 2011 年投资增速的稳定保驾护航。

（4）进出口增速下滑，外需形势不容乐观。目前，发达国家经济复苏缓慢，欧元区主权债务危机远未结束，爱尔兰、葡萄牙、西班牙等国均出现了类似于希腊的债务问题，政府负债率高；美国 GDP 增速正在提升，但是高失业率、低收入增长率、房产贬值以及信贷紧缩等制约，使其国内需求疲软；日本经济也不容乐观，随着消费刺激政策的退场，以及日元的高位运行，日本经济存在下滑的风险。各国贸易保护主义层出不穷，针对我国出口的贸易摩擦日益频繁，人民币升值以及产品成本的上升使得我国的出口竞争力下降等，诸多因素使得我国 2011 年的出口形势不甚乐观。同时，内需的强劲增长和人民币的升值预期将进一步刺激我国进口需求的增长，贸易顺差缩小，净出口对经济的拉动作用减小。

（5）预计 2011 年我国经济将较为平稳地发展，经济增长呈现前低后高趋势。各季度 GDP 增长率的差值较前三年大幅度减小，预计各季度 GDP 增长率的极差（最大差值）在 1 个百分点左右。

2008 年由于国际金融危机和紧缩性货币政策的影响，各季度 GDP 增长率呈现前高后低的态势。第一季度最高为 11.3%，第四季度最低为 7.5%，各季度 GDP 增长率的极差为 3.8 个百分点。

2009 年各季度 GDP 增长率呈现前低后高的态势。第一季度最低为 6.5%，第四季度最高为 11.3%，各季度 GDP 增长率的极差为 4.8 个百分点。

2010 年各季度 GDP 增长率呈现前高后低的态势，第一季度最高为 11.9%，第四季度预计最低为 9.1%，各季度 GDP 增长率的极差为 2.8 个百分点。

预计 2011 年经济发展较为平稳，GDP 增长率呈现前低后高趋势，2011 年上半年将延续 2010 年经济的下行态势，第一季度和第二季度 GDP 增长率较低，第三季度和第四季度 GDP 增长率较高，各季度差距远不如前三年为大。

2011 年中国经济形势分析[①]

程建华　黄德龙

报告摘要：受自然灾害、2009 年货币超额投放、国际大宗商品价格持续上涨以及房地产价格大幅攀升等多种因素影响，2010 年我国的通货膨胀预期不断加大。为保持中国经济平稳增长，国家出台了一系列收缩流动性和引导通货膨胀预期的稳健宏观调控政策，经济走势呈现前高后低态势，运行状态平稳。GDP 增长水平预计为 10.1%，比上年提高 1 个百分点。

展望 2011 年，中国经济将面临全新的考验。由于我国现阶段经济结构性矛盾十分突出，短时期内难以彻底解决，加之世界经济仍处于恢复和调整时期，美国、欧盟、日本三大经济体还没有完全摆脱困境，后金融危机时代中国经济存在诸多不确定性。在 2011 年里，影响中国经济的不利因素与有利因素并存，但困难与风险比上一增长周期明显增多，这些困难包括：①长期与短期利益博弈引发阵痛；②地方融资平台违约风险加大金融风险；③房地产调控处两难境地；④通货膨胀预期的不确定；⑤外贸出口面临多重挑战；⑥国际游资增加宏观调控难度；⑦就业形势依旧严峻；⑧全球气候变化催生自然灾害增加。

尽管 2011 年中国经济将面临较大困难，但仍然存在积极的有利因素，这些有利因素对中国经济的作用点和作用方式较过去高增长时期变化较大，它是在一种"以稳弃速"的方式上保持并促进增长。支撑 2011 年中国经济发展的主要有利因素总结如下：①城镇化与工业化建设继续推进；②新兴产业崛起并带动传统产业升级和结构调整；③财政支出结构进一步优化与民生建设步伐加快；④收入分配制度改革推进；⑤适度的投资增速水平有利于经济增长和结构调整；⑥国际金融危机"危"后有"机"。

结合定量预测分析，我们有足够的理由判断：2011 年中国经济将回到一个适度合理的增长区间，全年走势呈前低后高之势，增速较 2010 年略有减缓，但运行轨迹将朝"更稳更好"的方向发展。

经济进入重大转折时期，政府的调控任务愈加繁重，在政策的制定上应保持连续性和协调性，在政策的落实上应注重可操作性和有效性。本文建议：①下调经济增长目标，引导经济结构调整；②加强经济监测工作，提高宏观政策的有效性；③大力培育和促进新的经济增长点；④下大力气改革收入分配制度，缩小贫富差距；⑤稳定房地产市

---

① 本研究得到国家自然科学基金项目（项目号：70871109，70933003）和安徽大学"211"三期建设项目"经济学与安徽经济"资助。

场，促进房地产有序健康发展；⑥增加教育科研投入比例，发掘经济增长潜力；⑦政府以身作则开展节能减排工作；⑧全面加强防灾减灾能力，降低经济损失程度。

一、引　言

中国经济在经历国际金融危机冲击重新转入上升轨道不久，2010 年又再次面临新的考验，经济结构调整和节能减排任务繁重，国内持久大面积自然灾害、前期货币超额投放以及国际市场大宗商品价格的持续上涨等因素共同引发新一轮通货膨胀。面对错综复杂的经济环境，国家宏观调控的频度和力度明显加大。由于中国经济长期内在增长动力仍处于上升阶段，尽管 2010 年困难重重，但依然保持大约 10% 的快速增长势头。

由于我国现阶段经济结构性矛盾十分突出，短时期内难以彻底解决，加之世界经济在经历全球金融危机之后目前仍处于恢复和调整时期，美国、欧盟、日本三大经济体还没有完全摆脱困境，世界经济的竞争压力日趋激烈，因此"后金融危机时代"中国经济存在诸多不确定性。早在 2010 年上半年召开的"中国经济增长与周期"国际高峰论坛年会上就有专家指出，六大"两难"选择决定了宏观调控的难度和未来中国宏观经济走势的复杂性。然而当我们重新回顾金融危机前中国经济运行的轨迹，无论是经济高涨阶段还是经济下行阶段都不是一帆风顺的，即使在经济形势较好的"高增长，低通胀"的五年（2003～2007 年）里，中国经济同样面临着结构优化、增加就业、节能减排和预防通胀等诸多矛盾。

分析和展望 2011 年中国经济走势，我们深深理解众多有识之士对"二次探底"和"滞胀"的忧虑。新的一年中国经济可能还将面临更为严峻的考验，不确定因素、潜在风险和暗礁较上一轮上升周期明显增多。虽然中国经济无法回避其自身结构性矛盾和体制性障碍，但随着结构调整和增长方式的转变，我们依然看好中国经济的未来。在充分调研和深入讨论的基础上，同时结合经济统计数据的定量分析结果，我们判断：2011 年我国经济将延续 2010 年的快速增长势头，增速较上年略有减缓，整体走势朝更加稳健的方向发展。

二、影响中国经济的不利因素分析

（一）长期与短期利益博弈引发阵痛

2008 年国际金融危机以来，通过启动扩大内需的宏观经济政策，我国消费水平增速较过去十多年明显加快，2009 年城镇居民消费实际增长为 16.9%，2010 年前 10 个月实际增长为 15.3%，高于金融危机前的增长水平，国内居民消费对经济增长的拉动作用显著增大。目前我国把依靠工业化进程和城镇化建设作为经济增长的内在动力本身并没有疑义，但是在建设过程中由于过多着重于工业化进程和城镇化建设过程中的硬件建设，忽略了社会文化建设，淡化了人文关怀以及自然生态与社会和谐发展，由此造成的经济社会矛盾日显突出，而且更使得这一粗犷式增长难以继续维系经济长期稳定运行。我们看到了经济高速增长的成绩，但却无法回避现实中的结构性矛盾，如环境污染、能源使用效率低下、服务业占比上升缓慢。"十一·五"规划节能减排目标任务之艰巨，倒行逆施的"拉闸限电"举措既不能救急式地完成节能减排指标任务，更不能从根本上解决"高能耗，高污染"问题，相反还会制造经济增长的更大障碍。由此看出，我国经济增长方式的转变、经济结构的调整已经处于关键时期，任重道远。尽管我国经济结构调整的难度与阻力极人，但 2011 年随着国家"十二·五"规划的实施，经济结构调整的力度不会减弱，一些技术落后与产能落后的企业将会遭到淘汰和控制，工业企业的产能扩张速度有所减缓，若缺乏技术创新和新的消费热点的成功培育，工业生产减速将成必然，经济增量相应减小，工业对经济增长的贡献度将有所降低。

（二）地方融资平台违约风险加大金融风险

2008 年年底以来，随着 4 万亿经济刺激方案的实施，各地政府争相加强固定资产投资以刺激经济复苏，由于私营经济部门的投资需求下降，信贷集中投向以城投公司为代表的地方政府融资平台和基础设施建设项目，在此背景下，地方政府融资平台贷款规模实现了超常规增长。截至 2010 年上半年，融资平台贷款余额约 7.66 万亿元。

根据对融资平台贷款偿债能力的核查结果，这些贷款可分为三类：第一类是项目现金流能够覆盖偿还本息的贷款，约有 2 万亿元，占比 27%，此类贷款可作为正常项目贷款；第二类是第一还款来源不足，必须依靠第二还款来源覆盖本息的贷款，有 4 万亿元左右，约占 50%；第三类为项目借款主体不合规，财政担保不合规，或本期偿还有严重风险（贷款挪用和贷款做资本金）的贷款，占比 23%，此类贷款被视为高风险贷款。目前，各家银行正在按相关要求与地方政府协商并配合中国银行业监督管理委员会（以下简称银监会）进行现场检查，以确认贷款分类和拨备，如果将第三类贷款列入不良贷款计提拨备，将对银行业绩和资本充足率等核心指标产生较大冲击。

除此以外，以银信合作理财产品形式存在的部分表外贷款将在 2010～2011 年逐步转入表内，这一块规模约有 1.5 万亿～2 万亿元；加上银监会倾向于将拨贷比提升至 2.5% 的逆周期调控思路，目前资本市场的可补充资本能力有限，这些都会直接影响到银行信贷的扩张能力与调控政策的执行空间。一旦经济再度陷入萧条，银行很难再充当驱动经济反转的发动机。

因此，地方融资平台潜在的违约风险短期内直接影响银行信贷，中长期则影响银行的资产质量，同时还可能影响到当前在建尚没有完工的项目建设，给前期国家为应对金融危机而实施的经济政策留下后遗症。

（三）房地产调控处两难境地

不可否认，最近 10 年的房地产业发展对中国经济增长做出了巨大贡献，但同时高房价带来的房地产泡沫也有目共睹。房地产价格上涨过快，一方面催生房地产泡沫，增加经济风险，另一方面加剧依靠工资等常规性收入的普通居民生活负担，激化社会矛盾。为此，2010 年以来我国相继出台了"国十条"和"限购令"等若干房地产调控措施，政策力度与频率与往年相比显著加大，从目前宏观统计数据来看，商品房销售面积与销售额以及房价的增速均有回落（图 1 和图 2），2010 年房地产新政取得一定成效。

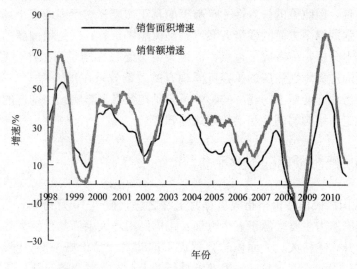

图 1　1998～2010 年 10 月房地产销售增速

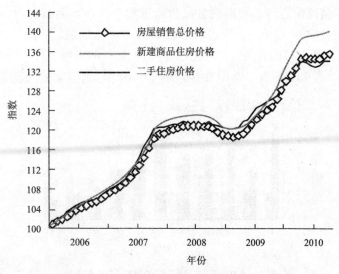

图 2　房地产定基价格指数（2005 年 12 月＝100）

但是，房地产新政的长效作用值得担忧。其一，由于房地产涉及的经济产业链较长，许多地区又将土地出让金和转让金收入作为地方财政的主要收入来源，地方政府作为利益主体，很难成为调控的中立第三方；其二，房地产业本身对资本的依赖程度极高，与信贷、资本市场紧密相连，近几年，特别是 2009 年央行货币的超额发行助推了房地产价格飙升，若资金和信贷渠道紧缩过度，行业景气的急剧下滑将使得金融风险大增；其三，房地产业的结构性矛盾十分突出，保障性住房与经济适用房比例过低造成表面上商品房刚性需求旺盛；其四，"房产税"迟迟未被纳入调控政策之列有其难言之苦，何时出台仍处于观望中。因此，房地产市场多年积累起来的经济与社会痼疾现已成为制约中国经济可持续发展的"系统性问题"。虽然 2010 年房地产调控力度前所未有，短期效应已初步显现，但政策的长效性才是政策的真正初衷。对于房地产市场，李克强副总理最近一直在强调两个方面的政策方案：一是保障房扩容；二是增加商品房供应，抑制炒作。从措辞上分析，前者应是重点，而政策的最终目标则是房地产市场的健康发展。未来政府能否通过保障性住房的扩容巩固现有的政策效果在很大程度上决定了 2011 年房地产走势。房地产业对中国经济的影响不只是在数量上影响经济增速的大小，还事关中国经济的稳定、结构的调整和增长方式的转变。

（四）通货膨胀预期的不确定性

2010 年我国居民消费价格指数呈逐月上涨之势，截至 10 月份累计上涨 3%。2010年我国通货膨胀压力主要来源于五个方面：①国际市场大宗商品价格大幅上涨带动国内原材料价格攀升；②持久、大面积的自然灾害推动农产品价格上涨；③2009 年信贷和货币发行过度；④油、电、水、气等垄断性行业上调产品和服务价格；⑤国际国内游资恶意炒作少数农产品，人为加大农产品涨价预期。受自然灾害影响，前期受损的农产品在价格上仍将保持高位运行，短期内食品价格依然存在巨大上涨压力。2010 年下半年翘尾因素虽有明显回落（图 3），但各类新涨价因素依然强劲。除此之外，根据历年规律，上年年末至当年 2 月的食品价格环比都有 4%～13% 的大幅上行，2002～2010 年九年间均值为 7.1%（表 1）。因此，2010 年年末至 2011 年前二季度，通货膨胀压力难以消减。

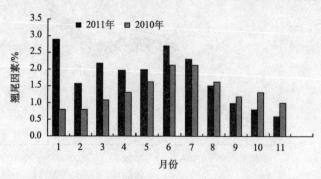

图 3　2010 年与 2011 年各月翘尾因素比较

表 1　2002 年以来春节前后的食品价格环比升幅

上年12月～当年2月	2002年	2003年	2004年	2005年	2006年	2007年	2008年	2009年	2010年
食品 CPI/%	4.6	6.7	4.1	7.0	6.1	8.7	13.4	5.0	8.2

此外，2010 年下半年 CPI 环比逐月上升导致 2011 年物价变动的翘尾因素基数较大，在"数量"上增添了通货膨胀预期。根据 CPI 定基比估算，2011 年翘尾因素将拉动 CPI 增长 1.63 个百分点，高于 2010 年的 1.25 个百分点，将在 2011 年给 CPI 同比增速带来较大的增长压力。翘尾因素呈现双峰（倒 N 形）态势。

目前货币政策主要目标还是抑制消费领域的通货膨胀，如果 2011 年信贷与货币供给增长或增量回落到正常区间、垄断行业价格稳定、自然灾害受损程度降低，那么 2011 年下半年消费领域通胀压力将开始减缓，不会呈现恶化迹象。但是，如果资产价格尤其是房地产价格在 2011 年得不到有效控制，随着未来居住消费价格在 CPI 中权重加大，2011 年物价总体水平将会持续攀高。

通货膨胀对经济的负面影响不只是减少社会实际的货币财富，重要的是改变人们对未来经济的预期，影响宏观调控的有效性。

（五）外贸出口面临多重挑战

2010 年 1～10 月份我国外贸出口总额为 12 705.9 亿美元，比上年同期增长 32.7%，与金融危机前的同期（2008 年前 10 个月）最好水平 12 023.31 亿美元相比，增长 5.7%。这一数据显示，2010 年，我国外贸出口总量已重新恢复到历史最好水平。然而 2010 年有两大重要的"数量"因素推动外贸出口增长，一是原材料上涨、劳动力成本上涨推动了出口产品价格上涨；二是国外客商库存补货、原材料上涨预期、人民币升值预期带来了部分订单增加。目前的恢复性增长并不能完全反映出真实的需求增长，2011 年我国外贸走势不容乐观，除受人民币升值、原材料成本上升重要因素影响外，全球经济复苏前景不明朗、欧洲债务危机、人为贸易保护主义等多重因素叠加也将形成我国外贸出口的综合不利因素。其具体表现在：

（1）世界各主要经济体经济复苏仍具有不确定性，欧盟与美国失业率仍居高不下，欧元区财政收缩、削减赤字持续影响经济总需求，居民对未来收入的预期降低，消费者信心没有恢复，在消费时趋于谨慎，外部需求缺乏动力直接影响到我国外贸出口。

（2）美国、欧盟、日本三大主要经济体都存在债务问题，而目前浮出水面的主要是欧洲债务问题。债务危机频繁发生导致许多企业为规避风险宁可减少利润也不愿意接受长期贸易订单。

（3）贸易保护主义日趋严重。在本国总需求增速下降之时，若想降低对国内经济增长的冲击，就只能优先采购国货或者通过反倾销、反补贴、贸易审查等各种途径打压进口产品。此外，扩大出口也是各国政府恢复经济、提高就业率的最重要途径。为了扶持和保护国内产业，很多国家通过货币贬值、出口补贴以及立法保护等手段来增强本国产品的竞争力。例如，美国 2010 年年初出台的《国家出口振兴计划》目标是要使美国出口在五年内翻番，并增加 200 万个就业机会，而落实该计划的一项重要手段便是冠以"加速建设自由与公平准入的世界市场"大帽，此将加剧中美之间的贸易摩擦。

（4）我国贸易结构自身也存在薄弱环节。一是加工贸易占比大于一般贸易比例，2010 年前 10 个月加工贸易出口占出口总额的 47%，而一般贸易出口为 45.6%；二是出口产品仍以低端为主，技术含量低、附加值低、缺乏品牌优势、议价能力差，在国际市场竞争力不足。

（六）国际游资增加宏观调控难度

在人民币渐进式升值的大背景下，部分国际热钱滞留境内，2003 年以来累计流入的热钱在扣减流出规模后，估算超出 3 000 亿美元。在金融危机前后国际游资呈现大进大出的态势，加剧了资本市场与资产市场等的大幅波动。不但如此，国际热钱推动我国房地产市场价格持续走高，助推一些过热行业难以降温，使得我国经济结构调整更为艰难。同时，热钱大量流入还会进一步推高我国外汇储备量，增加国内通货膨胀压力。

从国际经济形势来看，近期美国、欧盟、日本三大经济体的"量化宽松货币政策"对恢复其自身经济增长有利，却使国际"汇率战"愈演愈烈，而且进一步导致全球流动性泛滥，过多的热钱还会继续冲击新兴市场国家。虽然国际游资目前对我国经济的影响还只是局部的，但须时刻警惕资本管制进一步放开后出现的负面问题，如资本短期内大幅度外流，则现行的银行体系"短借长投"的经营模式可能会受较大冲击。

针对国内经济形势，我国宏观调控政策已经从应对国际金融危机的"非常规"宽松政策转向稳健型政策，特别是 2010 年下半年为抑制流动性与通胀预期而实行的上调存款准备金率和基准利率似乎是逆"世界潮流"而行，但央行货币政策的独立性不可动摇。按过去几年的数据分析，央行净回笼一般只能对冲 60% 的外汇占款流动性，热钱的持续性流入在一定程度上会削弱货币政策的有效性。因此，2011 年中国货币政策仍需未雨绸缪，提高政策的有效性。

（七）就业形势依旧严峻

2010 年前三季度，全国城镇新增就业 931 万人，已完成全年新增就业的 900 万人目标。下岗失业与困难职工再就业分别完成全年计划的 88% 和 126%，城镇登记失业率为 4.1%，低于近几年 4.6% 的控制指标。从宏观数据上看，2010 年就业形势十分乐观，但就未来五年，即"十二·五"规划内，我国就业形势依旧严峻。这一压力主要来自于三个方面，一是随着城镇化建设的加快，每年农村有 860 万～900 万剩余劳动力需要转移[①]；二是现有城镇劳动力人口中每年大约有 600 万以上下岗失业与困难职工再就业；三是每年近 600 万大中专毕业生走出校门参与就业。以上三项数据合计每年需要解决就业的劳动力总量至少在 2 100 万人以上，若按就业形势较好的 2010 年数据计算，2011 年及今后几年仍有 900 万人以上的就业缺口。

若从微观数据看，2011 年我国就业压力还要更大一些，因为在我国劳动力市场中，一方面出现就业不足与劳动力供给短缺并存以及沿海地区技术熟练工人供不应求的局面，另一方面目前的新增就业中 40% 属临时性就业，稳定性较差。尽管有学者声称，我国"刘易斯拐点"已经出现，人口红利也将不复存在，但我国现有的待就业人口基数决定了短期内仍有大量劳动力需要消化。

（八）全球气候变化催生自然灾害增加

2010 年我国经济遭受了一系列大规模自然灾害的冲击，从初春西南地区百年不遇的干旱与玉树地震，到夏季赣鄂湘闽等长江流域和东北地区洪涝灾害以及甘肃舟曲的泥石流，直至秋季海南遭遇的"鲇鱼"台风和特大暴雨，2010 年我国受灾面积之广、持续时间之长、灾害种类之多实属历史罕见。灾害的主要原因当属自然气候与全球地质异常活动，但客观地说，也与我们长期对生态环境的破坏、自然资源的过度利用以及防范自然灾害的意识薄弱存在较大关系。我国的救灾能力已有较大提高，但防灾能力亟待改进。2011 年我国连续遭受大规模自然灾害的可能性不大，但我国江河堤坝、农田水利、农村交通要道和农舍房屋抗击灾害的能力十分脆弱，大灾之后若不加以巩固修建，来年小灾亦可酿成大祸。我国农业不存在威胁性的风险，但是自然灾害对农业生产的影响进而造成对经济的影响不可忽略，也不可不加重视。

三、影响中国经济增长的积极因素分析

（一）城镇化与工业化建设继续推进

目前我国城镇化与工业化进程正处于快速推进阶段，虽然社会对于目前的城镇化与工业化建设方式存在较大争议，如城市居住容量的急剧扩张增大了城市交通拥堵和生活成本、工业污染加大了环境资源的破坏等，但城镇化与工业化过程是中国摆脱贫困和发展经济的一个必然选择。中国改革开放前后 30 年的经济状况表明，我国经济发展高度依赖工业化的实现和城镇化的推进。在目前的城镇化和工业化建设过程中除上述相关的负面因素以外，因经济基础、地理环境和人文背景等多种因素的影响，我国的工业化进

---

① 李善同，许召元，崔传义，金三林．"十二·五"及中长期我国农村劳动力转移趋势研究 [R]．国务院发展研究中心．http://www. drcnet. com. cn/DRCNet. Common. Web/DocViewSummary. aspx? version = EDU&docid = 2360319&leafid = 1&chnid = 1002，2010-06-29.

程在区域上处于不平衡状态。不仅东、中、西部工业化覆盖面和技术水平存在较大差别，而且同一省市的不同地区也存在差别。尽管有些地区已经完成了其基本的工业化过程，但由于其工业基础和技术含量较弱，工业生产对资源环境的依赖过高，从而使得其工业化不能有效支持地方经济的可持续发展。在未来的工业化过程中面临的不仅是推进，更重要的是工业化进程的升级和演进，并由此助推经济增长。

另外，我国城市化建设普遍存在较大的薄弱环节（更有学者认为现行的城市化模式是当今我国社会发展的一种扭曲或畸形）。笔者认为城镇化进程不仅仅是城市区域面积和人口规模的扩大，更重要的是进城农民需要在国民待遇、教育文化、思想观念、生活方式以及消费习惯等方面逐步提升与改变，并缩小与城市居民的差距，而不是农村被城市化、农民被市民化。与工业化进程相比，我国城市化相对滞后，2009 年我国人均 GDP 已达到 3 762 美元，全国城市化率仅为 46.6%，而韩国在人均 GDP 达到 3 000 美元时，其城市化率为 80% 左右。由于我国人口基数过大，上述数据虽不具有完全可比性，但我国城市化仍具有较大发展空间，未来几十年我国城镇化建设还将继续推进。在此过程中，城市交通、教育、医疗保险等一系列公共基础设施建设、就业岗位培训和保障性住房等基本生活需求将作为现阶段我国经济增长最大的内在原动力。

（二）新兴产业崛起并带动传统产业升级和结构调整

我国现阶段的经济建设不单纯是工业化和城镇化过程，也是不断发展、进步与创新的过程，在落后地区加快工业化进程的同时，发达地区将面临产业升级和优化。我国"十二·五"规划将一大批新兴产业提高到国家经济战略发展高度，这些新兴产业不仅将促使一些新型产业的诞生，而且还将带动传统产业的升级与优化。

新兴产业的发展不但可以促使我国经济结构的调整，生产效率、技术水平和国际市场竞争力的提高以及环境污染的减少，而且还可以促使我国人力资源水平的提高和未来经济的可持续发展。但是，发展新兴产业不只是一句口号，而是需要更大的资本投入和先进的激励机制去保证。我们看到待发展的新兴产业绝大多数都是技术含量高、资本与智力密集型的高新技术产业。一方面，它需要企业增加研发力量；另一方面，它需要国家加大基础理论研究领域的投入，即待发展的新兴产业需要雄厚的知识储备和技术力量作支撑。

2011 年是我国"十二·五"开局之年，各地政府都将积极寻找与地方相适应的新的经济增长点，借助国家经济发展规划，加大新兴产业的投资力度与升级和优化传统产业都将作为发展地方经济的着眼点，因此，2011 年我国在基础研发、产业升级和技术改造等领域的投资水平将比上一年更高。

（三）财政支出结构进一步优化与民生建设步伐加快

2009 年我国国民经济虽遭受到全球金融危机的冲击，但由于政府一揽子经济刺激计划的实施，我国经济依然保持了较快增速，尤其是同年居民消费保持 16％的实际增长水平实为难能可贵，这不完全得益于短期内政府启动内需的刺激计划，更与多年来社会公共财富的积累、社会基本生活保障和医疗保障覆盖面的扩大以及各类强农支农生产经营性补贴措施的加强密不可分。2007～2009 年国家连续三年在社保和就业、科教文卫、交通运输、环境保护等民生领域的财政支出和固定资产投资均呈逐年大幅提高之势。2009～2010 年国家财政还加大了保障性住房支出，2010 年前三季度达 1 314.25 亿元，与上年同期相比增长 24.8％，高于财政支出平均增长水平；2010 年国家把建立新型农村社会养老保险制度试点范围由 10％扩大为 23％，农民养老保险覆盖率扩大。虽然针对金融危机刺激经济的"两松"政策部分已在逐步退出，但优化国家财政支出结构和调整投资结构的方向不会改变。

尽管最近五年我国民生和民计建设得到了长足发展，但这一领域仍属于我国经济社会发展中的薄弱环节。以教育为例，2007 年我国政府教育投入占 GDP 比重仅为2.85％[①]，投入水平远低于联合国公布的 6％的世界平均水平，当前九年义务教育的择校问题与三甲医院的就医住院难问题均为国家投入不足和投入不平衡所致。因此，我国在公共领域和民生工程建设中仍有发挥余地。结合国家"十二·五"规划发展战略，未来我国民生工程建设将作为经济增长最为强劲的动力，也是 2011 年我国经济最显著的增长点。

（四）收入分配制度改革推进

对近期我国经济新增长点的最大关注莫过于收入分配结构的调整，它不仅关系到我国贫富差距的缩小，而且关系到我国经济结构的调整和经济长期稳定增长。收入分配结构调整已作为经济改革的一项重要内容纳入"十二·五"规划。之所以说收入分配结构调整是我国未来经济一个新增长点，是因为目前我国收入分配不公或不平现象已经严重制约我国经济结构的优化和消费潜力的增长，使得"重投资，轻消费"失衡的增长模式愈加严重，现已直接束缚我国经济增长的内生动力。按支出法计算，我国最终消费占GDP 的比例从 2000 年的 62.3％下滑到了 2009 年的 48.0％，而居民消费比重更是从46.4％下降到 35.1％，短短九年间下降了十多个百分点。由于收入分配结构调整涉及众多主体的利益，其改革过程不是一朝一夕即可完成，可以说是一项长期而艰巨的任务。尽管困难重重，但它对我国经济增长的影响不可忽视。收入分配结构改革不应只寄托于二次分配调整上，即期望政府加大公共基础设施建设和落实基本公共服务均等化，实际上更应该通过制度和法律直接提高居民收入在国民收入分配中的比重和提高劳动报酬在初次分配中的比重。笔者根据对 1999 年第一季度至 2010 年第三季度我国城镇居民可支配收入与消费性支出的关系、农村居民现金收入与消费性支出的关系分析得出，城镇居民和农村居民的边际消费倾向分别为 0.66 和 0.56，这一数据对普通居民而言则更

---

① 根据《中国统计年鉴 2008》公布的 2007 年数据计算获得。

高。以此推算，如果将劳动者报酬占初次分配中比重提高 1 个百分点，那么消费总额将增加 2 000 亿元以上，按 2009 年消费标准计算，则可使居民消费增长 1.7 个百分点。从历史数据来看，我国劳动者报酬存在较大上涨空间[①]。

提高普通劳动者报酬不仅有利于扩大消费，与此同时结合二次分配调整还可使得整个社会的消费层次跃上一个新台阶，这对缓和社会矛盾、促进社会和谐与稳定意义非凡，其对经济深层次的有益影响不言而喻。

由于收入初次分配结构调整涉及利益相关者的利益博弈，如资本收益率的变化、企业管理层收入比重降低、垄断行业工资差距缩小、安全生产的加强以及普通劳动者最低工资标准的提高等势必将影响到投资方的利益，但经济运行过程中任何时候都存在利益博弈，而经济决策的制定与决策的结果预估更倾向于"两利相权取其重"。2011 年我国收入分配结构调整只要迈出一小步，其对经济的稳定增长和结构调整都将具有重大意义。

（五）适度的投资增速水平有利于经济增长和结构调整

2010 年第二季度以来政府相继出台了一系列调控政策，如房地产新政、节能减排限制"两高一资"行业、清理地方融资平台和取消部分出口退税项目等。从统计数据上看，2010 年投资增速总体呈下降趋势，由此引发众多经济学家对未来经济增长的担忧。实际上，目前的投资增速趋缓是一个理性回归过程。为应对国际金融危机的影响，两年来国家采取了一揽子"保增长"刺激计划，随着经济复苏企稳，不少宽松政策措施正在逐步退出，其中包括上述部分政策。虽然近期投资增速有所回落，但对未来投资水平的走势，我们持适度乐观态度，2011 年投资增速仍将高于 20%。这一预测分析结果不只是来源于模型推算，客观上基于以下三个主要因素：一是国家应对国际金融危机的前期投资项目还未完全结束，为保证政策的连续性和完整性，预防烂尾工程的出现，有些项目还需适当追加投资；二是国家"十二·五"规划的新兴产业战略发展政策将驱动地方经济掀起迎合国家产业政策的新的投资热潮；三是我国公共服务领域的基础设施依然十分薄弱，教育科技、文化卫生、农田水利、生态环境以及保障性住房等领域的投入远远不足，投资空间巨大，这些领域既是国家中长期发展对象，也是国家短期调控经济最易入手的环节。因此，2011 年我国投资结构将有所调整，投资增长不会出现大幅下滑，仍将保持平稳较快增长。

（六）国际金融危机"危"后有"机"

国际金融危机具有两面性，一面是危，一面是机。在金融危机爆发之后，中国作为一个负责任的大国，与美国、欧盟、日本等多国一起应对危机，共同解决问题，实现发

---

① 根据 1997～2007 年我国《投入产出表》计算可得：劳动者报酬占 GDP 比重从 53.4% 下降到 39.74%。

展，为中国赢得了声誉与话语权。在国际货币基金组织（International Monetary Fund，IMF）、世界银行（World Bank）等超主权机构中，中国的话语权明显加强；在中美关系、中欧关系中，中国可以更加主动地提出自己的利益诉求，通过协商来解决一些战略性问题。例如，在高科技产品出口领域，通过与美国、欧盟的谈判，已经取得了阶段性的成果。高科技产品出口管制的放松，对于中国经济的产业升级与结构调整至关重要。

国际金融危机提升了中国产品在国际贸易市场的占有率，中国内地出口总额占全球的比重从 2007 年的 8.7％提升到 2009 年的 9.6％〔世界贸易组织（WTO）统计〕，在美国的进口结构中，中国产品比重从 2007 年的 13.7％提升到 2010 年前三季度的 15.3％（美国商务部统计）。危机同时也为中国企业走出去提供了难得的机遇，中国铝业公司（以下简称中铝）与力拓集团合资开发几内亚大铁矿项目，多家银行在海外展开了股权收购，中国企业为获取这些投资机会所付出的代价要普遍低于危机前的水平。

外商直接投资（FDI）数据显示，在后金融危机时期，中国经济率先复苏，已有更多的海外公司来华投资。同时，西方就业市场的不景气，不少国际化人才回流国内，中国能够为他们提供更为广阔的事业发展空间，这一点在金融领域尤为明显。

综上所述，2011 年中国经济将面临较多不确定因素，甚至存在潜伏风险和暗礁，但我们认为中国经济的发展方向仍将处于相对有利的环境当中，这些有利因素对中国经济的作用点和作用方式较过去高增长时期变化较大，它是在一种"以稳弃速"的方式上保持并促进增长。结合定量预测分析，我们有足够的理由判断 2011 年中国经济将回到一个适度合理的增长区间，全年走势呈前低后高之势，增速较 2010 年略有减缓，但运行轨迹将朝"更稳更好"的方向发展。

四、政 策 建 议

通过以上中国经济影响因素的剖析、经济景气指数的走势以及定量预测计算的综合分析，我们清晰地看到 2011 年中国经济将出现重大转折，政策目标将从"调结构、保增长"过渡到"调结构、稳增长"，宏观调控政策的手段也将从"积极的财政政策和适度宽松的货币政策"走向"积极的财政政策和稳健的货币政策"，而"积极的财政政策"含义与往年有所差异，"调结构"和收入分配制度改革可能将作为核心任务放在首位。经济进入重大转折时期，政府的调控任务愈加繁重，在政策的制定上应保持连续性和协调性，在政策的落实上应注重可操作性、有效性。

（一）下调经济增长目标，引导经济结构调整

在保持经济平稳增长的前提下，适当下调经济增速目标，利远大于弊。在经历长达30 年的经济高速增长之后，我国经济有可能在未来进入次高增长阶段。提前小幅下调经济增速目标，有利于经济从高增长阶段到次高增长阶段的平稳过渡，也有利于改变当前过于强调 GDP 的粗放式发展模式，引导经济的科学发展。我们认为，将增长目标从

历年的 8% 下调至 7% 是可行的, 一旦实施, 对经济结构调整的引导作用虽然不一定立竿见影, 但影响必将是重大而深远的。

(二) 加强经济监测工作, 提高宏观政策的有效性

近年来我国货币政策时常存有争议和非议, 如国际金融危机期间的 "前紧后松" 政策, 对此应做客观分析。《中华人民共和国中国人民银行法》(以下简称《中国人民银行法》) 规定, 我国货币政策目标为 "保持货币币值稳定, 并以此促进经济增长"。但实际操作上的规则选择和工具选择难度都较大, 因为宏观经济理论与我国经济实际运行轨迹均表明, 衡量通货膨胀的居民消费价格指数是经济增长的稳定滞后指标, 即若以物价变动态势为参照点制定与实施货币政策有可能产生与经济增长预期相反的结果, 因此未来货币政策的选择若想既要保持稳定性又要富有灵活性, 必须加大经济监测预警的力度, 将独立的经济监测调研工作日常化, 实时发布经济监测报告, 接受社会监督, 保持监测预警工作的独立性、前瞻性和客观性。

(三) 大力培育和促进新的经济增长点

未来新的经济增长点将主要来自于智力密集型的新兴制造业和具有现代管理水平的综合服务业, 如新能源、新材料、节能环保、生物工程、信息通信、海洋工程、文化创意及现代金融业等, 这些产业的兴起对我国经济结构调整必将产生重大影响。但是, 这些新的经济增长点培育绝非轻而易举之事, 短期内未必即见成效, 国家应从长计议。自 "十二·五" 规划起始之年开展这一工作, 不仅有助于 2011 年减轻经济增长放缓的压力, 其意义更在于可保持我国经济可持续增长。具体而言, 可从以下几方面着手: ①结合国家科技政策和产业政策, 鼓励企业加大新兴产业领域的技术研发, 切实保护企业科研成果; ②痛下决心限制高能耗、高污染行业生产, 通过立法提高环境保护力度, 从制度上和技术标准上淘汰技术落后企业; ③建立公正公平的良好市场经济环境, 通过市场竞争手段, 鼓励企业研发技术含量高的新产品占领市场, 应坚持不懈地把打击假冒伪劣产品维护市场经济秩序作为一项重要工作内容; ④新的经济增长点不只是存在于生产领域, 同时也存在于消费领域。保持具有积极意义的优惠消费政策, 继续扩大消费和引导消费, 例如, 在鼓励企业研发新能源汽车的同时, 也应积极鼓励居民消费新能源汽车。

(四) 下大力气改革收入分配制度, 缩小贫富差距

贫富差距过大已成为我国现阶段最热门的公共话题之一。贫富差距过大不仅容易产生社会矛盾, 影响社会稳定, 而且不利于经济结构的优化和经济的长期稳定。尽管目前我国收入分配的改革力度较小, 但近五年取得了可喜进步, 特别是我国为应对国际金融危机而采取的扩大内需政策包含了收入分配调整的丰富内容, 如家电下乡补贴政策等,

实践证明收入分配调整对经济的稳定增长具有极其重要的意义。

由于收入分配制度改革必然触及利益既得者的利益，因此改革调整不会一帆风顺。但收入分配制度改革已经处在我国经济社会发展中的突出位置，2011 年应将其作为一项重要经济政策下大力气逐步加以实施：

在初次收入分配中，通过提高最低工资标准等措施逐步提高劳动者报酬在初次收入分配中的比重；调高现有个人所得税起征点，从现有 2 000 元的起征点调为 4 000 元，同时逐级提高个人所得税的税率。

调整二次收入分配结构，不断完善我国劳动社会保障制度，提高最低生活保障标准、职工退休工资以及工伤事故赔付标准，扩大低保覆盖面；深化医疗制度改革，扩大医疗保障覆盖面，降低个人支付比例；提高住房保障财政支出比例，结合国家房地产政策加大保障性住房建设；优化教育资源配置，改善普通中小学尤其是农村中小学办学条件，缩小不同学校教师之间的待遇差距，促进同一地区教师之间的动态交流，通过教育资源的优化配置解决当前百姓反映强烈的择校问题，减轻家庭教育支出负担。

建立社会监督机制。收入分配结构改革必须坚持公平原则，必须接受社会监督。为此，首先应建立政府官员和国有企业负责人财产申报与收入公开制度，实现真正的"阳光工资"制度；其次，人力资源和社会保障部共同设定垄断行业企业工资标准并提交全国人大会议审核执行，维护社会基本公平公正。

（五）稳定房地产市场，促进房地产有序健康发展

前述分析指出，房地产业的两个"巨大"已成中国经济心头之虑，一是房地产作为国民经济的支柱产业对就业和经济增长贡献巨大；二是早已超出居民实际购买力的高房价与投机者的极力追捧共同形成的房地产泡沫十分巨大。2010 年若干房地产新政对房价过快上涨起到一定抑制作用，2011 年房地产政策需保持政策的连续性和明确政策的目的性。

泡沫的瞬间破灭对产业乃至整个经济的负面影响难以想象，挤压房地产泡沫应为渐进过程和多重政策并进。尽快出台房产税，保护自住型购房者的利益，抑制投机型购房；加大保障性住房和公共廉租房建设，切实解决低收入人群和困难人群的基本住房，努力完成 2009 年年底国务院提出的"到 2012 年年末基本解决 1 540 万户低收入家庭的住房问题"的政策目标；提高房地产开发建设的规范标准，加强房地产市场管理，优化房地产建设结构，完善房地产开发过程的配套基础设施建设；各级政府应以国家长远利益为重，督促房地产企业树立自身良好形象并维护国家尊严与声誉，杜绝强制拆迁过程中的自焚现象，共同担当社会责任。

未来半年房地产市场供应充裕，房地产企业销售压力较为明显。根据新开工数据推算的商品房供应量在 2010 年 10 月份突破 1 亿平方米大关，而 10 月份的现房和期房销售量也达 9 278 万平方米。如果已开工项目不出现大面积停工，商品房供应量将高位维持到 2011 年第二季度，为政策调控房价赢得时机。

（六）增加教育科研投入比例，发掘经济增长潜力

"十二·五"规划纲要明确提出将节能环保等七大战略性新兴产业作为国家新的经济增长点，这些有望推动我国经济结构重大调整的新兴产业都蕴含极高的技术含量，这些产业的未来兴起与发展归根结底将由国家基础科学研究和应用开发研究的整体力量所决定，增加教育和基础科学研究领域的投入，培育和提升国家创新能力早已成为人们的共识，但在"十一·五"期间，我国国家教育支出与科学技术支出占国家财政总支出的比重几乎没有上升，反而略有下降[①]。不仅如此，我国教育经费占 GDP 比重一直处于国际平均水平以下，因此 2011 年国家应将增加教育与科研的投入作为发展战略性新兴产业的示范性举措，并以此为契机实现"十二·五"期间教育经费占 GDP 比重达 4% 的目标。

国家加大教育与科研经费的支出比重可设置具体目标作为指令性计划接受全国人民代表大会和社会监督完成，建立九年义务教育办学的基本条件标准，增加大中小学校尤其是农村中小学的师资队伍建设，优化教育资源配置。目前社会上普遍存在的中小学生择校问题，归根结底是由于教育投入不足而导致各校师资力量差异悬殊。增加教育投入还有助于扩大消费、增加就业、减轻大中专毕业生就业压力。

增加基础领域和应用领域的科研投入，夯实国家整体创新能力。国家在加大基础性研究投入比例的同时，还可通过减税政策鼓励企业更多投入应用性研究和开发，并加大知识产权保护，重奖原创性的科研成果。

（七）政府以身作则开展节能减排工作

面对 2011 年经济增长减速形势，要继续加大节能减排力度。我国环境和资源对经济增长的承载能力已接近极限，若不加大节能减排力度，粗放式经济增长终究不可持续。针对 2010 年部分地区为完成"十一·五"节能减排任务而实行的拉闸限电现象，我们分析认为节能减排必须是政府、企业和城乡居民共同参与的工作，而不仅仅是政府行为，否则非但不能完成节能减排任务，反而扭曲节能减排目的，引起社会混乱，对社会造成危害。

政府部门要身体力行做节能减排的表率。政府主管部门不但要科学合理地制定环保标准、排污标准、奖惩标准和行为标准，更要在行为上以身作则。例如，政府官员要带头使用节能环保的小排量汽车，政府在宣传公众要更多的选用公共交通工具之时，自身要减少公车使用，政府应在行为规范上做出表率。政府行为如果不受监督约束，那么国家政策不仅会遭受到质疑，而且也难以落实执行，如车船税调整非议较多。

企业与政府共同接受社会监督。企业节能减排行为需要政府主管部门和社会公众与

---

① 2006 年两项指标数据分别为 14.3% 和 4.28%；2010 年前 10 个月则为 13.8% 和 4.04%。

舆论共同监督，而政府行为则更要接受全社会监督。例如，2010 年部分地区实行的拉闸限电，不仅没有达到节能减排的目的，反而还阻碍了一些企业的正常运营；特别是政府部门企图对居民生活用电的限制以达到节能目的，更是荒谬之举，其严重违背了科学发展观的宗旨和理念。

节能减排要采取行政手段和经济手段并用的方式，既要加大对超额排污行为的处理力度，同时也要制定科学合理的制度鼓励企业运用技术减少排污，例如，通过建立环境税、排污交易和押金等"污染者负担原则"，改变现行的单一排污收费制度。

（八）全面加强防灾减灾能力，降低经济损失程度

我国水文、气候及自然生态较过去 30 年明显脆弱，全球也正处于自然灾害高发期，最近 2～3 年我国自然灾害频繁，日常监测工作不可懈怠。与此同时，农业、水利、地质等部门还应加强对全国大江、大河和湖泊的防护以及田间管理，充分认识到自然灾害灾前防范工作的作用远大于灾后的补救重建。对这一常年性的工作，自 2011 年起需加倍予以重视。全国农业生产的稳定将从最基本层面支撑国家经济平稳运行。

防灾减灾不只是政府主管部门的日常事务，应鼓励社会积极宣传和参与防灾减灾活动，加强民众防灾减灾和自我保护意识，最大限度地减少自然灾害，让百姓免受灾难之苦。

2011 年世界及中国经济景气分析

张戈　赵琳　张珣　张嘉为　杨晓光　徐山鹰　汪寿阳

报告摘要：基于全球主要国家的经济景气指数，以及全球主要机构对 2011 年世界经济增长情况的预测，本文对 2011 年世界及中国经济景气进行了分析与预测。由于大规模经济刺激计划的退出，2011 年世界经济存在下行风险，但总体仍将处于温和增长阶段。主要机构对 2011 年全球经济增长的看法较为一致，其中国际货币基金组织预计 2011 年世界经济增速为 4.2%，牛津经济研究院（Oxford Economics）预计为 4.1%，而世界银行预计为 4.0%。新兴经济体仍将引领全球经济增长；美国、俄罗斯、德国、土耳其及波兰将保持平稳增长；深受欧洲债务危机影响的希腊、意大利及西班牙将面临较大的下行风险，同处欧洲地区的英国和法国也将受到拖累。2010 年我国经济增长速度呈前高后低走势，目前一致指数持续下降但下降速度趋缓，先行指数基本企稳，多数宏观经济指标处于下降阶段，预计经济增长放缓之势将维持到 2011 年上半年，2011 年下半年经济有可能逐步企稳回升。

基于经济景气分析方法对宏观经济进行预测预警已经有很长的历史了。最早的应用可追溯到 19 世纪末期，在法国统计局会议上出现的利用类似红绿灯的形式监测经济冷热状态。景气分析方法基于经济周期理论，其预测目标是宏观经济景气的走势及宏观经济在周期中所处的状态：繁荣、衰退、萧条或复苏。当前世界经济正处于"后金融危机时代"的复苏阶段，但复苏的基础并不牢固，欧洲债务危机、美国就业率恢复缓慢和房地产价格低迷、大国之间的汇率战等因素增加了经济预测的难度。2011 年世界经济能否继续复苏之路并逐渐回到繁荣阶段？新兴市场国家能否继续引领世界经济增长？2011 年我国经济能否继续保持稳定增长？本文基于经济景气分析中的景气指数和景气跟踪图，分析 2011 年世界经济和中国经济的走势和运行状态。同时，本文也介绍了国际上四家主要的世界经济预测研究机构：经济合作与发展组织（Organization for Economic Co-operation and Development，OECD），国际货币基金组织，牛津经济研究院和世界银行对 2011 年世界经济的主要预测结果，以更好地理解世界经济波动所处的阶段和未来走势。

一、2011 年全球经济景气分析

（一）2011 年全球主要国家经济增速将明显回落

中国科学院预测科学研究中心建立了全球经济总量最大的 18 个国家（按 2009 年 GDP 计）以工业增加值为基准指标的一致指数 CAS-MLI，并对一致指数在 2011 年的走势进行了预测（图 1）。这 18 个国家是：美国、加拿大、墨西哥、德国、法国、英国、意大利、西班牙、土耳其、波兰、荷兰、日本、韩国、印度、印度尼西亚、巴西、俄罗斯和中国。对一致指数的预测表明，2011 年上半年，多数国家的经济增速将明显放缓，但 2011 年第三季度以后，部分国家经济将企稳并上行。

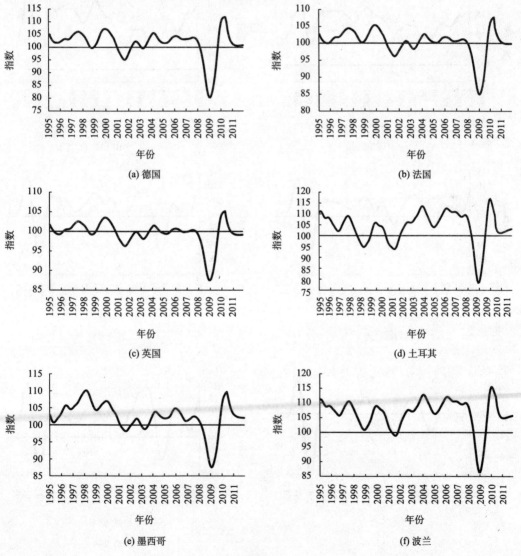

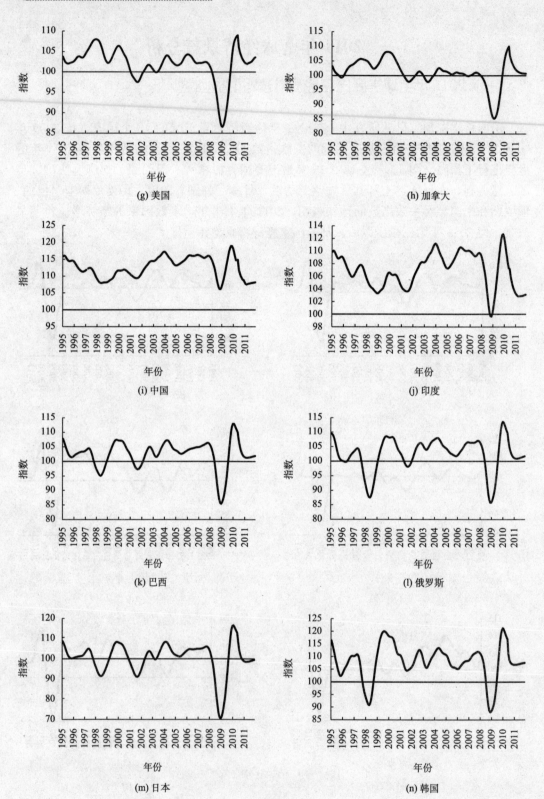

(g) 美国

(h) 加拿大

(i) 中国

(j) 印度

(k) 巴西

(l) 俄罗斯

(m) 日本

(n) 韩国

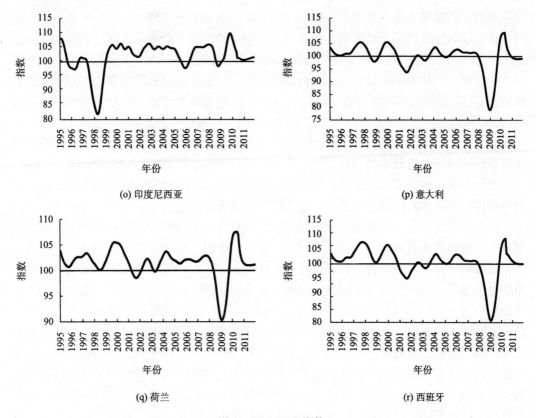

(o) 印度尼西亚 　　　　　　　　　　(p) 意大利

(q) 荷兰 　　　　　　　　　　　　(r) 西班牙

图 1　CAS-MLI 指数

注：以上是主要的 18 个国家的一致指数及其预测，样本期是 1995 年 4 月～2010 年 8 月，
预测期是 2010 年 9 月～2011 年 12 月。

2011 年亚洲经济体或将领先于世界其他经济体率先复苏。其中，中国和印度的复苏势头强劲，日本、韩国的经济景气复苏乏力。全球金融危机后，新兴经济体的复苏速度普遍高于传统发达国家，但值得注意的是，中国目前面临巨大的通货膨胀压力。随着货币政策由宽松转向稳健以及 4 万亿经济刺激计划的退出，2011 年中国经济增长的速度将低于 2010 年。

美国、巴西和俄罗斯成为除亚洲国家之外景气状况表现较好的国家。在政府财税政策和一揽子其他改革的刺激下，美国经济在 2010 年下半年有所好转。2011 年美国将启动 6 000 亿美元的第二轮量化宽松货币政策，但货币注入实体经济并带动经济复苏将是一个缓慢的过程，更多的货币可能流入资本市场以及投向新兴市场国家寻求超额收益，加之前期政策刺激效果逐渐衰退，2011 年美国经济的走势不甚明朗，总体来看其经济增长情况好于 2010 年的可能性不大。巴西与中国同为新兴经济体的代表，它面临的通货膨胀形势要温和得多，这可能让巴西在 2011 年继续保持较理想的增长速度。

欧盟成员国中，预计德国、土耳其、波兰的一致景气指数在 2011 年中有较好的表现。德国将继续成为欧洲经济增长的最大亮点，这主要得益于德国对于财政纪律的强调和刺激政策的适时退出。在 2010 年 6 月份的 20 国集团领导人峰会（G20 峰会）上，德国力排众议，主张以经济结构调整作为"后金融危机时代"经济调控的主要思路，使其成为稳定欧洲经济的舵手。而英国、法国、西班牙等其他经济体的一致指数预测值呈现持续下降趋势。法国和英国受欧元区其他国家拖累，且 2010 年第二季度爆发的欧洲债务危机加剧了其经济增长的下滑速度。目前来看，2011 年这两个国家和包括意大利、西班牙在内的"欧猪五国"的财政状况很难得到根本扭转，经济增长的速度很可能继续回落。

此外，CAS-MLI 指数显示加拿大的经济增长也将持续放缓。加拿大已经明确提出了将财政赤字的危机减半的目标，因此在 2011 年爆发超预期的增长并不现实。

此外，我们调研了其他机构对世界各个国家和地区的宏观经济监测和预警工作，并对各机构监测预警的成果进行了分析和总结。具体介绍如下：

首先介绍经济合作与发展组织的工作。经济合作与发展组织定期监测其 29 个成员国和 6 个重要的非成员国（巴西、俄罗斯、中国、印度、南非、印度尼西亚）的经济形势，是监测国家最多的机构。经济合作与发展组织 2010 年 11 月份发布的最新经济先行指数报告显示，经济合作与发展组织全球综合领先指数（经济合作与发展组织 CLI 全球指数）[①] 在 2010 年 9 月份仍处于缓慢上升阶段（图 2），这表示从经济合作与发展组织国家整体范围来看，未来一段时间内宏观经济仍处于"后金融危机时代"的缓慢复苏之中。而经济合作与发展组织国家先行指数显示，在全球经济缓慢复苏的基础上，主要经济体的经济走势可能出现分化，衰荣互现。德国、日本、美国和俄罗斯的先行景气指数持续上升，加拿大、法国、印度、意大利和英国的先行景气指数呈轻微下降趋势，但指数水平仍高于其长期趋势；中国和巴西的先行指数已处于急剧下降中，且指数水平低于其长期趋势。

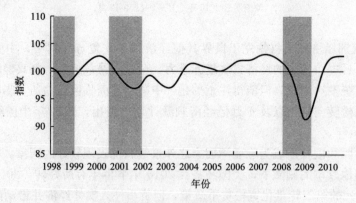

图 2　经济合作与发展组织 CLI 全球指数

注：图中阴影部分表示处于衰退阶段。

资料来源：2010 年 11 月 8 日经济合作与发展组织先行指数报告。

---

① 该指标是综合了经济合作与发展组织所有成员国宏观经济主要指标的运行状况编制而成的。

经济合作与发展组织的先行景气指数一般先行期为六个月。目前经济合作与发展组织数据更新到 2010 年 9 月份，因此，我们推断，从 2010 年年底至 2011 年第一季度，德国、日本、美国、俄罗斯将处于景气上行阶段，而加拿大、法国、印度、巴西、中国等将处于景气下降阶段。2011 年第二季度以后的走势则存在较大不确定性，需结合其他因素判断。

其次，介绍美国大企业联合会（The Conference Board，CB）的分析。它是与经济合作与发展组织同样具有全球视角的预测机构，也发布了澳大利亚、中国、欧洲地区、法国、德国、日本、韩国、墨西哥、西班牙、英国、美国的先行指数。美国大企业联合会报告表明，2010 年 9 月份，除日本和西班牙的先行指数下行外，其他国家（地区）相对上月均有所增长[①]。这一结论与 CAS-MLI 对中国、德国、西班牙、日本、美国等国家的判断基本一致，但对其他欧洲国家的判断则存在分歧。

最后，介绍德国经济研究所（IFO）对世界经济的监测和预测情况。德国经济研究所主要采用景气问卷调查方法对世界经济和欧洲经济增长进行监测和预警。该机构每月调查来自 100 多个国家的 1 100 多位专家，并根据调查结果编制和发布世界景气指数（IFO business climate index world）。图 3 是德国经济研究所发布的 1988～2010 年的世界经济景气指数。该指数在 2010 年第四季度连续出现下降，表明全球经济整体复苏的步伐将在未来六个月内放缓。德国经济研究所的报告也表示不同区域内的经济增长状况会有明显差异。

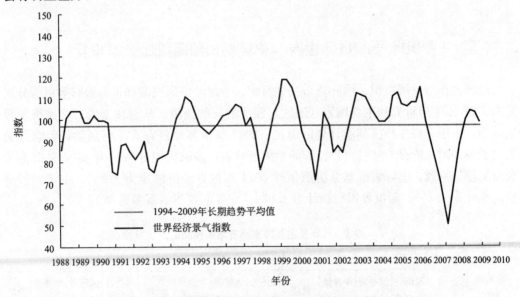

图 3　德国经济研究所世界经济景气指数（2005 年＝100）
资料来源：德国指数研究所官方网站。

---

① 部分国家和地区数据更新到 2010 年 10 月份。

同样采用景气问卷调查法的欧洲委员会（European Commission，EC）每月对整个欧洲地区超过 125 000 家公司和 40 000 名消费者开展问卷调查，将调查结果统计处理和进行季节调整后，编制成经济敏感指数（economic sentiment indicator，ESI）对外发布（图 4 是欧洲委员会发布的 1990～2010 年的经济敏感指数）。2010 年 10 月份的最新经济敏感指数显示，2011 年欧洲地区整体经济的实际增长速度将放缓。

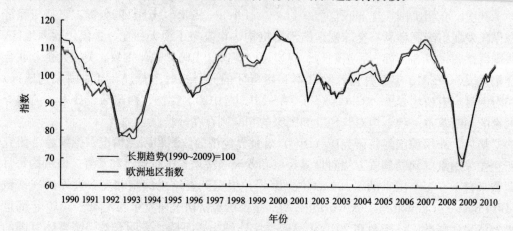

图 4　欧洲委员会经济敏感指数（1990～2009 年平均值＝100）
资料来源：欧洲委员会官方网站。

（二）主要机构对 2011 年世界 GDP 的增长预期均低于 2010 年

经济合作与发展组织、国际货币基金组织、牛津经济研究院和世界银行等机构分别发布了对 2011 年世界和主要国家（地区）经济增长的预测。从总体来看，多家机构普遍认为，由于大规模经济刺激计划的退出，2011 年世界经济存在下行风险，但总体仍将处于温和增长阶段。从对世界经济的预测值来看，多家机构对 2011 年实际 GDP 的增长意见较为一致，国际货币基金组织预计 2011 年世界经济增速为 4.2%，牛津经济研究院预计为 4.1%，而世界银行预计为 4.0%。主要的预测结果参见表 1。

表 1　世界及主要国家经济增长预测汇总（单位：%）

国家和地区	2009 年 实际值	2010 年				2011 年				2012 年			
		经济合作与发展组织	国际货币基金组织	牛津经济研究院	世界银行	经济合作与发展组织	国际货币基金组织	牛津经济研究院	世界银行	经济合作与发展组织	国际货币基金组织	牛津经济研究院	世界银行
世界	−0.6	4.6	4.8	4.4	4.2	4.2	4.2	4.1	4.0	4.6	4.5	4.7	4.3
美国	−2.6	2.7	2.6	2.7	3.3	2.2	2.3	2.5	2.9	3.1		3.5	3.0
日本	−5.2	3.7	2.8	2.5	2.5	1.7	1.5	0.9	2.1	1.3		2.1	2.2

续表

国家和地区	2009 年	2010 年				2011 年				2012 年			
	实际值	经济合作与发展组织	国际货币基金组织	牛津经济研究院	世界银行	经济合作与发展组织	国际货币基金组织	牛津经济研究院	世界银行	经济合作与发展组织	国际货币基金组织	牛津经济研究院	世界银行
欧洲	−4.1	1.7	1.7	1.7	0.7	1.7	1.5	1.5	1.3	2.0		1.6	1.8
德国	−4.7	3.5	3.3	3.5		2.5	2	2.1		2.2		1.7	
法国	−2.5	1.6	1.6	1.6		1.6	1.6	1.6		2.0		2.0	
意大利	−5.1	1.0	1.0	1.0		1.3	1.0	0.8		1.6		1.1	
西班牙	−3.7	−0.2	−0.3	−0.3		0.9	0.6	0.4		1.8		0.8	
英国	−5.0	1.8	1.7	1.8		1.7	2	2.1		2.0		2.6	
巴西	−0.2	7.5	7.5	7.3	6.4	4.3	4.1	4.5	4.5	5.0		5.1	4.1
中国	9.1	10.5	10.5	10.1	9.5	9.7	9.6	9.2	8.5	9.7		9.1	8.2
印度	5.7	9.9	9.7	8.2	8.2	8.0	8.4	8.3	8.7	8.5		9.0	8.2
印度尼西亚	4.6	6.1		6.0	5.9	6.3		6.3	6.2	6.0		6.4	6.3
俄罗斯	−7.9	3.7	4.0	4.1	4.5	4.2	4.3	4.7	4.8	4.5		5.0	4.7
南非	−1.8	3.0		3.0	3.1	4.2		3.7	3.4	4.5		4.1	3.9

1. 经济合作与发展组织

经济合作与发展组织在 2010 年 11 月 18 日发布的《经济展望》（*Economic Outlook*）中，预计 2010 年世界经济增速为 4.6％，而 2011 年将放缓至 4.2％，2012 年恢复到 4.6％的水平。经济合作与发展组织认为，2011 年财政政策从扩张转向紧缩、库存周期步入下行期、全球贸易复苏步伐放缓，是引致世界经济复苏速度放缓的三个重要原因，但受益于新兴经济体的稳定增长、全球商业投资的活跃，以及较为稳定的居民储蓄率，2011 年经济下行的幅度有限，2012 年世界经济将重返上行通道。对于发达国家和地区，经济合作与发展组织预计 2010 年美国实际 GDP 增长率将由 2009 年的−2.6％的负增长转为增长 2.7％，2011 年 GDP 增长率将小幅回落到 2.2％；预计欧洲地区 2010 年实际 GDP 增长率由 2009 年的−4.1％的负增长转为增长 1.7％，2011 年与 2010 年基本持平，仍然为 1.7％；预计 2010 年日本实际 GDP 增长率将由 2009 年的−5.2％的负增长转为增长 3.7％，但 2011 年将大幅回落，预计仅增长 1.7％。在新兴市场国家中，经济合作与发展组织预计 2011 年印度尼西亚、俄罗斯和南非的经济增长速度将进一步加快，分别达到 6.3％、4.2％和 4.2％，相比 2010 年分别上升 0.2 个百分点、0.5 个百分点和 1.2 个百分点；预计 2011 年金砖四国中的中国和印度经济增长速度将小幅下降，分别为 9.7％和 8.0％，相比 2010 年下降 0.8 个百分点和 1.9 个百分点，而金砖四国中的巴西将面临较大的经济下滑，从 2010 年的 7.5％下降到 2011 年的 4.3％，降幅达 3.2 个百分点。但 2012 年，除印度尼西亚的经济增速相比 2011 年有所下降外，金砖四国和南非又将迎来新一轮经济复苏。

2. 国际货币基金组织

国际货币基金组织 2010 年 10 月 6 日发布了《世界经济展望》（*World Economic Outlook*），预测 2010 年、2011 年和 2012 年世界 GDP 增速分别为 4.8%、4.2% 和 4.5%。国际货币基金组织称，面对脆弱的经济复苏，经济下行风险很高。发达国家和部分新兴市场国家面临着经济缺乏增长动力、失业率居高不下等问题，经济结构亟待调整，预计 2011 年世界经济增长步伐将大幅放缓，且放缓程度超出预期。国际货币基金组织预计美国 2010 年经济增速为 2.6%，2011 年降为 2.3%；欧洲地区 2010 年经济增长为 1.7%，2011 年降为 1.5%；日本 2010 年预计经济增长 2.8%，2011 年则大幅下降到 1.5%。不过，多数新兴市场国家仍将保持稳定的经济增长，其中，俄罗斯 2011 年经济增长速度甚至将超过 2010 年。国际货币基金组织认为，未来世界经济增长的关键在于解决日益严重的全球经济失衡问题。在内部平衡方面，要进一步促进发达国家的私人部门需求，使得财政政策可从容转向紧缩；在外部平衡方面，要同时扩大赤字国家的净出口和减少顺差国家的净出口，任何单方面的努力都收效甚微。

3. 牛津经济研究院

牛津经济研究院在 2010 年 11 月份的《世界经济展望》（*World Economic Prospects*）中，发布了对 2010 年、2011 年和 2012 年世界 GDP 的预测，增速分别为 4.4%、4.1% 和 4.7%。牛津经济研究院认为，2011 年世界经济面临着很大的不确定因素，而最大的不确定来自于美国和欧洲的经济增长，新兴市场将继续主导本轮经济复苏。具体来看，近期美国经济出现了企稳的迹象，包括就业率回升、公司流动资金增长等。美国联邦储备局宣布的 6 000 亿美元的第二轮量化宽松货币政策将巩固这些改善迹象，有力地刺激美国经济，因此，牛津经济研究院在 11 月份调高了对美国 2010 年经济增速的预测，从 10 月份的 2.6% 上调到 2.7%，但 2011 年仍保持 2.5% 不变。同时，美国量化宽松的货币政策也将对全球其他经济体产生正向刺激，预计德国 2010 年 GDP 增速将达到 3.5%，2011 年为 2.1%，而英国 2010 年 GDP 增速也将达到 1.8%，2011 年为 2.1%。但是，牛津经济研究院并不看好日本经济，虽然在美联储的压力之下，日本央行也随即宣布了将实行较为宽松的货币政策，但其经济仍有很大可能在 2011 年陷入衰退，预计 2011 年其经济增速仅为 0.9%。值得注意的是，量化宽松的货币政策可能导致弱势美元以及资产价格泡沫，甚至货币的竞争性贬值，产生政策收紧压力。同时，量化宽松的货币政策也可能导致更多的热钱流入新兴市场国家以追求更高的收益率。2011 年大国间的汇率市场将更加剑拔弩张。

4. 世界银行

世界银行 2010 年 6 月 10 日发布了《2010 年全球经济展望》（*Global Economic Prospects* 2010），预计 2010 年世界 GDP 增长 4.2%，2011 年将降为 4.0%，2012 年逐

步增强，上涨至 4.3％。世界银行预计发展中经济体 2010～2012 年的增速将位于 5.7％～6.2％，但高收入国家的增速则只有 2.1％～2.3％，尚不足以抵消 2009 年 3.3％ 的跌幅。报告认为，因金融泡沫而导致的金融危机对全球实体经济造成的影响正在消退，危机最坏的时候已经过去，全球经济正显现出稳步复苏的迹象。但是目前世界经济面临着债务危机的风险，欧洲地区部分政府的高额债务导致极高的资金成本，从而削减投资，影响到经济复苏，并进而通过贸易等影响到其他国家。如果任何陷入主权债务危机的欧洲国家发生债务违约，或市场信心危机的状况加剧，全球经济增长势头可能再次经历严重停滞并无法排除部分国家（如欧洲、中亚和拉丁美洲）陷入二度衰退的可能。并且，除了欧洲以外，日本等国家也面临着政府债务占 GDP 比重过高的问题。预计欧洲地区 2010 年 GDP 增速为 0.7％，2011 年，由于德国、法国等欧洲强国的良好表现，欧洲地区 GDP 预计增长 1.3％，2012 年进一步好转，增速预计为 1.8％。

二、2011 年我国经济景气分析

（一）经济景气先行指数企稳回升，2011 年我国经济先抑后扬

中国科学院预测科学研究中心编制了经济增长先行、一致和滞后合成指数，对我国的经济增长展开了全面、实时的跟踪和监测。实践结果表明，先行合成指数可提前判断出未来一年内宏观经济走势；一致合成指数能较好地体现出我国经济的短期波动特征和经济周期所处的阶段；而滞后指数可很好地验证经济周期的峰与谷。先行指标体系中的基准指标为工业增加值-当期同比，指数基期为 1999 年。先行、一致和滞后指数的指标包含了工业生产、消费、投资、外贸、能源、财政等社会经济的主要方面，其指标构成如表 2 所示。

表 2　中国科学院预测科学研究中心中国经济增长合成指数指标体系

先行指标	一致指标	滞后指标
汽车产量-当期同比	工业增加值-当期同比	社会消费品零售总额-当期同比
工业产品销售率-当期同比	固定资产投资-投资完成额-累计同比	居民消费价格指数-当期同比
新开工项目个数-累计同比	进出口总值-当期同比	食品消费价格指数-当期同比
M_2-期末同比	M_1-期末同比	工业产品库存-当期同比
金融机构人民币贷款余额（含外资）-期末同比	发电量-累计同比	
国家财政支出-当期同比	房屋竣工面积-累计同比	
货运量-当期同比	财政收入：税收-当期同比	
粗钢产量-当期同比	工业企业：销售产值-当期同比	
钢材产量-当期同比		
沪市股成交数量-当期同比		

表 3 是该指标体系峰谷对应结果。从各指数与基准指标峰谷的对应情况来看，先

行、一致与滞后合成指数与基准指数基本保持着稳定的峰谷对应关系，其中先行合成指数峰平均领先月数为 6 个月，标准差仅为 3.3；而谷平均领先月数为 5 个月，标准差仅为 2.9。可根据先行合成指数对未来半年的宏观经济走势进行预测。

表 3　中国经济增长合成指数指标体系峰谷对应结果

工业增加值-当期同比	先行合成指数	一致合成指数	滞后合成指数	峰/谷
2000 年 8 月	2000 年 3 月	2000 年 8 月	2001 年 6 月	峰
2001 年 9 月	2000 年 12 月	2001 年 8 月	2002 年 5 月	谷
2004 年 1 月	2003 年 10 月	2004 年 3 月	2004 年 8 月	峰
2005 年 2 月	2004 年 9 月	2005 年 3 月	2005 年 10 月	谷
2006 年 4 月	2005 年 7 月	2005 年 10 月		峰
2006 年 10 月	2006 年 7 月	2006 年 10 月		谷
2007 年 10 月	2006 年 12 月	2007 年 10 月	2008 年 4 月	峰
2009 年 1 月	2008 年 10 月	2009 年 2 月	2009 年 8 月	谷
2010 年 1 月	2009 年 10 月	2010 年 2 月		峰

根据截止到 2010 年 10 月份的数据计算得到的合成指数如图 5 所示。

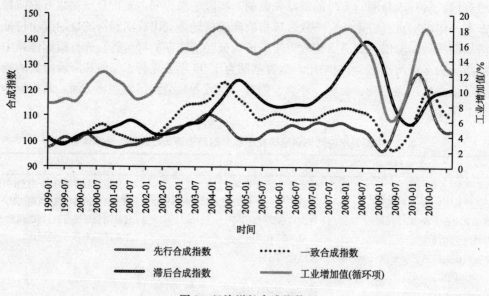

图 5　经济增长合成指数

2010 年 10 月份，先行合成指数已停止了自 2009 年 10 月份见顶后持续 12 个月的下滑态势，出现企稳回升迹象。一致合成指数与工业增加值仍处于自 2010 年年初见顶后的下降阶段，但近几个月下降速度有所减缓。2010 年 10 月份，先行合成指数为 104.03，比上月下降 0.19。构成先行合成指数的九个指标中，经过季节调整后，相对上月下降的有四个指标：汽车产量-当期同比、工业产品销售率-当期同比、粗钢产量-当期同比、货运量-当期同比；季节调整后相对上月上升的指标有五个：新开工项目个数-累计同比、M_2-期末同比、金融机构人民币贷款余额（含外资）-期末同比、国家财政支出-当期同比、沪市 A 股成交数量-当期同比。一致合成指数的值为 109.66，比上月下降 0.65。构成一致合成指数的七个指标经季节调整后与上月相比全部下降。

合成指数主要反映了宏观经济的总体走势。2010 年我国经济增速呈前高后低之势，对于 2011 年，最关键的问题是经济能否止跌回稳。从当前先行指数的走势来看，2010 年年底和 2011 年第一季度宏观经济景气还将继续下行，但下行速度可能趋缓。从先行指标来看，由于 2011 年货币政策可能转向稳健，两个货币供给类的指标，M_2 和金融机构贷款余额增速同比下降的可能性增大；在积极财政政策的支持下，国家财政支出有望继续保持较高增速；预计 2011 年基础建设投资仍将保持较高增速，2011 年计划建设 1 000 万套保障性住房，有望拉动工业生产相关指标的增长。综合多方面因素，预计先行指数将在 2010 年年底或 2011 年年初触底回升，而一致指数有望在 2011 年年中见底，自第三季度起回升。

（二）2011 年下半年我国经济有望进入复苏期

本节基于景气跟踪图，分析我国重要的宏观经济指标的走势。景气跟踪图起源于钟形图。钟形图由 G. Nerb 引入，其基本思想是基于两组景气调查的数据，根据这两组数据之间的领先-滞后关系展示当前经济景气的运行状况。钟形图的横轴为判断当前经济状况的调查数据，纵轴为对未来六个月经济状况的预期数据。由于预期往往领先于实际经济活动，该图将呈现一种顺时针变化的形式。C. Gayer 对钟形图方法进行了改进，提出了一种新的基于钟形图的景气跟踪图方法，使其能够更好地用于经济景气的分析与判断。中国科学院预测科学研究中心进一步扩展了景气跟踪图的应用，并结合中国经济的实际情况丰富了景气跟踪图方法。

具体来说，景气跟踪图的纵坐标为当月该指标高于（低于）平均值的幅度，横坐标代表当月相比上月的增长（减小）幅度。四个象限分别代表繁荣（expansion，右上）、衰退（slowdown，左上）、萧条（recession，左下）、复苏（recover，右下）。例如，繁荣为指标高于平均值且仍在增长；而衰退为指标高于平均值但开始减小，在我国增长率循环的背景下，这表明经济活动增长的速度有所放缓，并不代表宏观经济的水平在下降。可根据大部分经济指标所处象限判断经济周期变动情况，并根据不同指标变化情况判断当前经济变化。

2010 年 10 月份各指标运行情况图 6 所示。在图 6 中，值得关注的经济指标包括国家财政预算支出、M_2、CPI 与固定资产投资。国家财政预算支出自 2010 年 5 月份进入繁荣期后持续走高，目前已处于高位。M_2 自 2010 年 7 月份进入复苏期后稳步上升，即将进入繁荣期。CPI 自 2010 年 3 月份进入繁荣期后持续攀升，目前处于繁荣期高位，2010 年 10 月份达到 4.4%，高于 2005～2009 年五年的平均水平约 1.7 个百分点。固定资产投资最近两个月下降趋势减缓，有望于未来几个月进入复苏期。

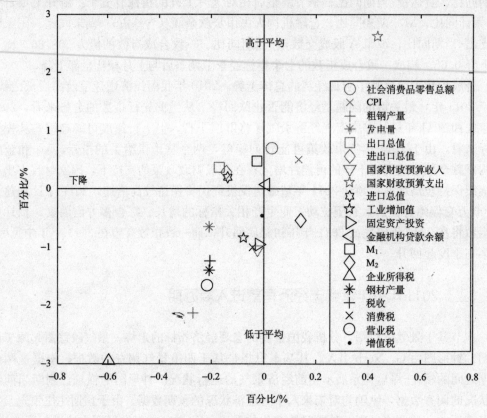

图 6　景气周期跟踪图（2010 年 10 月）

　　但是，大部分工业生产相关指标处于萧条期，包括发电量、税收、粗钢产量、钢材产量、工业增加值。另外，固定资产投资、国家财政预算收入目前也处于萧条期，大部分与税收相关的指标处于萧条期，以流转类税为代表，其中增值税相比上月降幅已明显减小，即将进入复苏期，紧随其后的是消费税和营业税，而企业所得税还处于较低水平。消费、外贸等相关指标均开始进入下降通道，但仍处于高于长期平均水平的较高位置，包括出口、进口、进出口、社会消费品零售总额，金融机构贷款余额、狭义货币供应量（M_1）也处于下降期。

　　连续观察多个月份的景气跟踪图，可了解经济景气情况的连续变化。图 7 与图 8 描述了一年内我国重要经济指标的走势。2009 年年底的景气跟踪图显示，实体经济全面复苏并逐步繁荣，大部分指标处于繁荣期。此外，固定资产投资与广义货币供应量（M_2）领先于大部分指标，增速相比上月已出现回落，处于衰退期。2010 年第一季度，指标开始出现分化，工业相关指标随信贷与投资的回落也开始出现回落。虽然仍处于高于五年平均水平，但是相比上月增速已明显回落。而内外贸形势表现良好，仍处于繁荣期较高水平。至 2010 年第二季度，大部分指标已处于衰退状态，相比上月增速均出现

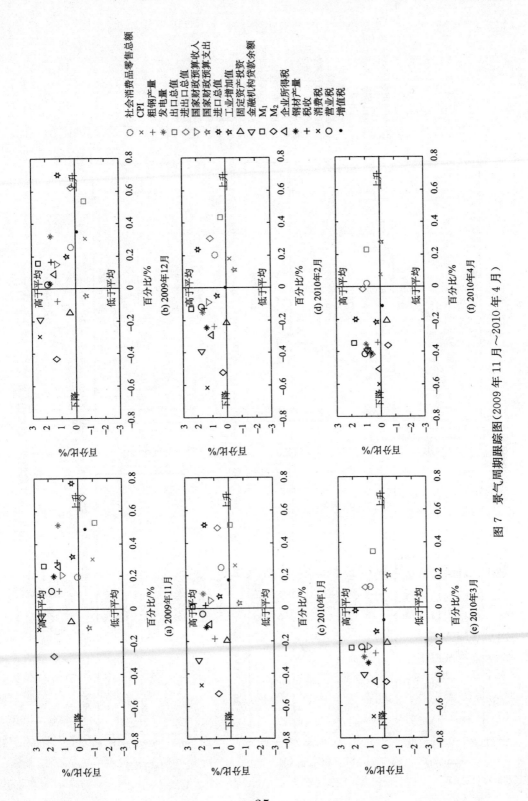

图 7　景气周期跟踪图（2009 年 11 月～2010 年 4 月）

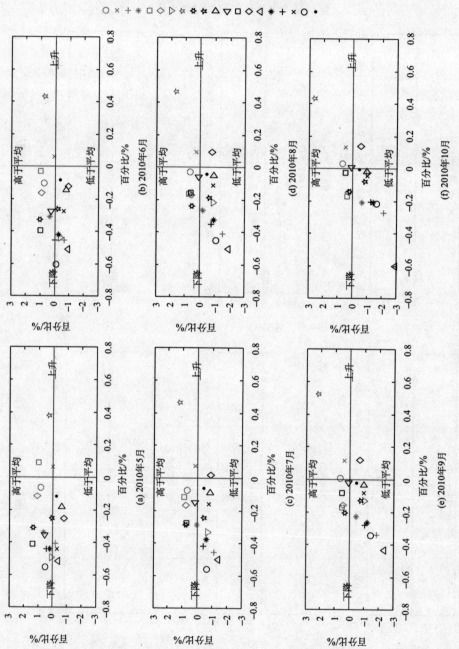

图 8　景气周期跟踪图（2010 年 5 月～2010 年 10 月）

不同程度的下降。2010 年第三季度，各指标又一次出现分化，部分指标（以工业为代表）进入低于五年平均水平的下降通道，而外贸指标也进入增速减缓区间。预计第四季度，消费、外贸等指标也将进入第三象限，绝大多数指标将进入萧条区间。展望 2011年，第一季度将有先行性较强的指标，如信贷与投资逐步进入复苏区间。而 2011 年上半年，其他指标将陆续进入复苏区间。2011 年中期，指标情况将再一次出现分化，部分指标进入繁荣期。值得一提的是财政预算支出，基本为逆周期运行，充分发挥了经济稳定器的功能。而需要引起注意的是 CPI，CPI 自 2010 年年初进入繁荣区间，持续处于高位已超过三个季度，经济面临较大的通货膨胀压力。

特别地，可以基于景气跟踪图给出整体经济与各个指标的一个周期的持续期，并计算各指标在各不同状态下的持续期，见表 4。平均来看，我国一个整体周期约为两年（24 个月），各状态分布基本平均，约为 6 个月左右。

表 4　各指标的持续期（单位：月）

状态	总体平均值	社会消费品零售总额	固定资产投资	出口总值	进出口总值	进口总值	CPI
平均持久期/周期	24.26	21.33	26.50	30.60	28.20	21.58	25.33
繁荣	5.95	7.67	6.00	5.00	6.00	5.33	8.33
衰退	6.20	4.67	8.00	7.00	7.00	5.00	5.25
萧条	6.38	4.00	7.50	11.00	8.00	4.75	5.75
复苏	5.72	5.00	5.00	7.60	7.20	6.50	6.00

状态	国家财政预算收入	国家财政预算支出	税收	企业所得税	消费税	营业税	增值税
平均持久期/周期	22.55	26.17	20.35	22.63	25.10	25.58	25.12
繁荣	6.25	6.67	6.25	6.00	9.00	5.75	4.29
衰退	7.00	7.00	5.00	4.50	4.67	7.50	8.00
萧条	4.50	4.00	4.50	6.33	5.43	6.33	8.50
复苏	4.80	8.50	4.60	5.80	6.00	6.00	4.33

状态	工业增加值	粗钢产量	发电量	钢材产量	金融机构贷款余额	M_1	M_2
平均持久期/周期	27.40	23.58	19.10	25.31	22.17	23.75	22.75
繁荣	7.00	5.75	4.00	4.17	5.50	4.75	5.33
衰退	7.00	5.50	6.00	7.00	4.33	7.33	6.25
萧条	7.00	7.33	4.67	10.00	4.83	6.67	6.50
复苏	6.40	5.00	4.43	4.14	7.50	5.00	4.67

整体来看，受 4 万亿经济刺激计划推动，2009 年年底我国经济迅速摆脱了国际金融危机造成的巨大影响，经济发展水平逐渐恢复到金融危机前的水平。随着政策效应的逐渐减退，从 2010 年年初开始，经济增速逐步缓慢回落，属于调整状态。当前呈现出两个主要问题：一是通货膨胀压力较大，CPI 处于高位并有攀升势头，回调趋势尚不明

显；另一问题则是复苏周期。按当前数据显示，主要工业生产指标已连续三个月左右处于衰退期，正缓慢向复苏期调整。而贸易与消费等经济指标才刚刚进入调整期。预计这一轮调整将持续至少半年左右。虽然 M_2 已进入复苏周期，但是整体经济的复苏可能还需要等待整体经济指标进入复苏通道后才能出现。所以，2011 年年初，经济增长可能面临较大压力，2011 年年中以后经济有望逐步进入繁荣区间。

三、结论与启示

基于中国科学院预测科学研究中心构建的全球主要国家经济景气指数和中国经济景气指数，结合全球主要机构对 2011 年世界经济增长的预测值，本文对 2011 年世界及中国经济景气进行了分析与预测。虽然各家机构对于具体国家经济增速的判断存在差异，但对于以下两点基本达成了共识：

（1）2011 年全球经济增速将明显放缓。2011 年全球经济增长存在很多不确定性因素，随着各国经济刺激政策的普遍退出和前期政策刺激效果的消退，世界经济增速全面放缓的可能性较大。

（2）2011 年新兴经济体仍将引领全球经济增长。中国、巴西有望保持较高增长速度；美国、俄罗斯、德国、波兰、土耳其将保持平稳的经济增长；深受欧洲债务危机影响的希腊、意大利、西班牙经济运行风险非常大，并可能拖累英国和法国经济增长，需要特别注意。

对于我国的经济景气，目前一致指数持续下降但下降速度已趋缓，先行指数基本企稳，多数宏观经济指标处于萧条阶段，尚需两个季度左右才能全面进入恢复期，3~4 个季度后可能进入繁荣期，因此，2011 年年初我国经济增长将面临较大压力，2011 年年中以后经济才有望逐步进入繁荣区间。

值得注意的是，随着全球经济一体化的加强，世界经济周期和区域经济周期的同步性有所增强，在研究一国经济周期波动时，不可避免地要考虑其他国家周期波动传导的影响。传导的渠道包括贸易、信贷、外商投资等直接影响，以及通过影响世界经济周期波动而导致的间接影响。对于我国而言，我国与印度、日本、韩国、墨西哥，俄罗斯以及美国的经济周期较为一致。虽然 2011 年日本的经济可能有较大幅度的下滑，但印度、俄罗斯、韩国等国家的景气状况可能于 2011 年年中即开始回暖，这也将拉动我国对外贸易的发展，加大我国从 2011 年下半年开始经济回升的可能性。

2011 年我国农业生产及粮食需求形势分析[①]

杨翠红　王会娟　陈锡康

报告摘要：2010 年我国农业生产形势总体很好，虽然遭受了气候极端异常、灾害多发重发等的不利影响，农业生产继续稳定向前发展。2010 年将成为 2004 年以来的第七个粮食增产年。虽然棉花、油菜籽、花生的播种面积得到增加，但是由于黄河流域的洪涝灾害以及"冷冬"、"寒春"等恶劣气候影响使其在一定程度有所减产。2011 年国家将会采取更多的措施加大支农惠农力度，同时频发的自然灾害、水资源和耕地资源的日益紧缺使得我国农业生产将面临更大的挑战。预计 2011 年我国粮食、棉花、油料产量都会有不同程度的增加。主要分析如下：

(1) 粮食播种面积和产量将有小幅增加。主要依据包括：国家非常重视粮食生产，财政部的支农惠农资金仍会增加；粮食价格仍将保持上涨势头；科技对粮食增产的贡献逐年加大；秋冬播面积增加，优良品种所占比重加大。

(2) 棉花播种面积和产量均会有所增加。主要依据为：国际、国内市场棉花价格快速上涨；种棉纯收益增加较多；棉花产需缺口仍将加大。

(3) 油料播种面积小幅增加，在生长期气候良好前提下，产量将有较大幅度增加。主要依据有：预计 2011 年油料价格依然保持上涨态势；油菜籽收益增加将进一步调动农民的种植积极性；由于 2010 年油料大幅减产，预计 2011 年实现恢复性增产的可能性较大。

我国粮食生产已经实现了连续七年增产，粮食需求也在逐年攀升。2010 年我国粮食产量大于需求量，粮食供应充足。具体来看，预计 2010 年我国粮食需求将达到 10 650 亿斤（1 斤＝0.5 千克），较 2009 年增加 120 亿斤，主要的上涨动力来自于饲料用粮和工业用粮，分别较 2010 年提高了 63 亿斤和 45 亿斤。2011 年在城镇化率及城乡居民收入稳步提升的基础上，农村居民饮食结构将会更加多样化，饲料用粮、工业用粮的上升潜力仍然较大，我们预计 2011 年粮食需求量将会达到 10 800 亿斤，较 2010 年增加 150 亿斤，人均需求超过 400 千克。

基于上述分析，为保证 2011 年农业生产形势稳定发展，减弱粮食需求强劲的增长态势，我们提出如下建议：

(1) 加大科技因素在农业生产中的支撑作用。2010 年我国实现了粮食连续第七年

---

① 本研究得到国家自然科学基金项目（项目号：70871108，70810107020，60874119）和中国科学院重要方向性项目（项目号：KJCX2-YW-S8）资助。

增产。由于粮食播种面积增加的幅度越来越有限，今后实现粮食增产还主要依靠增加单产。目前我国各级政府对粮食生产的高产创建等活动非常重视，还应加大科技因素对其他主要农作物，特别是棉花等的支撑作用，在长江流域、黄河流域主棉区创建高产示范片、实现棉花种植的规模效益。另外，提高抗旱、抗涝设施的科技含量，加大对先进的农田水利设施的投资。

（2）密切关注生产资料价格的上涨，切实保护农民的积极性。由于原油、煤炭等原材料价格的上升，2010 年化肥、农药和柴油等主要农业生产资料的价格同比均出现了不同程度的上涨，造成农业生产中物质成本的上涨。但因为 2010 年主要农产品价格上涨幅度也较大，因此除部分品种外，总体上农民的种植收益有所上升。2011 年情况将有所不同，虽然主要农产品价格仍将呈上涨态势，但大部分品种价格将是小幅的上涨，如果生产资料价格上涨过快，将极易抵消农产品价格上涨对农民收入增长的作用。此外，2011 年用工价格将有较大幅度的上升。因此，应当密切关注农业生产资料价格的走势，适时进行政策干预，防止农民因农业生产成本的大幅度上升而出现增收缓慢甚至下降的局面，挫伤农民的生产积极性。

（3）加大对畜禽水产养殖业的投入力度，提高饲料利用效率，促进食品加工业的技术转型，力求降低粮食需求的增长速度。随着居民收入水平的提高以及城镇化进程的不断推进，肉类、蛋类、奶类等动物性食品以及酒类、烘焙类食品等消费需求旺盛的趋势不可逆转。饲料用粮、工业用粮将是我国粮食需求增长的最大推动力，因此我们必须为其增速降温。建议加大对畜禽水产养殖业的投入力度，加快养殖业的规模化、标准化发展；积极促进食品加工业的技术转型，提高粮食的转化效率。

一、引　言

在党和政府的一系列直接、有效的支农惠农政策的支持下，2010 年我国农业生产形势较好。虽然受到恶劣天气条件的影响，夏粮和早稻略有减产，但是秋粮增幅较大，2010 年将是我国自 2004 年以来的连续第七个粮食增产年；棉花、油菜籽、花生播种面积虽然有所增加，但是黄河流域的洪涝灾害以及"冷冬"、"寒春"等恶劣气候的影响使其在一定程度上有所减产。2011 年我国将进一步加大支农惠农力度，但是目前我国频发的自然灾害、日益紧缺的耕地资源和水资源将会严重制约农业生产的发展，加上国际经济形势的复杂多变，2011 年我国粮食、棉花和油料生产形势还存在一些不确定性，需要进行深入分析。

我国不仅是粮食生产大国，更是粮食消费大国，巨大的人口压力使得我国粮食自给率的一个很小变动就会对世界经济发展产生较大的冲击。粮食需求按照不同的用途可以分为居民口粮、饲料用粮、工业用粮和种子用粮四个方面，为了合理安排生产、确保我国的粮食安全和社会稳定，准确测算我国的粮食需求总量、科学分析粮食需求构成的变化对我国经济发展极为重要。

本文将在对 2010 年我国农业生产和粮食需求进行简要回顾的基础上,对 2011 年的运行形势进行分析和预测,并提出相关政策建议。

二、农业生产形势分析及预测

(一) 2010 年我国农业生产形势回顾

1. 夏粮与 2009 年基本持平,早稻减产,秋粮获得较大丰收,粮食实现连续第七年增产

2010 年我国夏粮播种面积继续稳步提高。根据国家统计局的数据[①]:2010 年我国夏粮播种面积 2 742.1 万公顷 (4.11 亿亩),比 2009 年扩大 3.84 万公顷 (58 万亩),增长 0.1%。其中,冬小麦播种面积增加 1.73 万公顷 (260 万亩),增长 0.8%。夏粮因面积扩大而增产 17 万吨 (3 亿斤)。由于自然灾害的影响,夏粮单产有所下降,2010 年我国夏粮单产每公顷 4 489.3 千克,比 2009 年减少 20.4 千克,降幅为 0.4%。播种面积虽有所增加,但单产下降的幅度更大,造成 2010 年夏粮产量比 2009 年略有减少。根据国家统计局抽样调查统计,2010 年我国夏粮总产量为 2 462 亿斤,比上年减少 7.7 亿斤,降幅为 0.3%。分品种看,占我国夏粮产量 90% 以上的小麦产量仍保持继续增加势头,我国夏收小麦产量超过 2009 年。分产区看,夏粮主产区继续保持稳产增产态势。华北、黄淮地区的河北、山西、江苏、安徽、河南、山东和湖北等夏粮主产区增产 111 万吨 (22 亿斤)。但西南地区的云南、贵州两省因灾减产 169 万吨 (34 亿斤)。

2010 年早稻减产。国家统计局最新数据显示[①],2010 年我国早稻播种面积为 579.4 万公顷 (8 691 万亩),比 2009 年减少 1.3%。由于生长前期受低温寡照、后期受洪涝灾害等因素的影响,2010 年早稻单产为每公顷 5 405 千克 (合每亩 360.4 千克),比上年减少 4.9%。主产区早稻单产全部下降,因单产下降导致产量减少 160.4 万吨。由于播种面积的下降及气候因素的影响,2010 年我国早稻总产量为 3 132 万吨 (626 亿斤),减产 40.7 亿斤,减产幅度较大,较上年减少 6.1%。

2010 年虽然夏粮略有减产,但秋粮增幅很大。秋粮播种面积为 7 665.7 万公顷 (11.5 亿亩),比上年增加 92.4 万公顷 (1 386 万亩),由于后期气候较好,秋粮实现较大幅度的增产。国家统计局根据我国内地 31 个省 (自治区、直辖市) 抽样调查和全面统计显示[①],秋粮总产量初步统计为 39 199 万吨 (7 840 亿斤),比上年增加 1 801 万吨 (360.3 亿斤)。其中玉米增产较多。从地区来看,东北及内蒙古地区增产较多,其他主产区生产保持稳定。

2010 年全年粮食播种面积达到 10 987.2 万公顷 (16.48 亿亩),比上年增加 88.6 万公顷 (1 329 万亩)。2010 年全国粮食总产量初步统计为 54 641 万吨 (10 928 亿斤),比上年增加 1 559 万吨 (312 亿斤),增产 2.9%。这是我国粮食连续第七年增产。

---

① 国家统计局. 关于 2010 年粮食产量的公告 . http://www.stats.gov.cn/tjdt/zygg/gjtjjgg/t20101203_402687721.htm, 2010-12-03.

2. 棉花单产降低，总产量略减

受 2009 年棉花价格上升等因素的影响，2010 年棉花的播种面积有所增加，但目前来看增加的幅度不大。部分省份还有较大幅度的下降，如河南省 2010 年棉花播种面积预计为 700 万亩（1 亩＝0.067 公顷），比 2009 年降低 100 万亩左右，已降至 30 年来的最低点。

棉花生长期间，气候总体状况较好，但 8 月份之后发生了一些新的情况。受洪涝灾害的影响，原来长势最好的黄河流域产区棉花生长形势出现逆转，特别是山东省部分棉区烂桃情况非常严重，棉花产量受到一定影响。但同期长江流域没有出现大的灾害，前期长势较差的棉花还有一些向好的方向转化。预计 2010 年棉花产量比 2009 年持平略减。

3. 油料遭受恶劣天气影响，减产严重

2010 年我国油菜籽的种植面积增加，但去冬今春我国广大地区遭受了"冷冬"和"寒春"，对油菜籽生产影响极大。单产水平下降幅度较大，估计总产量下降 10% 左右。特别是云南和贵州遭遇了百年未遇的特大干旱，使该地区油菜籽产量减少 40% 左右。

花生播种面积增加，但由于部分花生主产区，如山东省在花生的成熟期和收获期遭遇阴雨天气，花生有可能出现减产，质量下降。

2010 年油菜籽已有较大幅度的减产，花生也会有一定程度的减产。预计 2010 年油料减产幅度较大。

（二）2011 年我国农业生产形势分析

1. 粮食生产形势很好，预计播种面积和产量将有小幅增加

2011 年我国粮食播种面积将有小幅增加，如果不出现严重的自然灾害、天气为中等的情况下，预计粮食产量将增加 50 亿斤左右。主要分析如下：

（1）国家高度重视粮食生产，支农惠农资金继续增加。2011 年国家在往年的基础上又进一步加大了惠农政策的力度，决定继续在小麦和稻谷主产区实行最低收购价政策，且提高幅度较往年大。2010 年 10 月份经报请国务院批准[①]，2011 年生产的白小麦（三等，下同）、红小麦和混合麦最低收购价分别提高到每 50 千克 95 元、93 元和 93元，比 2010 年分别提高 5 元、7 元和 7 元。这些政策措施的出台不仅直接有利于提高农民的种粮积极性，而且为粮食价格的稳定趋涨、提高农民的种粮收益奠定了基础。

（2）预计 2011 年粮价仍将保持上涨的势头。2010 年以来，因受多种因素的影响，主要农产品价格包括粮食的价格持续上升。在这种行情下，无论是农民还是市场，对粮

---

① 国家发展和改革委员会. 关于提高 2011 年小麦最低收购价格的通知. http://www.sdpc.gov.cn/zcfb/zcfbtz/2010tz/t20101012_374631.htm, 2010-10-11.

价持续上涨有较强的心理预期。有关部门最近调高了 2011 年小麦的最低收购价，对 2011 年的粮价上涨将起到较强的支撑作用。预计 2011 年我国的粮食价格将保持上涨的态势。

另外，由于俄联邦国家干旱导致的小麦减产以及这些国家出台的出口限制政策等原因，国际市场上小麦价格出现了飞涨。根据美国农业部（USDA）的预测，2011 年，由于主要谷物生产大国的减产，除大米外，国际谷物的库存消费比均将面临显著下降的局面。从供求关系来看，预计 2011 年国际市场主要粮食，如玉米、小麦和大豆价格将保持上升态势。

（3）科技贡献的逐步加大支撑了粮食生产的稳定发展。2010 年 9 月 3 日，农业部副部长危朝安在全国高产创建现场会上强调，着力在整建制、大协作、新机制和标准化上下工夫，在更大规模、更广范围、更高层次上深入推进高产创建，全面提升农业综合生产能力。2010 年 9 月 20 日，农业部召开全国秋冬种工作会议，对 2010 年秋冬播期间的高产创建示范活动进行了部署，拟在全国新建 1 000 个小麦、270 个油菜、200 个马铃薯万亩高产创建示范片。

从近几年粮食生产情况看，科技对粮食增产的支撑能力不断增强，对提高单产发挥了至关重要的作用。例如，近年来我国粮油生产屡屡克服部分省区历史罕见的特大干旱、多年少有的持续低温、部分地区特大洪涝等灾害的影响，农业生产保持了基本稳定，其中高产创建万亩示范片发挥了重要作用。科技对农业增长的贡献率从"十五"期末的 48%，提高到目前的 51%，超过了土地、劳动力和物质等要素投入的贡献份额。优良品种和先进适用技术在粮食生产中起到了支撑作用，六年来，已经从 2005 年推荐的 50 个品种 20 项技术扩展到 2010 年的 150 个品种 80 项技术，全国 800 个示范县农业主导品种、主推技术覆盖率已经超过 95%。2010 年高产创建万亩示范片达到 5 000 个，比 2009 年增加了 2 400 个，覆盖了所有农业县，部分主产区已开始展开整乡整县整建制试点，使大面积平衡增产成为可能。数据表明，科技进步提升粮食产能，由单产增加引起的总产增加，抵消甚至超过因为耕地面积减少而导致的粮食总产下降的影响，增产部分的科技支撑权重已经达到了 80% 左右。

（4）秋冬播面积增加，优良品种所占比重有所加大，为稳定 2011 年夏粮生产奠定了基础。据农业部农情调度[①]，2010 年全国冬小麦播种面积达 3.4 亿亩，增加了 100 万亩左右。冬油菜播栽面积达 1.03 亿亩，增加了 100 万亩左右。预计 2010 年全国秋冬播农作物 7.1 亿亩，比上年增加 1 000 万亩左右，粮食、油料面积均有不同程度的增加。

在各类秋冬作物面积协调增加的同时，农业部在 2010 年 9 月份召开的全国秋冬种工作视频会议上强调：秋冬种将着力主攻单产、提高品质。力争冬小麦亩产达到 320 千克以上，比 2009 年提高 2 千克；油菜亩产达到 125 千克，提高 5 千克以上，恢复到历史最高水平。同时力争冬小麦优质率达到 75% 以上，比 2010 年提高 3 个百分点；"双

---

① 农业部新闻办公室. 冬小麦、冬油菜播栽基本结束面积稳中有增播种质量提高. 农业部网站，http://www.moa.gov.cn/zwllm/zwdt/201011/t20101126_1780560.htm, 2010-11-26.

低"油菜面积达到 85％左右，提高 2 个百分点。因此，2010 年的秋冬播品种、品质结构进一步优化，适播期早、抗寒性强的半冬性小麦品种面积继续增加，优质专用小麦、"双低"油菜面积进一步扩大。

2. 棉花播种面积和产量均会有所增加

预计棉花播种面积增加 3％左右，如果后期天气良好，预计产量将达到 650 万吨左右。主要理由有三：

（1）国际国内市场棉花价格快速上涨。从 2009 年以来，棉花价格基本上呈现上涨态势，2010 年 7～8 月份环比有小幅回落。但从 2010 年 9 月份开始，棉花价格一路飙升。以我国 328 级棉花为例，如图 1 所示，我国 328 级棉花 2010 年 8 月份的月均价格为 18 214 元，10 月份上升至 24 628 元，比 8 月份上涨 35.9％，同比上涨 80.4％。11 月上半月的均价为 28 679 元，比 8 月份上涨 57.5％。

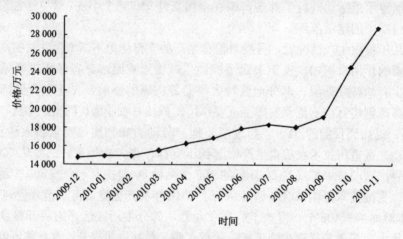

图 1　2009 年 12 月～2010 年 11 月我国 328 级棉花价格走势图
资料来源：根据中国棉花协会网站数据整理。

同时，受巴基斯坦棉区遭受洪涝灾害和 2010～2011 年度全球棉花库存继续下降的影响，国际棉花平均价格从 2010 年 7 月中旬开始快速上升，8 月、9 月份英国展望指数环比分别上升 7.36％、15.92％，美棉期货价格环比分别上升 8.34％、11.49％。10 月份棉花价格继续大幅上升，英国展望指数、美棉期货月均价分别为 127 美分/磅（1 磅 ＝0.454 千克）、113 美分/磅，分别比上月上升 20.83％、16.88％，与 2009 年同期相比分别上升 89.39％、72.83％。预计 2010 年 11～12 月棉价仍将呈高位波动走势。

（2）种棉纯收益增加较多。2010 年棉花单产略有下降，但由于棉花价格飞涨，生产成本增加幅度相对较低，因此 2010 年农民的植棉收益有较大幅度的增加。预计每亩纯收益增长幅度为 40％，达到 600 元以上。

（3）棉花产需缺口仍将加大。根据国家棉花市场监测系统的调查统计数据，2010 年度中国棉花实播面积为 7 784 万亩，同比增长 0.2％，其中，长江流域增长 5.4％，西北内陆地区增长 1.5%，黄河流域减少 4%。2010 年我国棉花产量比 2009 年持平略减，且 2010 年度的期末库存调减了 32.7 万吨。

随着我国经济形势和出口形势的好转，棉纱产量的增幅较大。受 2010 年上半年外贸进出口强劲反弹的影响，2010 年 10 月份我国纱产量达 240.4 万吨，同比增长 10.5%；1～10 月全国纱产量累计同比增长 15.5%，较上年同期增幅扩大 4.3 个百分点。海关总署发布的数据显示，2010 年 1～10 月，我国纺织品服装累计出口 1 676.1 亿美元，同比增长 23%，出口规模已经超过 2009 年全年的总水平。其中，纺织品出口 626.2 亿美元，增长 29.4%，服装出口 1 050 亿美元，增长 19.5%。预计 2011 年我国纺织品服装的出口还会保持一定速度的增长，用棉量也会有所增加，但由于产量持平以及库存的下降，产需缺口将进一步拉大。

2009 年我国纱产量为 2 393.46 万吨。按照目前的增长速度，2010 年我国的纺纱产量将比 2009 年增长 17%左右，产量将达到 2 800 万吨。如果按照每吨纱平均实际耗棉 0.36 吨计算，2010 年纺纱用棉约为 1 000 万吨，再加上其他用棉，2010 年国内对棉花的需求量将达到 1 030 万吨。而棉花产量并没有增加，供需缺口很大。从各方面分析，2011 年纱产量仍将稳定增长，预计增速在 10%～12%，产量在 3 080 万～3 136 万吨，对棉花的需求量当在 1 050 万～1 100 万吨。而目前全球市场可供出口的棉花仅为 800 万吨左右，可供我国利用的棉花不足 300 万吨。和 2010 年类似，2011 年我国棉花的供求平衡缺口很大。

3. 油料产量将有较大幅度的增加

预计 2011 年我国油料播种面积将小幅增加。如果生长期气候良好，产量将比 2010 年有较大幅度的增加，预计全年油料产量将可能达到 3 190 万吨。主要分析如下：

（1）油料价格一直在上升，预计 2011 年还将保持上涨态势。由于油料作物大幅度减产，国内生产总量和供应量减少，但需求不断增长，产需缺口扩大，油料价格振荡上升。根据我国 200 个主产县集贸市场上旬的平均价格资料，2010 年 10 月上旬花生仁和油菜籽的平均价格分别为 10.47 元/千克、4.32 元/千克，同比分别上涨 30.4%、15.5%。图 2 为 2009 年 11 月～2010 年 11 月 200 个主产县农产品集贸市场上旬花生仁和油菜籽价格的变动情况。花生仁价格呈现一直上升的态势，油菜籽价格虽然在 2010 年 7～8 月出现短暂波动，但总体呈上升趋势。

（2）2010 年油菜籽的收益增加，将调动农民的种植积极性。由于自然灾害的影响，部分省份油菜籽的单产下降，但由于价格上涨，除极个别省份外，2010 年油菜籽主产区的亩现金收益均有不同程度的上升。例如，江西省油菜籽的单产下降 1.1%，但产值增加 6.1%，现金收益增加 5.8%。湖北省主产区的油菜籽收益情况也较好，如荆门市油菜籽的亩现金收益比 2009 年增长 57.8%，襄樊市油菜籽亩平均净利润 181.1 元，与上年度相比大幅上升 139.95 元，升幅 333.77%；由于出售价格上涨，鄂州市油菜籽亩平均净利润为 108.83 元，比上年增加 37.27%。每亩平均现金收益为 357.2 元，比上年增加 2.89%。河南省南阳市为该省油菜籽主产区之一，2010 年该市油菜籽每亩现金

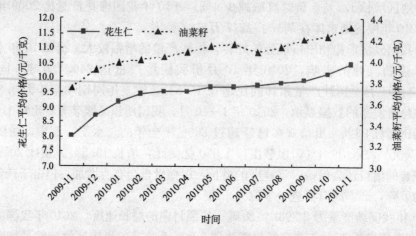

图2 200个主产县农产品集贸市场2009年11月～2010年11月上旬花生仁和油菜籽平均价格
资料来源：中国经济信息网数据库。

收益540.21元，比上年增加41.28%。

（3）2010年由于遭受了严重的自然灾害，油菜籽减产幅度较大，2011年油菜籽产量将有恢复性的增长。2010年我国油菜籽种植面积达到1.03亿亩，比2009年增加190万亩，但单产水平下降幅度较大，造成产量下降幅度较大。2010年油菜籽价格一直呈上升态势，2010年夏收油菜籽的秋冬播面积增加，如果不出现特大的自然灾害，油菜籽预计会实现增产。另外，政府也比较重视油料生产。2010年开始决定对花生实行良种补贴。在2010年的《中共中央国务院关于加大统筹城乡发展力度进一步夯实农业农村发展基础的指导意见》（以下简称2010年中央一号文件）中，明确表示2010年将继续实施油菜籽的临时收储政策，并对参与收购的、符合条件的企业给予补贴。由于2010年油料的大幅度减产，预计政府将继续出台相关政策扶持油料生产。

三、粮食需求形势分析及预测

（一）2010年我国粮食需求情况回顾与分析

2010年我国经济形势向好、人民生活水平提高以及人口持续增长促使我国粮食需求呈现增加态势。据我们预测，2010年我国粮食需求总量为10 650亿斤，较上年增长120亿斤左右，其中，居民口粮、饲料用粮、工业用粮约分别增加13亿斤、63亿斤、45亿斤，种子用粮基本持平。

1. 居民口粮

人均口粮消费水平和人口数量的变化是影响居民口粮消费量的两大重要因素。我国城乡经济的二元结构决定了城乡居民口粮消费水平存在明显差异。据我们预测，农村家庭粮食消费数量继续保持下降趋势;城镇家庭平均每人全年消费的粮食将呈现小幅上涨;人口自然增长率维持在 5‰左右;城镇化率稳步提高。

2009 年,城镇居民人均口粮消费量仅为农村人均口粮消费量的 42.9%,城镇家庭人均可支配收入是农村家庭人均现金收入的 2.74 倍,城镇居民副食品消费更为丰富,且在外饮食机会较多。随着农村收入水平的不断提高,农村人均口粮消费仍然存在较大的下降空间,2009 年农村家庭粮食消费量同比下降 4.9%,我们预计,2010 年农村人均口粮消费继续保持下降趋势,降幅在 2.5%左右;同时,城镇居民饮食正趋向于科学化、营养化、均衡化,更加注重粮食消费的粗细搭配,粗粮、杂粮等食用量加大。如图 3 所示,城镇家庭人均食品中粮食支出所占比例在 2004 年第三季度达到峰值,随后逐步降低。进入 2009 年,该比例呈现出逐季增加的趋势,2010 年前三季度已经达到 8.3%,与 2006 年前三季度所占比例持平。因此,我们预计,城镇家庭人均粮食消费量将维持现在的增长态势,增幅在 1.5%左右。

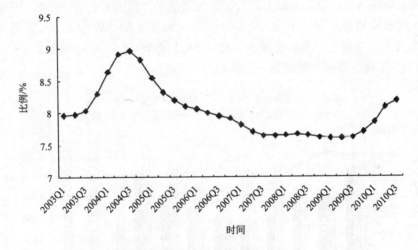

图 3　城镇家庭人均粮食支出占人均食品支出的比例(经季节调整)

资料来源:中国经济信息网数据库。

人口总量及城乡人口比例的变动是影响居民口粮消费的另一重要因素。2009 年总人口自然增长率为 5.06‰,截止到 2010 年 11 月 15 日,我国人口已经达到 13.4 亿人,较 2009 年年末增加 586 万人左右,我们预计 2010 年人口自然增长率将维持在 5‰左右;2010 年中央一号文件明确提出"当前和今后一个时期内,我国将积极稳妥推进城镇化,提高城镇规划水平和发展质量",我们预计 2010 年城镇化率为 47.3%左右。

综合上述因素,2010 年我国居民口粮消费量继续保持稳中略涨的态势,居民口粮消费量为 5 303 亿斤,同比上涨 0.25%。

2. 饲料用粮

城乡居民膳食结构的多样化最主要的体现是在食物消费中动物性食物消费所占比重

增加，肉、蛋、奶及水产品的需求量上涨促使我国畜禽业和水产业快速发展，饲料用粮逐年增加。饲料用粮是我国粮食需求总量增加的一个主要需求方面。

2009 年，我国畜牧业发展经历了金融危机、甲型流感、三聚氰胺事件后续影响等一系列严峻考验，猪肉、禽蛋、奶类等的产量增速均明显低于 2008 年。当年肉类总产量为 7 649.9 万吨，同比增长 5.10%，增速下滑 0.92 个百分点，其中，猪肉年产量为 4 890.5 万吨，同比增长 5.84%，增速下滑 1.92 个百分点，禽肉、禽蛋、奶类同比增速仅为 4.19%、1.42%、−1.24%，增速分别下滑了 10.81 个、5.43 个、5.32 个百分点。

2010 年我国畜牧业发展也不是一帆风顺：气温偏低使得养殖业延后、部分地区养殖病害爆发严重；玉米、豆粕、鱼粉等价格上涨，使养殖效益走低；"毒奶粉"、"激素门"、"奶源门"、"公关门"等使得即将复苏的奶类行业再次面临危机。以生猪养殖为例，3 月份以来甘肃、西藏、广东、江西、新疆、青海等多地发生 O 型口蹄疫，湖南等地夏季发生高热病等，以及不断上涨的饲料价格使得养猪成本大增。如图 4 所示，生猪存栏量、能繁母猪存栏量均较 2009 年出现较大幅度下降，降幅在 3% 左右。截止到 2010 年 9 月份，生猪存栏量同比减少 1 066 万头，能繁母猪存栏量减少 140 万头，这必然使得 2010 年我国猪肉产量受到一定影响。

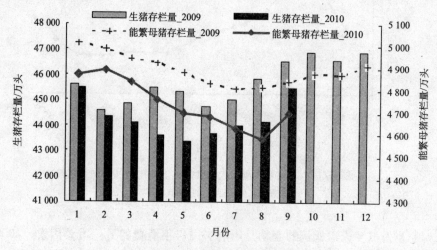

图 4　生猪存栏量与能繁母猪存栏量的变化趋势
资料来源：根据农业部网站数据整理得到。

但总体上，2010 年上半年我国畜牧业克服了众多不利因素，生产运行总体保持平稳。上半年全国猪、牛、羊禽肉产量 3 713 万吨，同比增长 3.5%；禽蛋产量 1 280 万吨，与上年同期基本持平；牛奶产量 1 443 万吨，同比增长 2.2%[1]。第四季度是我国

---

[1]　刘远. 畜牧业克服不利因素生产平稳发展. 中国畜牧业信息网，http://www.caaa.cn/show/newsarticle.php? ID=184140，2010-07-26.

居民肉、蛋、奶类等消费旺季，市场需求加大，各类产品价格走高，畜牧业发展将好于上半年。我们预计 2010 年饲料用粮达到 3 514 亿斤，同比增长 1.82%。

3. 工业用粮

工业用粮是指工业生产中用作原料或辅助材料所消费的粮食，主要包含在食品制造业、饮料制造业以及农副食品加工业中，它是促使粮食需求总量增加的第二大需求方面。

2010 年我国经济发展高位运行，前三季度 GDP 增速为 10.3%，预计全年将达到 10% 左右。良好的经济形势促进食品加工制造业的发展，三大工业用粮行业发展稳定，前 10 个月食品制造业、饮料制造业、农副食品加工业的增加值累计增速分别为 15.3%、13.9%、14.9%。

具体分产品类型来看，图 5 给出了 2009 年和 2010 年糕点、饼干、方便面的月度产量的对比分析图。可以看出，三大焙烤类食品产量在 2010 年均出现较大幅度的增加，前 10 个月糕点、饼干、方便面的累计产量增速分别为 40.28%、37.76% 和 24.5%。随着元旦、春节等传统节日的来临，食品类产品又将迎来消费旺季，2010 年焙烤类食品制造业行业将继续保持快速增长。

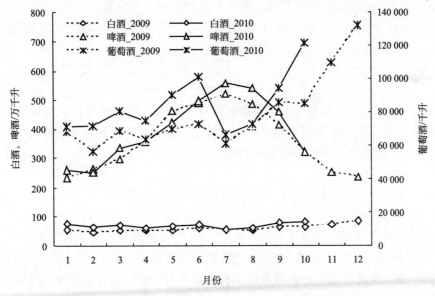

图 5　糕点、饼干、方便面 2009 年、2010 年月度产量对比

资料来源：中国经济信息网数据库。

酒类行业：2010 年 10 月份，白酒产量累计已经达到 694.7 万千升，同比增长 26.64%，已经达到 2009 年全年产量的 98.27%；啤酒产量累计达到 3 970.28 万千升，同比增长 6.51%，已经达到 2009 年全年产量的 93.82%；葡萄酒产量累计达到 85.17 万千升，同比增长 16.64%，占 2009 年全年产量的 88.72%。虽然 2009 年 7 月份实施

的白酒消费税和不断高涨的粮食价格，促使我国酒类价格不断高涨，但是白酒消费量并没有下滑，居民收入水平的快速提高给白酒消费升级提供了机遇；我国啤酒产量已经连续八年保持世界第一，啤酒市场虽然在消费总量上明显高于世界各国，但人均消费方面仍较大幅度落后于其他国家，所以啤酒市场仍然蕴藏着无限的发展潜力。酒类消费旺季一般在年底出现，因此，酒类产量 2010 年将出现较大提高，我们预测白酒、啤酒、葡萄酒产量约同比提高 27%、5%，14% 左右。

2010 年前 10 个月，味精累计产量为 21.46 万吨，同比增长 4.5%，当月产量出现负增长；酱油累计产量 46.85 万吨，同比增长 0.83%，月度产量较 2009 年更加平稳，没有较大幅度的起落。2010 年调味品市场原材料大幅度涨价，产品长期低价竞争，以及三聚氰胺事件的影响加大了国家对食品添加剂企业的监管，使得很多不合格的小厂亏损退出，或者被迫退出，致使味精、酱油产量增速变缓，预计 2010 年产量增量将明显低于 2009 年。

随着经济的快速发展和人们生活水平的不断提高，食用植物油消费量稳步上升，其产量也逐年增加，2009 年全年累计同比增长 35.6%。2010 年前 10 个月食用植物油累计产量为 3 188.97 万吨，同比增长 18.07%，已经达到 2009 年全年产量的 97.3%。从海关数据来看，2010 年 9 月我国已经累计进口大豆 4 016 万吨，同比增长 24.1%。预计 2010 年食用植物油产量会大幅度上涨，但是增速较上年为低。

综上分析，我们预计 2010 年工业用粮为 1 586 亿斤左右，同比增长 2.89 个百分点。

4. 种子用粮

根据上文对 2010 年粮食生产形势的分析可以看出，我国粮食作物播种面积有所增加，并且随着种子质量的改进和科学种田的推广，单位面积用种量将逐渐减少，我们预计 2010 年种子用粮为 245 亿斤，基本稳定。

（二）2011 年我国粮食需求形势分析及初步预测

随着我国一系列宏观经济政策的实施，2010 年经济增长逐季回调，前三季度 GDP 增速分别为 11.9%、10.3% 和 9.6%，经济整体高位运行。2011 年是我国"十二·五"规划的第一年，经济形势向好，城乡居民收入水平有望稳步提升，这将会继续支撑我国粮食需求稳步增长。

1. 农村居民饮食更加多样化

我国城乡居民收入差距较大，农村居民饮食结构也较城镇居民落后。我国城镇居民人均口粮消费量自 1985 年即出现下降，但是农村人均口粮消费的下降趋势在 1993 年才初显端倪。近几年城镇居民饮食结构已经日趋稳定，在粮食、肉禽及其制品、蛋、水产品、奶及奶制品五大类中，肉禽及其制品占 50% 左右，其次是粮食，19% 左右。但是农村居民的肉、蛋、奶的消费量远低于城镇居民。如图 6 所示，通过对比可以发现，2009 年城镇家庭人均购买的猪肉、牛羊肉、禽类、蛋类、奶及奶制品与农村居民家庭人均消费量的对比，城镇居民的猪肉消费量是农村居民的 1.47 倍，牛羊肉 2.70 倍，禽类 2.46 倍，蛋类 1.99 倍，奶及奶制品 4.28 倍，城乡差距较大。2009 年农村居民家庭人均猪肉消费量同比增长 10.4%，羊肉同比增长 11.0%，奶及奶制品同比增长 4.2%。随着农村居民收入水平的进一步提高，农村居民将加大肉蛋奶的消费量，饮食消费结构将更加多样化。

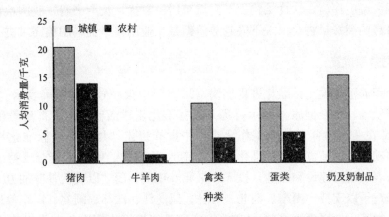

图 6　2009 年城镇家庭人均购买量与农村居民家庭人均消费量的对比分析
注：图中城镇家庭人均购买的奶及奶制品是由人均购买的鲜乳品与奶粉的加和计算得到。
资料来源：中国经济信息网数据库。

2010 年收入分配改革、上调最低工资等众多热点话题均与居民收入有关，提高农村居民收入，努力减少城乡居民收入差距成为"十二·五"规划的重要目标之一。2011 年我国居民收入水平将会稳步发展，城乡收入差距有待减小，农村居民收入的提高必将加大我国对肉、蛋、奶类的需求，进一步带动我国饲料用粮、工业用粮出现较大幅度的上涨。

2. 城镇化率进一步提高

改革开放以来，我国城镇化率年均增加 0.9 个百分点，从 1978 年的 17.9% 增长到 2009 年的 46.6%。城镇化已经成为我国推进新型工业化、解决就业、扩大内需的重要举措[①]。我国的经济发展将会更多地依靠内需的拉动，农村居民消费潜力巨大，城镇化过程能够不断创造新的需求，加速城镇化将有助于拉动我国的消费，促进经济发展。

近几年国务院先后批准的 13 个区域规划，以及 2010 年 6 月份国务院常务会议通过的《全国主体功能区规划》中的重点开发区域都将会成为新的人口聚集区；2010 年 10

---

① 姜伟新. 中国城镇化率将很快超越 50%. http://finance.jrj.com.cn/people/2010/05/1119467444138.shtml, 2010-05-11.

月 27 日，十七届五中全会通过的《中共中央关于制定国民经济和社会发展第十二个五年规划的建议》提出"统筹城乡发展，积极稳妥推进城镇化。要把符合落户条件的农业转移人口逐步转为城镇居民作为推进城镇化的重要任务。大城市要加强和改进人口管理，中小城市和小城镇要根据实际放宽外来人口落户条件"。中央一系列的宏观举措必将加速我国城镇化进程。

如果我国城镇化率年均增加仍保持 0.9% 左右，"十二·五"期间城镇化率必将超过 50%，城镇人口将超过农村人口。城镇化率的进一步提高意味着更多的农村居民生活水平得到大幅度提高，饮食结构逐渐向城镇居民靠拢，长期来看，我国粮食需求构成中的居民口粮的消费量将会出现下降趋势，但是工业用粮、饲料用粮需求进一步加大。

3. 粮食利用效率提高

畜禽水产养殖规模化标准化进程加快。2010 年中央一号文件明确表示"支持生猪、奶牛规模养殖场、水产健康养殖示范场开展标准化创建活动，推进畜禽养殖加工一体化"。农业部在《2010 年畜牧业工作要点》中同样提出"加快推进标准化规模养殖"，并在年初启动了全国畜禽养殖标准化示范创建活动，投入 30 亿元资金支持生猪和奶牛标准化畜禽养殖场的建设和改造，投入 5 亿元专项资金用"以奖代补"的方式对达到标准化养殖场户予以支持。山东、河北、吉林、黑龙江、江苏、湖北、广东等地的示范创建活动如火如荼，取得良好成效。2011 年畜禽养殖规模化标准化建设必将继续深入推广，以示范带动周边养殖场户发展，为实现 2015 年全国主要畜禽规模养殖比重提高 10~15 个百分点打下良好的基础。

食品工业技术改进效率提高。我国食品工业产值已经连续 20 年保持两位数的高速增长，经济效益明显攀升。随着日趋激烈的市场竞争，我国食品工业企业必将通过规模经济和技术改进更新的方法改造传统食品工业，深化生产链条，提高生产效率，降低物耗能耗水平，在有限的粮食供给下创造出更多满足人民生活的食品。

4. 2011 年粮食需求初步预测结果

通过对 2011 年粮食需求形势的分析，我们通过需求结构分解计量模型对 2011 年粮食需求量进行了初步预测，预测结果如表 1 所示。

表 1　2011 年我国粮食需求初步预测结果

需求构成	需求量/亿斤	增速/%	人均需求/千克
居民口粮	5 327	0.4	197.5
饲料用粮	3 593	2.3	133.2
工业用粮	1 635	3.0	60.6
种子用粮	247	0.6	9.1
合计	10 800	1.4	400.5

预测结果显示，2011 年我国粮食需求总量为 10 800 亿斤，同比增速 1.4%，人均

需求400.5千克。其中居民口粮消费5 327亿斤，同比增加0.4%，人口增长刚性需求增加；饲料用粮3 593亿斤，同比增加2.3%，肉、蛋、奶类等需求量进一步加大；工业用粮1 635亿斤，同比增加3.0%，食品类、酒类等产量增加，耗粮加大；种子用粮247亿斤，同比增加0.6%。

四、政 策 建 议

（一）加大科技因素在农业生产中的支撑作用

2010年我国实现了粮食连续第七年增产，由于粮食播种面积增加的幅度越来越有限，今后实现粮食增产主要依靠提高单产。目前我国对粮食生产的高产创建等活动非常重视，还应加大科技因素对其他主要农作物，特别是棉花等的支撑作用，在长江流域、黄河流域主棉区创建高产示范片、实现棉花种植的规模效益。

另外，提高抗旱、抗涝设施的科技含量，加大对先进的农田水利设施的投资。根据我们多年的调查，冬小麦过越冬期后的灌溉非常重要，相同条件的麦田及时的灌溉能将产量提高10%～20%，如果出现旱情，则灌溉的作用就更加明显。

（二）密切关注生产资料价格的上涨，切实保护农民的积极性

由于原油、煤炭等原材料价格的上升，2010年化肥、农药和柴油等主要农业生产资料的价格同比均出现了不同程度的上涨，造成农业生产中物质成本的上涨。如10号农用柴油的价格2010年3月份同比上涨29.5%，11月份同比上涨16.3%。但因为2010年主要农产品价格上涨幅度也较大，因此除部分品种外，总体上农民的种植收益有所上升。2011年情况将有所不同，虽然主要农产品价格仍将呈上涨态势，但大部分品种将是小幅的上涨，如果生产资料价格上涨过快，将极易抵消农产品价格上涨对农民收入增长的作用。此外，2011年用工价格将有较大幅度的上升。因此，应当密切关注农业生产资料价格的走势，适时进行政策干预，防止农民因农业生产成本的大幅度上升而出现增收缓慢甚至下降的局面，挫伤农民的生产积极性。

（三）加大对畜禽水产养殖业的投入力度，提高饲料利用效率，促进食品加工业的技术转型，为增长潜力巨大的粮食需求减速

随着居民收入水平的提高以及城镇化进程的不断推进，肉、蛋、奶类等动物性食品以及酒类、烘焙类食品等消费需求的旺盛趋势不可逆转。饲料用粮、工业用粮将是我国粮食需求增长的最大推动力，因此我们必须为其增速降温。建议加大对畜禽水产养殖业的投入力度，降低料肉比，加快养殖业的规模化、标准化发展；积极促进食品加工业的技术转型，提高粮食的转化效率。

2010 年我国物价影响因素分析及 2011 年展望①

高铁梅　李颖

报告摘要：2010 年我国通货膨胀压力逐月加大，各类食品价格、农产品价格、资源性产品价格、资产类价格尤其是房地产价格叠加上行，2010 年 2～10 月已出现九个月的负利率时期。受多种因素的影响，我国居民的通货膨胀预期不断强化，严重的通货膨胀预期必然会误导公众即期和未来的投资、消费和储蓄行为，引发物价的全面上涨，产生通货膨胀，影响经济平稳健康运行。央行自 2010 年 10 月 20 日起，将金融机构一年期存贷款基准利率上调 0.25 个百分点，存款利率由现行的 2.25% 提高到 2.50%，贷款利率由现行的 5.31% 提高到 5.56%；又于 11 月 10 日和 11 月 19 日两次宣布上调存款准备金率 0.5 个百分点，通过加息和上调存款准备金率回收流动性，减轻通货膨胀压力。但是以美国为代表的西方国家由于尚难看到经济全面恢复的前景而依旧保持低利率水平，继续实施宽松货币政策，因此我国经济将面临更大的流动性冲击和输入性通货膨胀风险。

随着国内外经济环境的变化，各个领域的价格波动呈现出了明显的差异，货币政策工具的传导机制及功效也在发生着变化。为了科学、准确地观测我国物价波动的未来走势，本文采用国际上通用的经济景气指数方法分析了我国物价的周期运行态势和景气波动状况，结合各类相关影响因素重点分析 2010 年我国物价上涨的原因以及对 2011 年物价走势的展望。本文在宏观经济总量、金融、财政、能源、外贸以及工业的上下游等各个与物价密切相关的领域内进行指标筛选，建立了综合、稳定的物价景气指标体系。通过对物价景气指数和运行特征的分析、监测，得出以下结论：①我国物价从 2009 年 7 月份开始进入新一轮景气扩张期，2010 年 1～10 月份物价景气指数均在扩张期内运行。②物价先行合成指数和先行扩散指数均在 2009 年 12 月份达到峰值，2010 年前 10 个月均处于下降态势。③物价一致指数的上升态势于 2010 年 10 月份开始趋缓，同时结合物价先行指数的走势特征，本文认为本轮物价景气的峰值将在 2010 年 11～12 月出现，2011 年物价景气将在下降期内运行，通货膨胀压力将逐渐减弱，CPI 将逐季回落。

最后本文提出以下政策建议：①应维持稳定、适度的货币政策，保持价格总水平的基本稳定；②严防美元持续贬值形成的输入性通货膨胀压力及"热钱"的过度投机炒作；③调整市场结构，理顺价格体系，防止价格不合理上涨，引导国内富余资金合理投

① 本研究得到国家自然科学基金项目（项目号：70673009）、辽宁省教育厅人文社会科学研究基地项目（项目号：2009JD27）和辽宁省创新团队项目（项目号：WT2010011）资助。

资；④深化收入分配制度改革，缩小贫富差距，降低通货膨胀对低收入者的影响。

一、引 言

2010 年我国通货膨胀压力逐月加大，各类食品价格、农产品价格、资源性产品价格、资产类价格尤其是房地产价格叠加上行，2010 年 2～10 月已出现九个月的负利率时期。受多种因素的影响，我国居民的通货膨胀预期不断强化，严重的通货膨胀预期必然会误导公众即期和未来的投资、消费和储蓄行为，引发物价的全面上涨，产生通货膨胀，影响经济平稳健康运行。央行自 2010 年 10 月 20 日起，将金融机构一年期存贷款基准利率上调 0.25 个百分点，存款利率由现行的 2.25％提高到 2.50％，贷款利率由现行的 5.31％提高到 5.56％；又于 2010 年 11 月 16 日和 11 月 20 日两次宣布上调存款准备金率 0.5 个百分点，通过加息和上调存款准备金率回收流动性，减轻通货膨胀压力。但是以美国为代表的西方国家由于尚难看到经济全面恢复前景而依旧保持低利率水平，继续实施宽松货币政策，因此我国经济将面临更大的流动性冲击和输入性通货膨胀风险。

随着国内外经济环境的变化，各个领域的价格波动呈现出了明显的差异，货币政策工具的传导机制及功效也在发生着变化，这使得我国物价波动的未来走势存在着许多不确定因素，需要从各个方面进行综合分析，本文将通过景气分析等计量经济方法对不同领域的物价波动进行分析和预测，给出 2011 年物价走势的预测结果。

二、我国物价景气波动特征分析

（一）我国物价景气指标体系的建立

由于各领域的物价指数都是通过本领域产品抽样调查得到，某一领域的物价指数仅代表这一领域的价格状况，CPI 也仅能代表包括食品、衣着、家庭设备、医疗保健、交通通信、教育文化娱乐、居住、杂项共八大类的消费价格。这样利用单一物价指标衡量通货膨胀程度往往会出现偏差，因此全面地分析价格波动总水平变动，需要建立综合的物价景气指数体系来描述。

本文采用国际上通用的经济景气指数方法分析我国物价的经济周期运行态势和景气波动状况。在经济周期的相关研究中，价格波动通常滞后于宏观经济总体的运行情况，并同时与宏观经济总量、金融、财政、能源、外贸以及工业的上下游领域关系紧密，因此为了使所选指标能够更加及时、准确地反映其景气波动的状况，我们收集并整理了大量与物价密切相关的宏观经济指标[1]，计算各指标的同比增长率序列，并剔除了季节性因素和不规则因素。在此基础上以 CPI（上年＝100）为基准指标，采用 K-L 信息量、时差相关分析、峰谷对应法等多种方法进行认真筛选和反复比较，最终筛选出五个反映物价运行的一致指标，以及六个先行指标（表1）构成景气指标组，建立了综合、稳定的景气指标体系。

表 1　中国物价景气指标组

	指标名称	超前滞后期	时差相关系数
一致指标组	居民消费价格指数	0	1.00
	商品零售价格指数	0	0.97
	生产资料工业品出厂价格指数	0	0.70
	生活资料工业品出厂价格指数	0	0.92
	农副产品类购进价格指数	−1	0.80
先行指标组	工业企业增加值增速	−6	0.80
	固定资产投资完成额增速	−12	0.52
	狭义货币供应量（M_1）增速	−7	0.51
	国家财政收入增速	−5	0.65
	股票成交量增速	−12	0.51
	水泥产量增速	−12	0.64

注：各领域的物价指数均为上年＝100 的同比指数。

（二）利用一致合成指数对近期我国物价周期态势的分析

本文基于美国国家经济研究局（The National Bureau of Economic Research，NBER）构造的合成指数（composite index）的方法，利用表 1 中所筛选出的物价一致和先行景气指标组分别建立了 1997 年以来，反映我国物价景气波动状况的一致和先行合成指数（见图 1，其中各指数均以 2000 年平均值为 100，阴影部分为物价景气下降阶段）。

根据图 1 中的物价一致合成指数及先行合成指数的运行态势，结合 1997 年以来的我国宏观经济发展状况和价格体制改革的步伐，我们发现物价水平已经完全转变成稳定的宏观经济滞后指标，并越来越敏感地反映整体经济的变化。进一步观察图 1 可以发现，根据经济周期中的"谷～谷"对应法，可以确认 1997 年以来，我国物价周期已经经历了三个完整的循环，目前正处于第四个循环的扩张期内，且略现顶部状态。另外，

---

[1]　如无特殊说明本文数据均来自中国经济信息网（www.cei.gov.cn）宏观月度数据库，样本区间为 1996 年 1 月～2010 年 10 月。

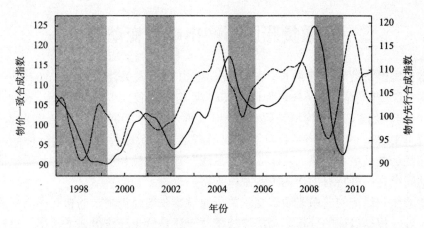

图 1　物价一致合成指数（实线，2000 年＝100）和物价先行合成指数
（虚线，2000 年＝100）

从 1997 年亚洲金融危机开始到 2008 年全球金融海啸之前，物价一致合成指数呈现出一种"节节高升"的运行态势，扩张期的峰和收缩期的谷均逐轮升高，2008 年 4 月的峰顶（124.9）与 1999 年 4 月的谷底（90.4）相差超过 34 个指数点。从近期来看，2008 年第三季度至 2010 年第四季度，物价一致合成指数呈现出不同以往的走势特征：骤降陡升。

2007～2008 年我国以猪肉为代表的农副产品价格大幅飙升，物价一致合成指数自 2007 年 3 月开始快速拉升，于 2008 年 4 月份到达 1997 年以来第三轮循环的峰顶，该峰值超过前期全部峰值，成为 1997 年以来的最高峰。2008 年下半年开始，随着农副产品生产供给的加强，国内生活需求紧张趋于缓解，央行前期收紧的货币政策的效果也逐渐显现，物价开始高位回落。美国次贷危机恰在此时爆发，外部需求锐减，这与当时物价处于下降周期的叠加作用，致使物价一致合成指数连续回落 15 个月，于 2009 年 7 月达到谷底（92.8），此谷低于前两轮的谷，几乎等于 1997 年以来的最低点（90.4），并完成了物价周期的第三轮循环。

2010 年以来，由于物价先行合成指数于 2009 年 12 月达到峰，2010 年前 10 个月均处于下行态势，物价一致合成指数承接 2009 年年末的反弹势头继续上升，但 5 月开始上升速度趋缓。剔除季节性因素和不规则因素后，物价一致指标组中生产资料工业品出厂价格水平自 2010 年 6 月开始回落，但在 10 月又出现了大幅回升，一致指标组其余四个指标在 2010 年 1～10 月均呈向上增长态势，其中农副产品类购进价格指数上涨最大，从 2010 年 1 月同比增长 6.6％上升到 10 月同比增长 12.6％，成为物价一致合成指数上升的重要动力之一。

三、通货膨胀与产出缺口变动分析

随着我国经济持续高速增长，物价波动也愈加引人关注。1997～2009 年这 13 年间，我国 GDP 年均增长 9.5%，而同期 CPI 年均增长仅 1.5%。如果以 2004 年为界，1997～2004 年我国 CPI 年均增长仅为 0.8%，而 2005～2009 年年均增长为 2.7%。可见，1997 年以来，我国经济多数时期呈现出高增长、低通货膨胀的运行特征，这与西方经济体经历的低增长、高通货膨胀的"滞涨"局面截然相反。因而，我国经济增长与物价波动间存在一种特有的作用关系及影响特征。

通货膨胀与经济的关系复杂多变，关于通货膨胀与经济增长的相互影响，理论界并未达成一致。根据以往的分析，经济增长率高于还是低于经济潜在增长率，价格将具有不同的特征。实际产出和潜在产出之间的缺口是决定价格的重要变量，实际产出增长率高于（或低于）潜在产出增长率常常被认为会导致通货膨胀（或通货紧缩），而成为货币当局应该采取紧缩（或扩张）的货币政策的信号[①]。由菲利普斯曲线、生产函数和工资加成定价方程可以推出价格水平和产出缺口的关系：$\pi_t = \alpha Gap_t$[②]，其中，π_t 表示通货膨胀率，Gap_t 表示产出缺口，α 为参数，用以衡量产出缺口对物价水平的反应程度。因此，产出缺口方法可用于分析通货膨胀与经济增长之间的联动关系。

本文以季度 GDP 增长率代表经济增长，用物价一致合成指数代表通货膨胀率 π_t，分析通货膨胀的经济效应。具体来说，首先利用季节调整方法将我国季度 GDP（数据区间为 1997 年一季度至 2010 年三季度）中的季节因素和不规则因素去掉，得到 GDP_TC 序列。然后利用 HP 滤波方法计算出 GDP 季度时间序列的趋势序列，记为 GDP_t^T，来近似表示潜在产出。用 Gap_t 来表示相对产出缺口，可由下式计算得到

$$Gap_t = 100 \times \frac{GDP_t - GDP_t^T}{GDP_t^T}$$

观察图 2，可以发现我国从 1997 年以来，产出缺口 Gap_t 和通货膨胀率 π_t 运行态势存在着明显的对应关系。1998～1999 年，由于受到亚洲金融危机的影响，我国的出口增长速度近于停滞，外部需求锐减，物价低迷，同时宏观经济增长持续减速，产出正缺口快速收窄，并一度下降到零水平线以下。2002 年一季度至 2007 年一季度这五年间，产出缺口一直在负区间内运行，而通货膨胀率 π_t 从 2002 年一季度开始呈上升态势，需要注意的是产出缺口与通货膨胀峰谷点的对应仍然较好。2007 年年初，物价开始快速上升，同期产出缺口重新回归正区间，宏观经济增长高涨。

进一步观察图 2，通货膨胀和产出缺口同时于 2008 年二季度达到 1997 年以来的最高点，π_t 当季较上年同期上涨 11.8%，产出缺口突破 5%。此后，受全球金融海啸的影响，二者双双快速下跌，产出缺口于 2009 年一季度至三季度在负区间内运行，π_t 也处

---

① 高铁梅，刘玉红，王金明. 中国转轨时期物价波动的实证分析. 中国社会科学，2003，(6)：73～83，206.
② 多恩布什，费希尔. 宏观经济学. 李庆云等译. 中国人民大学出版社，1997. 188～189，403～405.

于通货紧缩状态。2009 年二季度形成谷底时，π_t 较 2008 年二季度峰值下降近 25%，产出缺口更是大跌 143%。2009 年年末开始，经济下滑得到有效抑制，各领域逐渐回暖，2009 年四季度以来，产出缺口由负转正，在正区间内运行，同期物价也快速回升，并有继续上行的态势。根据有关通货膨胀与经济增长问题的理论及实证分析，当实际增长率高于潜在增长率、供给过度扩张时，温和的通货膨胀对经济增长的作用有限，并且随着通货膨胀的不断走高，容易形成通货膨胀预期，长期来看不利于经济的健康发展。因此，对于目前的形势来说，继续大规模投放流动性不但不能促进经济增长，反而更可能引发通货膨胀。因此当前我国央行逐步收回流动性有助于抑制物价的过高、过快上涨。

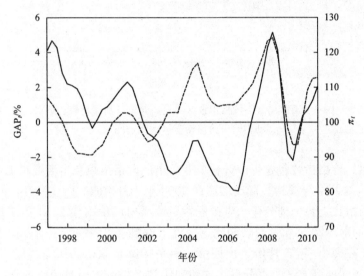

图 2　产出缺口 GAP_t（实线）和通货膨胀率 π_t（虚线，2000 年＝100）

四、2010 年我国物价影响因素及传导机制分析

（一）上游工业品出厂价格指数及原材料价格冲高回落，生产资料价格与生活资料价格走势分化

图 3 显示了两类反映上游原材料和生产品出厂价格的指数——原材料、燃料、动力购进价格指数与工业品出厂价格指数（PPI）的波动，从 2009 年下半年开始，两指数双双经历了触底反弹，继而又冲高回落的变化。具体来看，2009 年 7 月份，两指数同时达到 1997 年以来最深的谷底后，迅速反弹，2009 年 8 月份同比增长率均由负转正。2010 年 1 月份，工业品出厂价格指数同比增长 4.3%，比上年同期上升 7.6 个百分点；同期，原材料价格同比增速虽未突破 2008 年高位，但在 2010 年 1 月份达到 8% 后开始迅速上升，2010 年 5 月份达到阶段性峰顶 12.2%，随后小幅回落。2010 年 10 月份，工业品出厂价格指数与原材料价格开始回升，当月分别同比上涨 5.04% 和 8.09%。

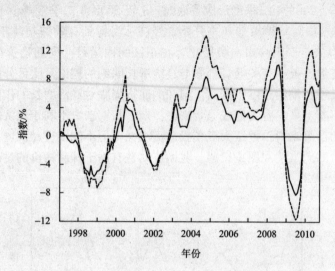

图 3　工业品出厂价格指数（实线，同比）和原材料、燃料、
动力购进价格指数（虚线，同比）

　　工业品出厂价格指数包含生产资料工业品出厂价格指数和生活资料工业品出厂价格
指数（图 4），这两个分项指数同比增速在 2009 年 7 月份同时触底回升，但自 2010 年 5
月份以后，两指数走势出现分化。生产资料工业品出厂价格在 2010 年 5 月份同比增长
8.8％后逐渐回落，2010 年 9 月份同比增速已下降到 4.9％；而生活资料工业品出厂价
格指数却并未在 2010 年 5 月份见顶回落，而是持续走高，2010 年 9 月份同比增速为
2.5％，比上年同期高 4.3 个百分点。这种分化的走势一方面是由于前期中央政府非常

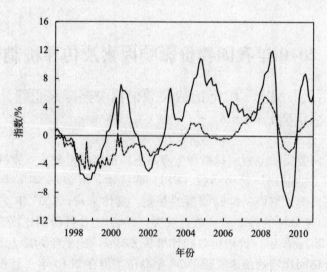

图 4　生产资料工业品出厂价格指数（实线，同比）和生活资料
工业品出厂价格指数（虚线，同比）

规性财政政策导致上游需求增加，带动工业品出厂价格升高，随着宏观政策的趋稳和结构调整政策的不断出台，前期高涨的需求逐渐趋稳，加之原材料价格的冲高回落，使得生产资料价格逐渐趋于降温。而生活资料价格的走高与此期间食品类生活消费品价格大涨有一定关联。2010 年 10 月份，原材料和工业品价格均现回升态势，而生活资料出厂价格继续小幅上升。

（二）农产品价格轮番上涨，农资价格成 U 型走势

2010 年，我国农产品价格出现了不同以往的价格波动，与消费者最终消费息息相关的基础农产品价格轮番上涨。2010 年 1～9 月，小麦、玉米、大豆三种主要农产品集贸市场价格分别累计上涨 7.5％、18.7％和 5.9％，与上一年同期相比，除小麦略减少 0.6 个百分点外，玉米和大豆分别比上年同期值增加了 21.4 和 24.4 个百分点。

集市价格上涨中一个重要原因是生产成本的增加。图 5 和图 6 给出了四种重要的农业生产资料的价格走势图。从图 5 中我们可以发现，饲料生产资料价格指数自 2009 年下半年开始逐渐上涨，机械化农具价格指数降幅逐步回落，并同时于 2010 年 3 月份开始同比正增长，2010 年前 10 个月分别平均上涨 1.1％和 0.2％。化肥价格在 2009 年 9 月份同比增长跌至－17.2 后回升，2010 年 8 月份进入正增长区间，10 月份增速为 5.3％。总体来看，主要的农资价格基本以 2009 年年中为底部，成 U 型走势。

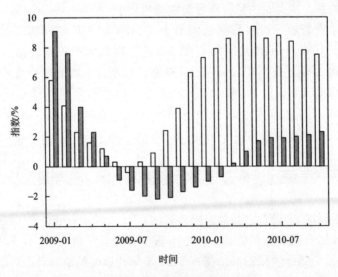

图 5　农业生产资料－饲料生产资料价格指数（白色）和农业生产
资料－机械化农具价格指数（灰色）

注：指数均为同比增长率。

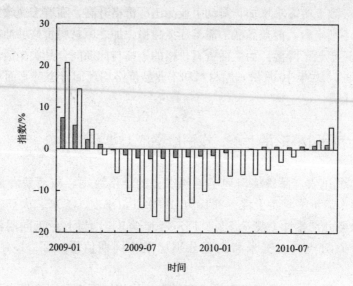

图6 农业生产资料-化学肥料价格指数（白色）和农业生产
资料-农药及农药机械价格指数（灰色）

注：指数均为同比增长率。

　　我国小麦、玉米、大豆等农产品价格大幅上升与粮食逐渐变为指数商品以及工业化原料密不可分，大宗商品三大主要类别之一即为大宗农产品，随着工业化程度的加深，农产品的价格与金融市场和能源工业的联系更加密切，逐渐改变了以往以最终消费为目的的供给需求关系，使得农产品价格更加敏感与复杂。

　　四类农业生产资料中饲料价格涨幅最大，2009年8月份同比增速由负转正后开始加速上扬，2010年1～10月平均上涨8.3%。饲料生产资料价格的上涨导致国内肉蛋禽价格随之大幅上升。2010年1～3季度，鸡蛋、牛肉和羊肉农产品集贸市场价格分别累计上涨7.1%、3.1%和7.7%，尽管猪肉价格由于持续供大于求影响价格累计下降1.6%，但总体来看，2010年1～9月我国肉蛋禽总体价格仍出现大幅上升。

（三）国际大宗商品价格震荡下行到整体上扬，三季度起农产品普涨

　　图7给出了反应22种大宗商品价格走势的CRB（Commodity Research Bureau）现货价格指数以及综合反应美元在国际外汇市场走势的美元指数（US dollar index，US-DX）[①]。图7显示，国际大宗商品价格自2010年年初承接前期回升态势顺势上涨。但随后受到欧洲债券危机的影响，大宗商品市场开始下挫。2010年上半年，国际主要的大

───────────────

　　① 美元指数是综合反映美元在国际外汇市场汇率情况的指标，用来衡量美元对一揽子货币的汇率变化程度，该指数由美国纽约棉花交易所（New York Cotton Exchange，NYCE）计算并公布。

宗商品均以下跌报收，其中国际油价跌幅较小，三大有色金属的跌幅均超 10％，其中锌价跌幅超过 30％，农产品也大多下跌，大豆价格上半年下跌超过 10％[①]。

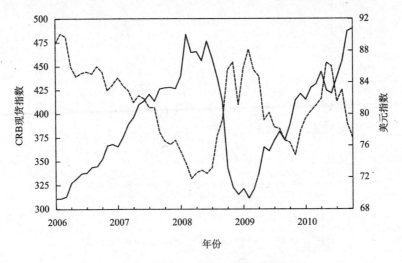

图 7　CRB 现货指数（实线）和美元指数（虚线）

资料来源：万得资讯（www. wind. com. cn）数据库。

2010 年 6 月份开始，国际大宗商品开始加速上行，国内大宗商品市场跟随国际市场持续向上反弹。其中，国内多数农产品期货价格亦在国内及国际多种因素的影响下，走出了前期持续震荡盘整的格式而大幅向上冲高。

衡量美元强弱程度的美元指数可以间接反映美国的出口竞争能力和进口成本的变动情况。美元指数上涨，表示美元升值，由于国际大宗商品都是以美元计价，所以对应的商品价格应该是下跌的；若美元指数下跌，则美元贬值，大宗商品价格上涨。由图 7 可见，除 2009 年四季度至 2010 年中期外，美元指数与 CRB 现货指数呈现明显的反向走势，2010 年三季度开始，美元大幅贬值，国际大宗商品价格加速上涨，两指数缺口持续扩大。

（四）最终消费品价格持续大幅上升

如图 8 所示，CPI 与本文所构造的物价一致合成指数峰谷对应性良好，而一致合成指数包含了更多的物价波动信息，与 CPI 相比更具有代表性。

CPI 与物价一致合成指数均在 2009 年 7 月达到谷底，进入新一轮扩张期。2010 年 1～10 月，CPI 一直保持快速回升势头，前 10 个月累计增长 3％，并且自 2010 年 7 月份开始 CPI 同比增速连续四个月在 3％的警戒线以上运行，分别为 3.3％、3.5％、

---

① 陈芳. 三季度商品市场或现反弹. 广州日报，2010-07-02，AIII2 版.

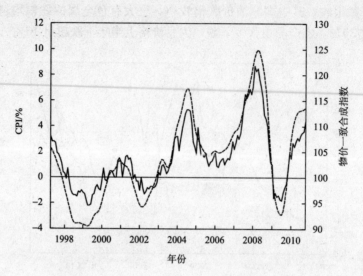

图 8　CPI（实线）和物价一致合成指数（虚线）

3.6%和4.4%。物价一致合成指数显示，整体价格水平回升更快，但继续上涨的势头不及居民消费价格指数。另外，2010年前10个月，农村居民消费价格指数均较城市居民消费价格指数增长的快，平均增速分别为3.3%和2.9%，且农村居民消费价格早在2010年5月份起已在3%的警戒线上运行。

当前我国对于CPI的核算体系包含八大类商品价格，按权重由高到低依次为食品（33.2%）、娱乐教育文化（14.2%）、居住（13.2%）、交通和通信（10.4%）、医疗保健和个人用品（10.0%）、衣着（9.1%）、家庭设备用品及服务（6.0%）、烟酒及用品（3.9%）。

2010年1~10月，这八类商品的价格走势出现了分化。其中食品、居住、医疗保健和个人用品、烟酒及用品和娱乐教育文化五类商品承接上一年的反弹回升势头，前三个季度内均呈现正增长态势；家庭设备用品及服务上涨幅度较小，且2010年前五个月均为负增长，6月份同比增长率达到0后进入正增长区间，但是涨幅仍然较小；交通和通信先扬后抑，年初增长率由负转正，6月份又开始负增长；衣着价格持续负增长，且从1月份的同比负增长0.4%到10月份的同比负增长1.3%，呈现出逐步走低趋势。

在五类正增长的商品和服务中，以食品、居住和医疗保健和个人用品三类涨幅最大，至2010年10月份，这三类指数同比增速分别高达10.1%、4.9%和3.7%，分别拉动当月CPI上涨3.35个、0.65个和0.37个百分点，可见食品价格上涨仍然是当前我国CPI大幅上涨的主要因素。

影响CPI走势的另一个重要方面是翘尾因素（图9）。根据翘尾因素的定义，当年第 n 月的翘尾因素即从上年第 $n+1$ 月开始到上年第12月为止的各月环比指数的连乘积，这个部分的数值就是上年价格变动对当年总指数的"翘尾"影响。2010年，CPI

的翘尾因素基本呈现倒 U 型走势，2010 年 6 月份、7 月份翘尾因素影响最大（值为 2.1%），之后逐渐降低，10 月份小幅升高到 1.3% 后缓慢下降。而新涨价因素在图中呈现出一种波浪的走势，2010 年 1 月份和 6 月份分别为 0.7% 和 0.8%，7 月份开始加快增长，10 月份的新涨价因素为 3.1%，不但是年内高点，而且将近是翘尾因素影响的 2.4 倍，而当月 CPI 也创年内新高，同比上涨 4.4%。

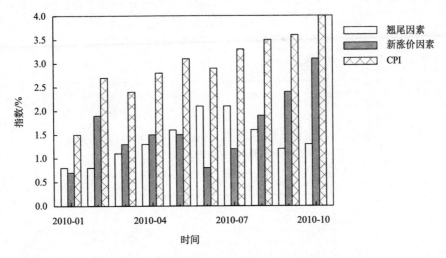

图 9　翘尾因素、新涨价因素和 CPI 分解

（五）通货膨胀预期上升

2008 年全球金融危机之后，企业和个人对经济整体的信心以及前期宏观调控政策的预期，将对未来物价的走势产生重要影响。理论分析和实证分析均已表明，通货膨胀预期在一定条件下可以引发或转化为真正的通货膨胀，甚至产生一种螺旋上升的效应。

图 10 中描绘的是反应消费者预期的两个重要指数——消费者预期指数和消费者信心指数。如图 10 所示，两指数自 2009 年 4 月份开始持续上升达 1 年之久，2010 年 2 月份陡升后逐渐见顶，于 5 月份开始下降，9 月份已经基本下降到 2010 年年初时的水平。2010 年三季度 CPI 持续在高位运行，可能是影响消费者预期和信心的主要因素。

与消费者预期相对应的企业家信心指数走势有所不同。图 11 中企业家信心指数在 2008 年四季度出现转折点后先于整体经济回升，并在连续上升五个季度后出现顶部的转折点。2010 年上半年略成降势，下半年又小幅回升。其中，工业企业家信心指数波动较大，2009 年四季度开始快速下降，持续到 2010 年二季度已经下降将近 30 个指数点，在随后的第三季度回暖。房地产企业家指数基本与企业家信心指数一致，保持平稳上升态势。制造业采购经理人指数也自 2010 年 7 月开始回升，进一步显示出企业预期平稳向好。

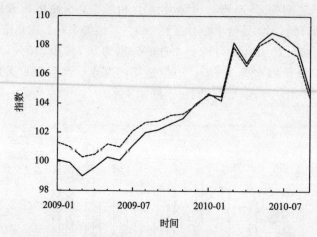

图 10　消费者预期指数（实线）和消费者信心指数（虚线）

资料来源：中国经济信息网。

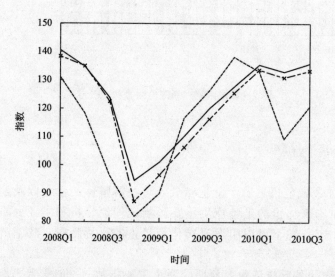

图 11　企业家信心指数（实线）、工业企业家信心指数（虚线）和

房地产业企业家信心指数（星线）

资料来源：中国经济信息网。

　　从经济学家角度看来（图 12），其信心指数等又与企业家存在较大不同。2008 年四季度触底后，经济学家三类指数开始大幅上升，但均在 2009 年二季度至三季度见顶回落。在 2009 年三季度至 2010 年一季度除经济学家即期景气指数几乎平稳运行外，其信心指数和景气指数下降。对于 2010 年我国经济景气的运行，消费者显得更为乐观，而经济学家更为谨慎。不过随着下半年物价的大幅上升，消费者信心出现减弱苗头，但企业家对未来经济显得更加有信心。

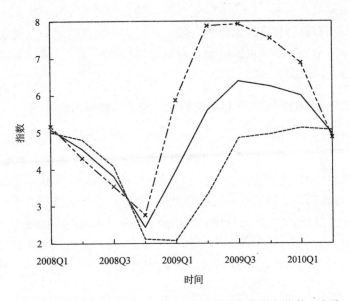

图 12　经济学家信心指数（实线）、经济学家即期景气指数（虚线）
和经济学家预期景气指数（星线）
资料来源：中国经济信息网。

五、2011 年我国物价走势的预测

（一）利用先行合成指数和扩散指数对物价未来走势的预测

1. 先行合成指数冲高回落，但仍未显现谷底

再次观察图 1 可以看出，提前反映物价景气动向的物价先行合成指数整体上具有较好的先行特征，样本期间的时差相关分析显示，相对物价一致合成指数，峰的平均超前期为 9 个月，谷的平均超前期为 8 个月。最近一个循环，物价先行合成指数在 2008 年 11 月达到谷底，比物价一致合成指数的谷底超前 8 个月，并于 12 月开始处于强劲回升期。物价先行合成指数于 2009 年 12 月份达到高峰，进入 2010 年，该指数连续 10 个月快速下滑。根据物价先行合成指数的平均超前期以及先行合成指数的峰在 2009 年 12 月份出现，可以据此认为此次物价景气周期波动的峰（即物价一致合成指数的峰）应出现在 2010 年 9 月份。而 10 月份物价一致合成指数仍在上升，但已趋缓，并且峰的平均超前期的标准差为 3 个月左右，因此判断物价一致合成指数的峰在 2010 年 10 月份之后出现，并于 2011 年年初开始回落。

为预测先行指数 2010 年的运行趋势，进一步考查各先行指标的变化情况。剔除季节因素和不规则因素后，固定资产投资以及与其紧密相关的水泥产量增速均在 2009 年第三季度冲高回落，截至 2010 年 10 月份，固定资产投资和水泥产量的回落开始趋稳。

工业增加值、国家财政收入，以及 M_1 三个指标的增速均在 2010 年 1 月份见顶后快速下滑，预示着前期积极的经济政策已告一段落，经济进入调整时期。股票成交量同比增速经过一年的下降期后，出现回暖迹象，联系近期房地产政策大幅收紧的状况，股票成交量的变化值得进一步关注。

2. 物价短周期的扩张期将于 2010 年年末结束，通货膨胀将逐渐减弱

本文同时利用表 1 中的景气指标组建立了物价的一致扩散指数和先行扩散指数①（图 13）。从图 13 可以看出，以穿过 50 线为景气转折点（峰或谷）为衡量标准，物价先行扩散指数相对于物价一致扩散指数的先行性良好，先行期基本稳定。图 13 显示（图中指数是经过五项加权移动平均后的序列），物价一致扩散指数在 2009 年 8 月份自下而上穿过 50 线，根据景气周期理论，这表明本轮物价周期的谷底在 2009 年 7 月份出现。先行扩散指数于 2010 年 1 月份从上至下穿过 50 线，表明先行扩散指数在 2009 年 12 月份达到峰。可见，由扩散指数描述所得的物价周期与合成指数描述的物价运行态势高度吻合。

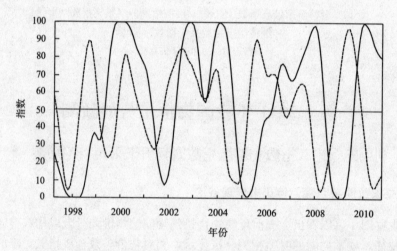

图 13　物价一致扩散指数（实线）和物价先行扩散指数（虚线）

根据景气分析理论，扩散指数的极值点和转折点具有良好的对应关系，因此有三个先行信息可以对峰（谷）进行预测和判断，即先行扩散指数的极大值点（极小值点）、峰值点（谷值点）以及一致扩散指数的极大值点（极小值点）。从图 13 可以看出一致扩散指数的极大值点已出现，而峰值点未出现，因此本文仅预测物价一致扩散指数近期的转折点——峰值点。

---

　　① 扩散指数（diffusion index，DI）是扩张指标个数占指标组中全部指标个数的比率。若指数值大于 50%，表示有过半数的指标所代表的经济活动上升。指数由上（下）向下（上）穿过 50 的时点，表明到达经济的峰顶（谷底），经济周期波动转为下降（上升）阶段。

首先考虑 1997 年以来物价先行扩散指数的极大值点、峰值点以及一致扩散指数的极大值点三个先行信息与物价一致扩散指数峰值点的对应关系，计算样本期内各自的平均超前期。第一个先行信息：物价先行扩散指数的极大值点平均超前期为 19 个月，最近的物价先行扩散指数的极大值点出现在 2009 年 5 月份，据此推算物价一致扩散指数的峰值点将出现在 2010 年 12 月份；第二个信息：物价先行扩散指数峰的平均超前期为 10 个月，2009 年 12 月份物价先行扩散指数达到峰，因此一致扩散指数的峰值可能在 2010 年 10 月份出现；第三个信息：物价一致扩散指数的极大值点的平均超前期为 10 个月，物价一致扩散指数的极大值点在 2010 年 1 月份出现，据此判断物价一致合成指数的峰值点将在 2010 年 11 月份出现。

综合来看，物价先行扩散指数的极大值、峰值以及物价一致扩散指数的极大值三个先行信息在图 13 上均已显现，因此可以判断本轮物价景气的峰将在 2010 年 10~12 月出现。结合物价合成指数的走势（图 1），本文认为此轮开始于 2009 年 7 月份的物价短周期的扩张期将于 2010 年年末结束，2011 年物价景气将转入下行区间，通货膨胀压力将会逐渐降低。但由于物价先行指数在 2010 年年底或 2011 年年初可能触底回升，因而 2011 年第四季度物价周期波动将会达到谷底，转而回升。

（二）主要物价指标未来走势分析及预测结果

1. 主要物价指标预测结果

根据以上对物价景气周期和物价影响因素的分析与预测，本文进一步在限界时间序列模型、ARIMA 模型、增长曲线模型等多种计量经济模型预测结果的基础上，通过计算平均模型，对以下重要的物价指数在 2011 年的运行态势进行了预测，结果列于表 2 中。

表 2　主要物价指标预测结果（单位：%）

指标名称	2011Q1	2011Q2	2011Q3	2011Q4	2011 年全年
居民消费价格指数	4.0	3.5	3.0	2.3	3.2
商品零售价格指数	3.6	3.2	3.0	2.6	3.1
生产资料工业品出厂价格指数	5.6	5.9	3.4	2.7	4.4
生活资料工业品出厂价格指数	3.4	3.0	2.8	2.2	2.9
农副产品类购进价格指数	9.7	7.8	4.6	2.5	6.2

注：Q 表示季度，下同。

2. 影响未来物价走势的不确定因素分析

纵观 2010 年 10 月份以前的宏观经济运行，可以看出我国的宏观调控政策正从 2009 年的"保增长"逐步转向保持经济平稳发展、调整经济结构和抑制通货膨胀。"十二·五"规划明确指出"坚持把经济结构战略性调整作为加快转变经济发展方式的主攻方向"，未来五年将实现经济平稳较快发展，价格总水平基本稳定，经济增长质量和效益明显提高①。针对近期高涨的消费品价格，抑制通货膨胀将成为目前财政政策和货币政策调控的重点。

此外，全球流动性泛滥将成为物价波动的又一不确定因素。2008 年全球金融危机爆发之后，世界各主要经济体均采取了一系列刺激经济的宏观调控政策，导致全球市场上充斥着大量的流动性。目前，除澳大利亚和我国等少数国家逐渐回收流动性外，以美国为首的西方国家仍采取宽松的货币政策，继续增加流动性。2010 年 11 月 3 日，美联储宣布将执行自 2009 年 3 月份后的第二轮量化宽松政策，该政策一经宣布，美元急速下滑，以美元计价的黄金、原油和农产品等国际大宗商品价格大幅上升②。美国是否会继续推行第三轮量化宽松政策尚未可知，欧盟及日本等发达经济体的货币政策方向依然复杂多变，由此可能产生的输入性通货膨胀压力、期货推动现货价格大幅波动的风险仍然较大，这将很可能对我国未来的物价走势形成较大的外部冲击。

从国内市场来看，对民生影响最大的两个方面——住房和食品价格仍存在一定的不确定性风险。针对 2008 年年底以来全国暴涨的房地产价格水平，中央政府开始了一轮强力调控，从最初的针对房地产收紧货币政策，到 2010 年出台房地产调控的“新十条”，房地产调控力度有增无减。对房地产市场的强力调控致使部分资金转向其他市场，2010 年是我国粮食自 2004 年起的第七个丰收年，尽管国内粮食供给充足，但近期国内农产品价格却出现了普遍上涨，除受国际市场价格拉升外，种植成本提高、工业用量需求增加，尤其是前期游资轮番爆炒部分农产品，致使一些农民产生观望惜售心理，这些因素共同推动了食品价格的上涨。因此，能否有效抑制投机资金对房地产价格和食品价格的炒作对未来物价走势将产生重要影响。

六、结论及政策建议

本文在宏观经济总量、金融、财政、能源、外贸以及工业的上下游等各个与物价密切相关的领域内进行指标筛选，建立了综合、稳定的物价景气指标体系。通过对物价景气指数和运行特征的分析、监测得出以下结论：①我国物价从 2009 年 7 月开始进入新一轮景扩张期，2010 年 1～10 月物价景气指数均在扩张期内运行。②物价先行合成指数和先行扩散指数均在 2009 年 12 月达到峰，2010 年前 10 个月均处于下降期。③物价一致指数的上升态势自 2010 年 10 月开始趋缓，同时结合物价先行指数的走势特征，本文认为本轮物价景气的峰将在 2010 年 11～12 月出现，2011 年物价景气将在下降期内运行，通货膨胀压力将逐渐减弱，CPI 将逐季回落，全年增长率在 3.2％左右。

综合以上分析和预测结果，2010 年我国物价不断攀升是周期性恢复上升与一系列

---

① 新华社．授权发布：中共中央关于制定国民经济和社会发展第十二个五年规划的建议．新华网，http://news.xinhuanet.com/politics/2010-10/27/c_12708501.htm，2010-10-27.

② 陈云富．冲击涨停创新高 大宗商品全线暴涨．新华网，http://www.sh.xinhuanet.com/2010-11/06/content_21327348.htm，2010-11-06.

新涨价因素共同作用的结果。就各个领域分别来看，农副产品价格轮番上涨、大宗商品价格持续走高对物价起到了推升的作用；而抑制楼市泡沫、回收流动性等调控政策仍将是未来一段时期内抑制通货膨胀的主要力量。随着政策效果的逐步显现，以及物价景气扩张期和收缩期的轮换，2011 年物价高位回落的态势比较明显，但仍需有效抑制国内消费品价格不合理上涨，严格监管国内投机资金的非正常炒作以及国外输入性通货膨胀向国内的传导效应，调整市场结构，理顺价格体系，保持我国物价稳定。

1. 应维持稳定、适度的货币政策，保持价格总水平的基本稳定

2010 年 10 月以来，央行上调存贷款基准利率、三次提高准备金率等措施释放出货币政策逐步收紧的信号。前期超常规的投资和流动性的投放，使得通货膨胀预期的压力逐渐增大，此时货币政策收紧的信号将有助于抑制通货膨胀预期的进一步增加。但央行的货币政策需要考虑到各方面的影响效果，维持稳定和适度，并以多种货币政策组合调控，避免调控力度过大和过急。同时引导银行信贷投向提升经济增长质量的高效能行业倾斜。

2. 严防美元持续贬值形成的输入性通货膨胀压力及"热钱"的过度投机炒作

国际大宗商品价格上涨是我国 2010 年下半年物价上涨的主要推动因素之一，以美国为首的西方发达经济体在未来一段时期内极有可能继续施行宽松的货币政策，这将使得国际大宗商品价格持续在高位运行，对我国资源类商品价格形成较大的输入型性通货膨胀压力。此外，由于内外货币政策方向不同，加大了国外投资资金流入我国进行短期投机炒作的风险。为降低我国物价未来走势的不确定性风险，应控制"热钱"流入及过度投机炒作，尽可能减小国际市场价格的大幅波动向国内传导。

3. 调整市场结构，理顺价格体系，防止价格不合理上涨，引导国内富余资金合理投资

温总理在 2010 年 2 月份"两会"期间指出，解决价格问题在中国最重要的是管好两条：第一，要使货币发行适度；第二，要保证农业丰收。[①] 2010 年我国粮食连续第七年大丰收，未来食品供给充足。针对 2010 年部分农产品价格非正常性上涨，说明我国需要进一步调整市场结构，理顺价格体系，有效引导国内富余资金合理投资，加强监管力度，防止价格不合理上涨。在推进国内资源价格改革时需要采取配套措施，防止生产资料价格过度上涨。

4. 深化收入分配制度改革，缩小贫富差距，降低通货膨胀对低收入者的影响

物价的持续上涨对消费者的购买力产生重要影响，尤其将对低收入人群造成较大压力，降低其生活质量。因此，政府应加快收入分配制度改革，缩小贫富差距，采取多种方法加快提高中低收入者的收入水平，以降低通货膨胀对低收入者的影响。

---

① 温家宝谈解决物价问题两要点：货币发行适度 保证农业丰收. 新华网，http://news. xinhuanet. com/politics/2010-02/27/content_13062804. htm，2010-02-27.

2011 年我国进出口预测与形势分析

张嘉为　齐晓楠　赵琳　李斌　王会芳　欧变玲
车欣薇　邵燕敏　张珣　徐山鹰　汪寿阳

报告摘要：2010 年我国对外贸易处于金融危机后的恢复期，仅 1～10 月份我国对外贸易总量已超过 2008 年全年，对外贸易复苏态势良好。然而，展望 2011 年，国内外经济仍面临着相当大的不确定性。本文结合国内外经济形势，分别从贸易总量、主要贸易伙伴以及主要贸易产品等多个方面，对 2011 年我国对外贸易的发展形势进行了分析与预测。测算结果表明：2011 年我国对外贸易将保持稳定增长，但增速较 2010 年明显回落。同时，对我国进出口的实际增长水平、出口信用保险、贸易摩擦、出口市场多元化战略以及服务业外商直接投资等五个值得关注的问题进行了详细剖析，并分别提出了相应的对策建议。

2010 年我国进出口处于金融危机后的恢复期，前 10 个月进出口已超过 2008 年全年，呈现良好的复苏态势。2011 年我国经济和世界经济均面临较大的不确定性，我国进出口总量能否持续稳定增长？贸易平衡能否改善？主要出口产品增速如何？根据对国内外经济形势的分析和截至 2010 年 10 月份的海关统计数据，我们对我国 2010 年 11 月份～2011 年 12 月份的进出口总额进行了测算。此外，由于美国、欧盟是我国的主要贸易伙伴国，我们重点测算了中美、中欧之间的进出口额。同时，也对我国部分主要商品的进出口额进行了测算。具体的测算结果见本文第一小节，第二小节回顾了 2010 年我国进出口的运行特点及周期，第三小节就一些值得关注的问题进行详细的分析并提出了相应的政策建议。

一、2011 年我国进出口预测

（一）我国进出口总额预测

在计量模型的测算结果上，考虑其他主要影响因素，我们对 2011 年我国进出口情况进行了预测，详见图 1 与表 1。预测结果表明：2011 年我国进出口将保持稳定增长，但增速较 2010 年明显回落；整体来看，进口情况好于出口，贸易顺差略高于 2010 年。预计 2010 年我国进出口总额约为 29 237.2 亿美元，同比增长 32.5％；其中，出口额约为 15 568.9 亿美元，同比增长 29.5 ％；进口额约为 13 668.3 亿美元，同比增长

36.1%；顺差约为 1 900.6 亿美元。

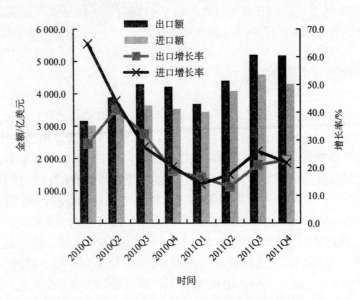

图 1　2010 年 11 月～2011 年 12 月我国进出口额测算结果

表 1　2010 年 11 月～2011 年 12 月我国进出口额测算结果表

时间	出口额/亿美元	增长率/%	进口额/亿美元	增长率/%	总额/亿美元	贸易顺差/亿美元
2010Q1	3 161.1	28.7	3 015.7	64.7	6 176.8	145.4
2010Q2	3 890.7	40.9	3 478.4	44.1	7 369.2	412.3
2010Q3	4 298.1	32.2	3 641.7	27.4	7 939.7	656.4
2010Q4	4 219.0	18.8	3 532.6	20.3	7 751.6	686.4
2010 年总额	15 568.9	29.5	13 668.3	36.1	29 237.2	1 900.6
2011Q1	3 679.9	16.4	3 438.2	14.0	7 118.1	241.8
2011Q2	4 398.3	13.0	4 086.4	17.5	8 484.7	311.9
2011Q3	5 199.4	21.0	4 586.0	25.9	9 785.5	613.4
2011Q4	5 180.1	22.8	4 302.9	21.8	9 482.9	877.2
2011 年总额	18 457.8	18.6	16 413.4	20.1	34 871.2	2 044.3

　　然而，2011 年，我国进出口呈现较强的不确定性。一方面，国际市场未来发展具有极大的不确定性，我国主要贸易伙伴国家虽然经济缓慢复苏，但风险尚存，仍存在较大的不确定性。这将对我国未来一年的出口造成一定影响。另一方面，2010 年全球各国宽松的货币政策为 2011 年较大的通货膨胀压力埋下了伏笔。特别地，对基础类原材料价格普遍具有较强的上涨预期。因此，我国未来一年进口价格仍面临较大的上行压力。但是，整体来看，我国进出口的发展仍是机遇大于挑战，对外贸易将在波动中缓慢复苏。2011 年整体外贸有可能呈现前低后高的走势，外贸顺差在下半年可能面临较大压力。

预计 2011 年，我国进出口总额约为 34 901.4 亿美元，同比增长 19.4%；其中出口额约为 18 457.8 亿美元，同比增长 18.6%；进口额约为 16 443.6 亿美元，同比增长 20.3%；顺差约为 2 014.2 亿美元（图 1 与表 1）。

（二）中美进出口额预测

中美贸易的影响因素与我国对外贸易总的主要环境因素相类似，因此，中美贸易也呈现出与全国对外贸易相同的发展趋势。但是，从增长率米看，由于 2010 年一季度我国对美出口增长率略低，所以 2011 年一季度对美出口同比增长率可能会高于总量增长率。根据计量经济模型的测算结果并考虑到其他修正因素，我们对 2010 年和 2011 年中美贸易进行了预测，具体结果见图 2 与表 2。预测结果显示：2010 年我国对美进出口总额约为 3 802.2 亿美元，同比增长 27.4%；其中，出口额约为 2 810.7 亿美元，同比增长 27.2%；进口额约为 991.5 亿美元，同比增长 28.0%；贸易差额约为 1 819.1 亿美元。预计 2011 年我国对美进出口总额约为 4 504.5 亿美元，同比增长 18.5%；其中，出口额约为 3 333.8 亿美元，同比增长 18.6%；进口额约为 1 170.7 亿美元，同比增长 18.1%；贸易差额约为 2 163.1 亿美元。此外，由于我国从美国的进口基数相对较小，因此受价格与单笔大额采购影响较为敏感。因此，自美进口有可能略高于该水平，而贸易差额则略有减小。特别地，贸易不平衡与贸易摩擦仍将是未来一年中美贸易的主要问题。

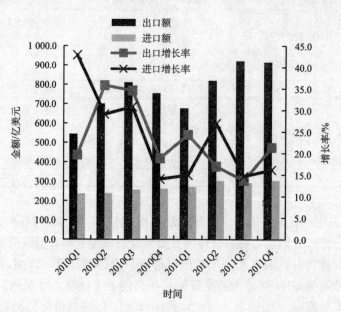

图 2　2010 年 11 月～2011 年 12 月中美之间进出口额测算结果

表 2　2010 年 11 月~2011 年 12 月中美之间进出口额测算结果表

时间	出口额/亿美元	增长率/%	进口额/亿美元	增长率/%	总额/亿美元	贸易顺差/亿美元
2010Q1	544.5	19.6	236.6	42.9	781.1	307.9
2010Q2	700.8	35.8	238.2	29.1	939.1	462.6
2010Q3	810.6	34.6	255.4	30.8	1 066.1	555.2
2010Q4	754.7	18.8	261.3	14.0	1 015.9	493.4
2010 年总额	2 810.7	27.2	991.5	28.0	3 802.2	1 819.1
2011Q1	676.8	24.3	272.0	14.9	948.8	404.8
2011Q2	819.7	17.0	302.3	26.9	1 122.0	517.7
2011Q3	921.6	13.7	292.9	14.7	1 214.6	628.7
2011Q4	915.7	21.3	303.5	16.2	1 219.2	612.3
2011 年总额	3 333.8	18.6	1 170.7	18.1	4 504.5	2 163.2

（三）中欧进出口额预测

2011 年中欧贸易的不确定性较强，欧盟经济问题此起彼伏，经济复苏状况也较为脆弱。尽管如此，我国主要贸易伙伴德国与法国的经济复苏状态均较为良好，特别是德国。若德、法经济不出现较大的波动，中欧贸易的前景仍较为乐观。根据计量经济模型的测算结果并考虑到其他修正因素，我们预测（具体结果列于图 3 和表 3）：2010 年我国对欧盟进出口总额约为 4 747.9 亿美元，同比增长 30.4%；其中，出口额约为 3 083.4 亿美元，同比增长 30.5%；进口额约为 1 664.5 亿美元，同比增长 30.1%；贸易差额约为 1 418.8 亿美元。预计 2011 年我国对欧盟进出口总额约为 5 712.0 亿美元，同比增长 20.3%；其中，出口额约为 3 720.9 亿美元，同比增长 20.7%；进口额约为 1 991.1 亿美元，同比增长 19.6%；贸易差额约为 1 729.8 亿美元。总体而言，中欧进出口增长在 2011 年全年各季度中均较为稳定，且年底增长速度略高。但是，需要特别指出的是，欧盟经济发展尚存在较大的不确定性，因此，中欧贸易未来一年仍存在较大下行风险。

表 3　2010 年 11 月~2011 年 12 月中欧之间进出口额测算结果表

时间	出口额/亿美元	增长率/%	进口额/亿美元	增长率/%	总额/亿美元	贸易顺差/亿美元
2010Q1	653.8	31.0	360.3	42.3	1 014.1	293.5
2010Q2	753.6	40.5	426.1	36.2	1 179.7	327.5
2010Q3	854.0	33.5	447.6	24.0	1 301.7	406.4
2010Q4	821.9	19.4	430.5	22.3	1 252.4	391.4
2010 年总额	3 083.4	30.5	1 664.5	30.1	4 747.9	1 418.8
2011Q1	777.9	19.0	423.4	17.5	1 201.2	354.5
2011Q2	883.3	17.2	506.3	18.8	1 389.6	377.0
2011Q3	1 010.7	18.3	541.3	20.9	1 552.0	469.4
2011Q4	1 049.0	27.6	520.2	20.8	1 569.2	528.9
2011 年总额	3 720.9	20.7	1 991.1	19.6	5 712.0	1 729.8

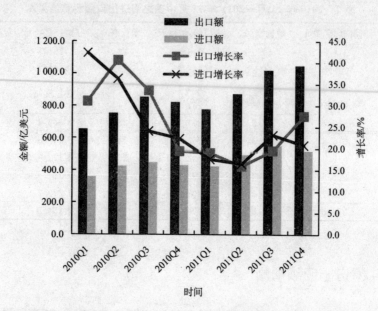

图3　2010年11月～2011年12月中欧之间进出口额测算结果

（四）高新技术产品与机电产品进出口额预测

整体来看，我国高新与机电类产品复苏势头较为明显，其进出口将稳定增长，虽增速较2010年有所回落，但高于进出口总量的增速。根据计量经济模型的测算结果并考虑到其他修正因素，我们预计（具体结果详见图4与图5）：2010年我国高新技术产品进出口总额约为9 082.2亿美元，同比增长约为32.2%；其中，出口额约为4 908.6亿美元，同比增长30.2%；进口额约为4 173.5亿美元，同比增长34.6%；贸易差额约为735.1亿美元。机电产品进出口总额约为15 876.3亿美元，同比增长31.8%；其中，出口额约为9 270.5亿美元，同比增长30.0%；进口额约为6 605.8亿美元，同比增长34.4%；贸易差额约为2 664.7亿美元。

预计2011年我国高新技术产品进出口总额约为11 134.6亿美元，同比增长约为22.6%；其中，出口额约为5 927.2亿美元，同比增长20.7%；进口额约为5 207.4亿美元，同比增长24.8%；贸易差额约为719.7亿美元。我国机电产品进出口总额约为19 233.8亿美元，同比增长约为21.1%；其中，出口额约为11 164.6亿美元，同比增长20.4%；进口额约为8 069.2亿美元，同比增长22.2%；贸易差额约为3 095.4亿美元。

预计2011年高新技术与机电产品的出口增长较为平稳，同时仍将保持高于全国出口的平均增速。高新技术产品与机电产品这两类产品也存在着相同的问题：我国高新技术产品与机电产品出口仍以加工贸易为主，人民币升值、劳动力成本上升、国际基础类

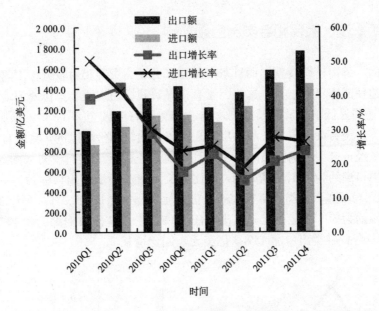

图 4　2010 年 11 月～2011 年 12 月我国高新技术产品进出口额测算结果

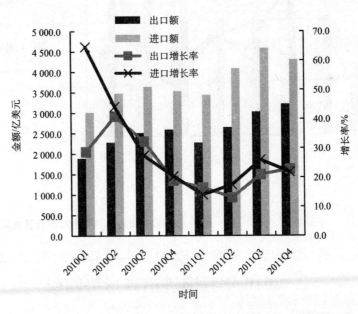

图 5　2010 年 11 月～2011 年 12 月我国机电产品进出口额测算结果

原材料产品价格不断上涨等多重压力，使得这类产品利润空间不断减小。因此，我们认为，2011 年制约我国高新技术与机电类产品发展的并不一定是价值量的增长问题，或是产业升级与提高产品附加值的问题。而高新技术产品真正的"高新"，才真正能为我国贸易发展带来新的成长点。

（五）纺织品、服装和鞋类出口额预测

国际方面，外需持续疲软，而且东南亚国家劳动力资源相对较低；国内方面，多方面因素导致迫使成本不断上升，这些因素直接导致我国纺织服装等传统劳动密集型产业2010 年的增速明显低于总量增长速度，这一趋势仍将继续至 2011 年。预测 2011 年我国纺织服装等传统劳动密集型产品的出口在我国总出口的份额比例，将略有减小。

根据计量经济模型的测算结果并考虑到其他修止因素，我们预测（图 6）：2010 年我国纺织品出口额约为 761.3 亿美元，同比增长 26.9%；服装出口额约为 1 282.3 亿美元，同比增长 19.7%；鞋类出口额 358.7 亿美元，同比增长 28.0%。预计 2011 年我国纺织品出口额约为 867.3 亿美元，同比增长 13.9%；服装出口额约为 1 477.1 亿美元，同比增长 15.2%；鞋类出口额 439.3 亿美元，同比增长 22.5%。

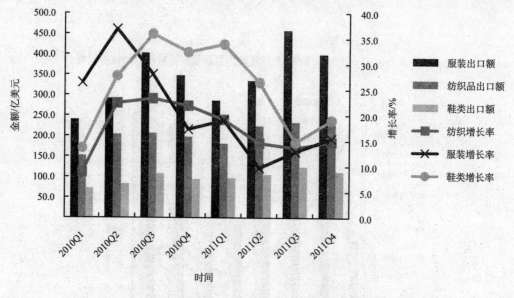

图 6 2010 年 11 月～2011 年 12 月纺织品、服装和鞋类出口额测算结果

二、2010 年我国进出口形势回顾

据海关统计，2010 年 1～10 月全国进出口总值为 23 934.07 亿美元，同比增长36.3%，其中，出口 12 705.92 亿美元，同比增长 32.7%；进口 11 228.15 亿美元，同比增长 40.5%；累计贸易顺差 1 477.77 亿美元，相比上年同期下降 114.52 亿美元。其中，2010 年 10 月，全国进出口总额为 2 448.14 亿美元，同比增长 24.0%；其中，出口 1 359.81 亿美元，同比增长 22.9%；进口 1 088.33 亿美元，同比增长 25.3%。贸易

逆差达到 271.48 亿美元。

(一) 2010 年我国外贸运行特点

根据 2010 年 1～10 月我国海关统计数据, 我国的外贸运行特点可总结如下:

(1) 进出口额同比持续增长, 贸易顺差同比有所下降。其中, 3 月份出现了近 70 个月以来的首次逆差。5 月份顺差迅速恢复至历史平均水平。受 2009 年同期基数较低的影响, 2010 年 1～10 月, 我国进出口总额同比增长 36.3%, 其中, 出口同比增长 32.7%, 进口同比增长 40.5%, 贸易回升势头明显, 见图 7。从走势来看, 2010 年以来出口的增长率呈现前高后底的态势, 主要原因在于受到 2009 年出口增幅前低后高的基数影响; 2010 年以来进口保持了较平稳的增长, 主要是因为主要进口商品价格的不断上涨抵消了 2009 年同期基数的影响。分月份来看, 2010 年 7 月份出口 1 455.2 亿美元, 创 2010 年以来单月最高, 9 月份进口达 1 281.1 亿美元, 创 2010 年以来单月最高。2010 年 1～10 月, 累计贸易顺差 1 477.77 亿美元, 相比上年同期下降 114.52 亿美元, 但 5 月份以来, 单月贸易顺差较上年同期均有所增长。

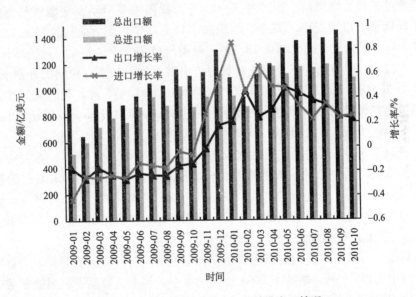

图 7 2009 年 1 月～2010 年 9 月进出口情况

(2) 一般贸易与加工贸易进出口均大幅增长, 进口增幅明显高于出口增幅。2010 年 1～10 月, 一般贸易进出口总额 11 918.2 亿美元, 同比增长 40.0%; 其中, 出口 5 791.1 亿美元, 同比增长 36.5%; 进口 6 127.1 亿美元, 同比大幅上涨 43.6%, 贸易差额为 −336.0 亿美元。加工贸易进出口总额为 9 389.0 亿美元, 同比增长 32.4%; 其中, 出口 5 975.1 亿美元, 同比增长 28.3%; 进口 3 413.9 亿美元, 同比增长 34.3%, 贸易顺差为 2 561.2 亿美元。从走势来看, 2010 年以来, 一般贸易进、出口的增长率已基本恢复至历史平均水平，预计 2011 年一般贸易进、出口的增长率将在略微下降的基础上保持相对较平稳的增长。受 2009 年基数较低的影响，2010 年以来加工贸易出口和进口均保持了高于历史均值的增长速度，且均呈现逐月下降的趋势，预计这种下降趋势或将持续到 2011 年上半年。

（3）各类型企业进出口均明显回升，民营企业增长迅速，份额不断扩大。从出口看，2010 年 1～9 月，国有企业、外商投资企业、集体企业和民营企业出口占总出口的份额分别为 9.8%、70.6%、2.1%、17.5%，其中民营企业占总出口的份额相比去年同期上升了 1.6 个百分点。国有企业、外商投资企业、集体企业和民营企业出口增长率分别为 25.5%、31.6%、24.1% 和 31.8%，其中民营企业出口增长最快。从进口看，国有企业、外商投资企业、集体企业和民营企业占总进口的份额分别为 18.5%、69.3%、1.6%、10.6%，其中民营企业占总进口的份额相比 2009 年同期上升了 1.2 个百分点。国有企业、外商投资企业、集体企业和民营企业进口增长率分别为 40.2%、40.0%、30.2% 和 59.3%。民营企业进出口增长迅速，且 2009 年同期民营企业进出口下降幅度也为各类型企业中最小。

（4）劳动密集型产品出口稳定增长，高新技术产品与机电产品进出口大幅增长，部分资源类产品进口大幅增长。2010 年 1～10 月，我国主要劳动密集型产品出口增长率明显低于同期总出口增长率：其中，纺织品出口 626.2 亿美元，同比增长 29.4%；服装出口 1 050.0 亿美元，同比增长 19.5%；鞋类出口 292.5 亿美元，同比增长 26.9%。其中部分产品出口单月出现了负增长，如服装出口 1 月份和 3 月份同比分别下降 5.0% 和 19.9%，鞋类出口 3 月份同比下降 6.5%。2010 年 1～10 月，我国高新技术产品与机电产品进出口大幅增长，其中高新技术产品出口 3 938.3 亿美元，同比增长 33.5%，进口 3 371.7 亿美元，同比增长 37.7%；机电产品出口 7504.2 亿美元，同比增长 32.9%；进口 5 363.2 亿美元，同比增长 38.0%。2010 年 1～10 月，部分资源类产品进口额大幅增长。其中原油、天然橡胶、合成橡胶、废铜、废铝、未锻造的铜及铜材等，增长率分别为 61.2%、100.8%、42.8%、121.7%、68.9% 和 47.4%。值得注意的是，资源类产品进口增长较快的一个关键原因是原材料价格的上涨，如废铜进口量仅增长 8.6%，但其进口额增长达到 121.7%。

（5）对欧盟、日本、美国的双边贸易额大幅上涨，与主要贸易顺差国的贸易顺差额较 2009 年同期有所上升，略高于 2008 年同期水平，与主要贸易逆差国的贸易逆差额较 2009 年同期则大幅上涨，且高于 2008 年同期水平。2010 年 1～10 月，欧盟仍为我国最大的贸易伙伴，中欧双边贸易额达 3 884.2 亿美元，同比上升 32.9%。中美双边贸易额为 3 107.1 亿美元，同比上升 29.8%。日本仍然为第三大贸易伙伴，中日双边贸易总值为 2 392.8 亿美元，同比上升 31.3%。美国、中国香港特别行政区、欧盟是我国主要的贸易顺差来源地，与三者的顺差合计达 4 285.7 亿美元，较 2009 年同期上涨 30.8%，较 2008 年同期高 5.3 亿美元。中国台湾、韩国、日本和东盟则是我国的主要贸易逆差来源地，与四者逆差合计达 1 869.8 亿美元，较 2009 年同期大幅上涨 60.5%，较 2008 年同期高 421.2 亿美元。

（二）2010 年我国进出口运行周期分析

本节应用景气周期跟踪图，对 2010 年我国进出口周期进行分析。景气周期跟踪图（business cycle tracer）是目前一些国际机构采用的景气监测方法，用于跟踪判断经济中主要指标变化情况，类似于景气信号灯。横坐标为当月该指标高于（低于）平均值的幅度，纵坐标代表当月相比上月的增长（减小）幅度。四个象限分别代表繁荣（右上）、衰退（左上）、萧条（左下）、复苏（右下）。例如，繁荣为指标高于平均值且仍在增长；而衰退为指标高于平均值但开始减小等。可根据大部分经济指标所处象限来判断经济周期的变动情况，并根据不同指标的变化情况判断当前经济的变化。

从 2010 年以来一些主要进出口指标的景气周期跟踪图的演变过程来看，我国对外贸易的增长率周期经历了从繁荣走向衰退的过程。2010 年 10 月份的景气周期跟踪图（图 8）显示，17 个主要的进出口指标中，16 个处于衰退阶段，只有高新技术产品出口提前进入萧条阶段。对景气周期跟踪图的历史统计表明，我国对外贸易的增长率周期平均为两年左右。截至 2010 年 10 月份，主要进出口指标已连续 4 个月以上处于衰退期。据此推测，我国出口和进口增长率周期将在 2010 年四季度持续缓慢下降，并将在 2011 年上半年延续这种缓慢下降态势，于 2011 年下半年开始逐渐复苏，并且这种复苏态势可能持续到 2011 年年底。

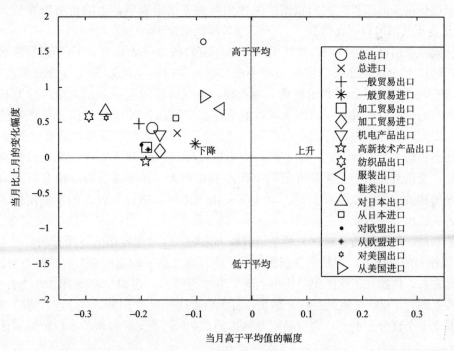

图 8　2010 年 10 月份当月景色跟踪图（单位：%）

三、2011 年我国对外贸易中需要关注的问题

（一）我国贸易实际增长情况值得关注，贸易平衡受价格影响较大

截至 2010 年 9 月份，我国出口累计同比增长 34%，进口增长 42.4%。去掉价格因素，我国出口实际累计同比增长[①]约为 36.5%；而进口实际增长为 37.2%。通过对具体行业的增长情况分析发现，我国进口额看似增长迅速，但国内进口产品数量并未比往年增长太多，相反由于贸易条件的恶化，国民获得的福利反而有所减小。

我们基于对外贸易额与相关价格指数，并结合国内外价格、经济增长以及消费等因素，对我国对外贸易未来半年的实际增长情况与名义增长情况进行了分析与预测。分别从"量"与"价"两个方面分析我国对外贸易的增长情况。

从"量"方面来看，目前我国对外贸易已基本复苏，虽然国际经济形势存在着许多不确定性，但是整体来看，对外贸易在未来一年中的基本面仍是向好的。出口方面，全球经济缓慢复苏，供需环境进一步改善，我国对外贸易有望继续增长。但是，受人民币汇率变动与产业结构调整相关政策的影响，个别行业将面临一定挑战。而且，贸易保护主义在未来仍有不断抬头的趋势，将对我国对外贸易出口造成一定阻力。进口方面，我国经济稳步回升，外贸需求有可能进一步扩大，预计 2011 年我国进口量将保持 2010 年下半年稳步增长的态势。我们根据相关模型的测算结果表明，去除价格因素后，预计 2011 年全年我国出口同比增长 15.5%，进口同比增长 16.0%。

从我国进出口价格来看，2010 年全球各国宽松的货币政策为 2011 年通货膨胀不断铺垫，2011 年全球性通货膨胀压力将不断加大。同时，受极端天气与投机因素影响，2011 年全球性粮食、原材料价格将大幅上涨。而这可能将进一步成为全球性原材料价格上涨的助推器，造成新一轮的全球性通货膨胀。所以，2011 年我国进口产品价格仍面临相当大的上涨压力，特别是农产品与资源类产品，其中资源类产品有可能在 2010 年较高的价格水平基础上进一步上升。而出口方面，2010 年下半年我国出口价格已逐步恢复，受供需关系与人民币升值的不断影响，未来一年我国出口价格有望进一步上升。根据相关模型测算结果表明，2011 年我国进出口价格存在较大的不确定性，将对我国名义进出口额造成一定影响。

特别地，价格波动将对贸易顺差造成较大影响。仅考虑价格的直接影响，在当前对2011 年预测的基础上，贸易条件指数上升 1 个百分点将平均造成我国贸易顺差增加 150亿美元左右。例如，若我国出口价格上升 2.5 个百分点，进口价格上升 3.5 个百分点，贸易顺差约为 2 000 亿美元左右。那么，若出口价格同比上升 5 个百分点，进口价格保持上升 3.5 个百分点不变，则贸易顺差将达到 2 400 亿美元左右；若出口价格同比上升

[①] 名义增长是指进出口额增长率，实际增长是指进出口额平减掉价格指数后的增长率，以下同。如不特别说明，同比增长仅指名义增长。

保持 2.5 个百分点，进口价格上升达 5 个百分点，则贸易顺差将为 1 800 亿美元左右。

不难发现，我国 2010 年贸易顺差的改善主要由于进口价格的大幅上升，而出口价格并未明显上升，但是这并非有利于贸易的长期稳定发展。贸易顺差的减少并未带来更多的进口产品，这一问题值得关注。造成这一问题的主要原因有两点：一是我国出口产品结构导致我国的出口定价权不强，进口价格的上升并未能带来出口价格的提升。二是我国缺乏资源类产品定价权，对进口资源类产品议价空间很小。

因此，为了更好地应对与解决这一问题，我们建议从两方面着手，一是进一步调整外贸增长模式，增强产品创新性，提高产品技术含量。充分发挥行业协会的作用，在当前经济模式下，充分联合多数企业共同进退，避免恶性竞争；应注重外贸出口质量，提高企业在国际市场中的话语权。二是不断建立原材料战略储备，增强原材料定价的话语权。由于我国对原材料的话语权不强，特别在石油、铁矿石方面，我国企业难以参与到其国际市场的定价机制中。在未来各国经济增长的竞争中，由于原材料特殊的不可再生性，原材料的话语权愈来愈重要。基于此，我国一方面应进一步争取石油与铁矿石等现有重要原材料的话语权；另一方面，建立其他重要矿产资源战略储备，争取其他金属矿产资源的话语权，特别是对未来重要行业发展具有关键作用的金属资源，例如钕，其对于激光和太阳能技术的发展起着必不可少的作用。同时，应逐步建立其他尚未引起广泛重视的矿产资源的战略储备，为未来原材料价格谈判增加砝码。

（二）出口信用保险改革仍需继续推进

2010 年前三季度，中国信用保险及担保业务共实现承保金额 1 371.5 亿美元，同比增长 80.4%。其中，短期出口信用保险累计实现承保金额 1 119.7 亿美元，同比增长 84.2%，其中，仅第三季度的短期信用承保金额就实现 443.4 亿美元，月均 147.8 亿美元，高于二季度和一季度的月均承保金额。出口信用保险覆盖面进一步扩大，对一般贸易出口的覆盖率达到了 22.5%。出口信用保险业务的高速增长提高了企业出口信心，在支持外经贸发展、促进优化出口结构、实施"走出去"战略中的功能作用不断增强。

但是，我国出口信用保险发展仍然面临一些问题：

第一，我国进出口政策性金融体系需要完善。我国的政策性进出口金融体系由出口信贷和出口信用保险构成，分别由中国进出口银行和中国出口信用保险公司经办两类业务。在实际中，由于两家机构经营宗旨和服务目标具有一致性，在一些方面形成了重复投入和劳动，如对国家风险的评级、对官方债务重组以及追偿等，这不利于节省投入和形成统一的政策。

第二，出口信用保险的经营机构资本规模小，风险补充机制过于笼统，制约了出口信用保险对出口特别是大型项目出口的支持力度。经营机构的法人治理结构不尽完善，没有形成真正的自主经营、自负盈亏的市场主体，其经营机制与经营环境同迅速发展的对外贸易与投资形势，以及广阔的市场空间形成反差。

第三，对短期出口信用保险的市场开放没有形成一致的认识。短期出口信用保险是我国出口信用保险的重要品种，该业务服务对象为我国广大出口企业，其业务支持的广度和受益的程度，远远超过其他业务险种。但短期出口信用保险市场的开放问题仍然处于研究讨论之中。

针对我国出口信用保险发展中存在的问题，我们提出如下相关政策建议：

首先，逐步实现中国出口信用保险公司与中国进出口银行功能分设，两家机构分别在出口信用保险和出口信贷领域发挥作用，并逐步引导出口信用保险发挥更为积极的作用。

其次，建议补充中国出口信用保险公司资本金，完善风险补偿机制，规范治理结构，理顺外部管理体制，强化对中国出口信用保险公司的资本约束和监管。

最后，从政策主体中剥离可商业化业务，一方面使用商业性出口信用保险与出口信贷以满足市场需求，另一方面使用政策化出口信用保险以保障特定行业和对特定国家的出口。

（三）贸易摩擦不可避免，我国应积极应对

2010 年，我国面对的贸易摩擦案件并没有随着金融危机的消退而减少，反而呈现出愈演愈烈之势，并表现出一些新的特点：

第一，贸易摩擦的范围进一步扩大。贸易摩擦从低端产品向高科技产品蔓延，从发达国家向发展中国家蔓延，从产品层面向产业、政策层面蔓延。例如，2010 年 9 月 16日，欧盟委员会对中国数据卡发起反补贴调查，涉及金额约 41 亿美元。此案不仅成为迄今中国遭遇涉案金额最大的贸易救济调查，也是我国数据卡类商品遭遇的首次贸易摩擦。2010 年以来，我国贸易救济调查开始从低附加值产品，如纺织品、轻工产品等，扩大到机电、医疗保健品、化工产品、微电子产品等高附加值高科技产品。

第二，"337 调查"案件增多，企业应诉成本大幅增加。过去 10 年中，美国对我国出口发起的"337 调查"案件数量逐年增加，中国已连续 6 年位居"337 调查"涉案国家（地区）的首位。2010 年 1～10 月份，已有 16 起"337 调查"涉及我国出口企业。据商务部统计，仅 2010 年 7 月份，美国国际贸易委员会共发起 337 调查 9 起，其中涉华案件 6 起，占当月美发起案件总数的 66.7%，且全部因专利侵权被诉。由美国国际贸易委员会负责审理的"337 调查"，不仅审理费用昂贵，动辄上千万美元，而且应对时间较短，这使中国企业特别是中小企业面临巨大压力。

第三，美日欧联手施压我国稀土出口，贸易摩擦转向"资源战"。2010 年，我国的稀土出口策略受到多国的指责。美日欧各国均以我国限制稀土出口、威胁国外使用稀土的厂商生存等原因扬言对我国实行贸易制裁。其实，稀土只是"资源战"中的一个部分，早在 2009 年，美国、欧盟和墨西哥已经要求世界贸易组织设立专家组，审理和裁决所谓中国限制原材料出口的问题。

面对贸易摩擦的压力，我国企业和政府应当积极行动起来，共同应对贸易摩擦，相关的政策建议包括：

首先，针对贸易摩擦向高端产品蔓延的趋势，我国企业应当以积极的态度应对，通

过技术创新来规避贸易壁垒。中国企业在高新技术产品出口上具有天然的人力成本优势，金融危机之后，许多发达国家都要振兴自己的制造业，不免会与我国的高新技术产业产生冲突。中国企业应当在积极应对恶意诉讼的同时关心行业发展的最新方向，通过技术创新来规避贸易壁垒。

其次，涉案企业应当团结起来，共同应战相同方向的诉讼。"337 调查"主要是针对专利侵权的诉讼，审理过程一般漫长而且费用昂贵。涉案企业团结起来一起针对同方向的诉讼，这样不仅能降低诉讼费用，同时在聘请律师和专业技术团队上也会具有优势，胜诉几率增大；此外，中国政府应当积极促成调解机制，尽量避免中国企业在"337 调查"中采用诉讼的方式。

最后，稀土等战略性原材料的出口涉及国家安全，中国政府应当援引世界贸易组织的条例据理力争。在世界范围内，因保护国内环境和资源，对出口实行限制的例子比比皆是，我国政府应当在据理力争的同时尽快规范国内的开采和消费，以免授人以柄。

（四）我国出口市场多元化战略成效明显，但进一步实施所面临的问题不容忽视

从 1992 年实施出口市场多元化战略以来，我国出口市场的集中程度明显下降，出口风险大大降低。从出口市场规模来看，我国出口贸易地区由 1990 年的 180 多个国家和地区扩大为 2010 年的 240 多个国家和地区，形成以美国、欧盟和日本为主导市场，新兴国家与发展中国家为辅助市场的出口市场体系。从出口分布情况来看，2001 年我国五大出口市场份额占比为 63.2%，而 2010 年 1～10 月我国五大出口市场份额占比下降为 48.0%，对主要出口市场依存度明显降低。从中国科学院预测科学研究中心编制的贸易多元化指数计算结果来看，从 2001 年至 2008 年，我国出口市场多元化水平不断上升。受金融危机影响，2009 年多元化水平出现了小幅下降。2010 年，伴随着全球经济回暖我国出口市场多元化水平又有所上升，与 2008 年基本持平，预计 2011 年将继续保持上升趋势。

虽然我国出口市场多元化水平有明显改善，但对非洲和拉美地区等新兴市场的开拓仍显不足，主要原因包括以下几个方面：首先，我国出口信用保险政策尚不完善，如管理机制不健全、风险资本金匮乏以及出口企业对信用保险缺乏认识，加上新兴市场国家自身的法制不健全、市场秩序不规范等问题，使得企业对这些国家的出口风险较大，资金和风险保障问题成为出口企业的主要顾虑之一；其次，伴随着我国在新兴市场国家与其他发展中国家出口市场的不断开拓，由于贸易双方具有相似的产业结构，来自这些国家的贸易保护与摩擦日益扩大，影响了我国市场多元化的进一步发展；最后，国际投资是占领国际市场的重要手段，但由于我国企业在拉美国家面临交流和对当地法律法规理解上的困难，以及对外投资审批程序复杂等问题，我国企业对拉美国家的对外投资受到很大的限制。

在此背景下，提出以下政策建议：首先，继续完善出口信用保险政策。继续加大财政支持出口信用保险的力度，充分发挥其调控能力。进一步增加保险基金规模，下调保

险费率，逐步放宽对出口信用保险的国别风险限额，尤其是对非洲、拉美的风险限额，降低承保门槛，满足企业开拓市场的需求。其次，加快调整出口商品结构，通过产品技术升级等方式改善与发展中国家的产品竞争关系，减少与发展中国家的贸易摩擦，促进多元化战略的实施。最后，鼓励我国企业在其他发展中国家进行对外投资，以投资带动出口贸易。改善对外投资管理体制，简化审批程序，提高便利化的程度。加大对中国企业对外投资的服务和指导力度，包括语言、信息、法律法规等的服务。

（五）服务业 FDI 增加有利于促进改善我国进出口贸易结构

经济理论表明 FDI 与进出口具有很大的正向关系，国内外学者采用实证分析方法对这一结论进行了广泛的数量化研究。从国际贸易学的角度来说，一国的进出口贸易金额越大表明一国的对外开放程度越高，这将有利于外商选择该国进行直接投资。反过来看，外商直接投资企业在中国设厂进行生产或加工，将产品销往国外，对我国出口贸易也有一定的促进作用。实际上，我国 FDI 投资集中的广东、江苏、上海、山东等地区，而这些地区的进出口贸易也占有很大比重。

商务部的数据显示，2006 年，我国制造业 FDI 投资占比为 55.11%，服务业为 36.46%。2009 年，我国制造业 FDI 投资占比为 49.72%，服务业为 45.24%。2010 年 1～9 月，我国制造业 FDI 投资占比仅为 47.59%，服务业为 47.41%。服务业中房地产业比 2009 年同期增长 56.36%，金融业增长 158%，居民服务增长 95.7%，环境服务业增长 75.44%。根据联合国贸易和发展会议发布的《2010 世界投资报告》指出，当前全球对外直接投资格局出现重大变化，与服务业和初级部门相比，制造业外商直接投资近期进一步减少。

2010 年 4 月份，我国出台的《国务院关于进一步做好利用外资工作的若干意见》提出，要鼓励外资投向高端制造业、高新技术产业、现代服务业、新能源和节能环保产业，严格限制"两高一资"和低水平、过剩产能扩张类项目。在国家相关政策的引导下，随着中国服务领域对外开放的不断扩大和外商投资产业结构的不断优化，服务业成为中国吸收外资的重点。随着我国原材料、劳动力成本上升，大量跨国投资转向服务业，以及跨国公司的全球化战略实施将推动中国服务业的快速发展，我国服务业贸易将会快速发展，从而有利于改善我国出口产品的结构。

为此，我国相关政府部门应继续完善对外开放的机制保障，鼓励跨国公司来华设立地区总部、研发中心和出口采购中心，创新吸纳方式，搞好人才储备。同时，改善服务业发展环境，抓住国际服务业加快转移的重要机遇，吸纳更多的服务业投资，并健全服务业对外开放的风险防范机制，完善产业影响预警制度，创造良好环境，促进我国服务业贸易的健康发展。具体而言，根据国内不同地区服务贸易发展特点和行业优势，以长三角、珠三角、环渤海地区和中西部地区重点城市为依托，建设若干个国家级"服务贸易示范区"，培育服务贸易出口主体和增长带，并通过其辐射作用，引导和促进中国服务贸易的快速发展。

2011 年中国行业发展分析与预测

中国科学院预测科学研究中心 行业研究小组

报告摘要: 2010 年我国经济实现了平稳较快发展,各季度经济增速呈现小幅下滑走势,前三季度 GDP 增速分别为 11.9%、10.4%和 9.6%。在此背景下,汽车、家电、石油、煤炭、钢铁和有色金属等我国主要行业景气依次步入下行通道。其中,我国汽车行业于 2010 年年初景气率先出现下滑走势,家电和石油行业紧跟其后,煤炭、钢铁和有色金属行业也均在二季度进入景气下行期。

行业综合警情方面,2010 年各行业相差较大:汽车行业基本处于"趋热"状态;家电行业整体维持下行趋势,1~5 月份处于"趋热"状态,后逐步降至"正常"状态;钢铁、有色金属行业警情指数先升后降,先由"正常"状态升至"趋热"状态,后降至"正常"状态;石油、煤炭行业综合警情也维持下降趋势,其中,煤炭行业 1~8 月份维持在"正常"状态,9 月份进入"偏冷"状态,而石油行业 1~7 月份维持在"正常"状态,8~9 月份处于"偏冷"状态。

根据行业先行合成指数和扩散指数走势,结合宏观经济和影响行业未来发展的重要因素分析,2011 年上述六大行业预测结果如下:

(1) 汽车行业将保持平稳快速增长,2011 年年初行业景气将步入上行期。根据先行合成指数走势,景气下滑趋势将维持到 2010 年年末,2011 年年初汽车行业景气将很有可能转向扩张状态,全年保持平稳较快发展。计量模型预测显示,2010 年全年我国汽车销售量预计将超过 1 800 万辆,比上年增长 32%左右,2011 年全年我国汽车销售量预计将有可能超过 2 000 万辆,比上年增长 11%左右,增速较 2010 年有所放缓。

(2) 家电行业将维持适度增长状态,2010 年四季度至 2011 年上半年一季度行业景气将会维持下滑趋势,随后开始步入上行阶段。从家电行业先行景气指数看,2011 年一季度,家电行业景气仍将维持下滑趋势,之后有望进入景气上升期。在宏观经济的稳定增长、国家促进家电产品销售的相关政策、家电"十二五"规划出台等因素的共同作用下,2011 年全年家电行业产销将维持适度增长状态。计量模型预测显示,2011 年家电整体产销量增速将保持稳定,而下乡家电的销量将维持较高增速。

(3) 2011 年钢铁行业景气将呈先下滑、再小幅震荡上行的走势。先行合成指数与先行扩散指数的走势表明,至 2011 年一季度行业景气状况仍将继续下降状态。但随着经济增速的回升,预计钢铁行业景气将会上涨。综合宏观经济走势与行业景气分析,预计 2011 年钢铁行业景气将呈现先下滑、再小幅震荡上行的走势。计量模型预测显示,预计 2011 年成品钢材产量为 8.2 亿~8.5 亿吨;预计 2011 年钢材价格将呈现上涨态势，同时热钱的炒作与经济增长的不确定性将增加其波动的风险。

（4）2011 年有色金属行业景气将呈现先下滑，后企稳回升的态势。从先行指数的走势及行业主要经济指标建模分析的情况来看，2011 年有色金属行业的景气情况将呈现先下滑、后震荡企稳回升的态势。但由于宏观经济增速放缓、淘汰落后产能任务艰巨、产品价格波动等不确定性因素的增加，有色金属行业景气水平短期内大幅上升的可能性不大。在行业总量控制严格的预期下，产品库存减少，加之需求扩大，预计主要有色金属产品的价格在 2011 年将呈现上涨态势。

（5）煤炭行业景气在 2011 年上半年将继续下滑，下半年行业景气有望企稳回升。据先行合成指数和经济走势分析，2011 年上半年煤炭行业景气将继续下滑，下半年行业景气有望企稳回升。考虑到 2011 年经济可能在下半年重回复苏通道，以及国家"并购重组煤炭企业、淘汰落后产能"等政策继续推行等因素，预计 2010 年原煤产量将达 328 492.33 万吨，同比增长 10.8%左右；2011 年原煤产量将达到 358 953.42 万吨左右，同比增长 9.3%左右。

（6）石油行业景气在 2011 年上半年将继续下降，下半年有可能步入上行期。据先行合成指数走势分析，2011 年上半年石油行业景气将有可能继续下降。2011 年下半年，考虑到宏观经济可能开始回升，以及下游行业景气开始上行等因素，石油行业有望在 2011 年下半年逐渐走出低谷，行业景气步入上行期。

综合而言，根据各行业先行指数走势以及 2011 年我国经济发展走势的分析，2011 年汽车、家电、钢铁、有色金属、煤炭和石油六个行业都将逐步进入行业景气上行期。其中，作为宏观经济的先行指标，汽车行业景气预计在 2011 年年初开始步入上行期；家电、钢铁、有色金属、煤炭和石油行业则很有可能在 2011 年年中随着我国经济发展增速提升而逐渐步入景气上行期。

一、引　言

2010 年，随着国家"家电汽车下乡，汽车以旧换新"等政策的全面落实，与居民消费密切相关的汽车、家电等消费热点保持了旺盛的增长势头。在抵御了全球金融危机的影响后，我国居民消费结构的升级特征日趋明显，汽车行业、家电行业等消费类行业将进入升级的新阶段，行业未来发展对于我国经济转型将产生重要影响。在资源价格普遍上涨的背景下，2010 年煤炭、石油、有色金属等资源类行业的发展同样备受瞩目。而作为国民经济的支柱产业和具有最大节能减排潜力的行业，钢铁行业成为加大节能减排和淘汰落后产能的先锋，该行业节能减排工作的成效如何直接关系到我国的节能减排目标能否实现。

中国科学院预测科学研究中心在系统分析宏观经济形势的基础上，利用景气动向分析方法和计量经济模型等方法，对与居民消费密切相关的汽车和家电行业，关系国家经济安全的石油、煤炭和有色金属行业，以及节能减排先锋的钢铁行业进行了深入研究。

通过分析一些主要行业经济指标的变动，研究行业周期变化的客观规律，构建行业景气指标体系，开发行业预测预警系统，对行业的运行现状及未来发展趋势进行预测预警，并提出相应的政策建议。

本报告安排如下：首先，回顾 2010 年我国主要行业的运行特征及其主要影响因素；其次，预测 2011 年主要行业的景气情况及重要行业指标的走势；最后，提出 2011 年需重点关注的热点问题，并给出相应的政策建议。

二、2010 年行业运行情况

由于不同行业的景气运行状况存在较大差异，在进行行业景气状况分析时，不仅需要关注某一行业所处的景气状况，同时还要跟踪其相关行业的景气状况。景气跟踪图的方法能够很好地将多个行业分析的结果结合起来，便于对行业运行现状及行业未来走势进行深入比较分析。本节基于景气跟踪图方法，对汽车、家电、煤炭、石油、有色、钢铁六大行业的景气状况进行分析[1]。

本节选取近一个周期（即 2009 年 1 月份～2010 年 9 月份）的行业一致合成指数和先行合成指数增长率数据。整体来看，汽车、家电、煤炭、石油、有色金属、钢铁六个行业都经历了一个由“复苏—繁荣—衰退—萧条”的周期（图 1）。其中，汽车、家电行业在 2009 年四季度就进入“衰退”期，而煤炭、石油、钢铁、有色金属行业则在 2010 年一季度才进入“衰退”期。进入 2010 年以来，汽车行业在年初率先进入“萧条”期，随后家电、煤炭、石油、钢铁、有色金属行业在第二季度步入“萧条”期；2010 年 9 月份，汽车、家电行业开始出现复苏迹象，但其他行业仍处于“萧条”期，这与行业实际运行状况相符。

（一）汽车行业

1. 汽车产销逐步由高速增长回归快速平稳增长

2010 年 1～9 月份，全国汽车产量累计 1 308.27 万辆、销量累计 1 313.84 万辆，同比分别增长 36.10% 和 35.97%，累计产销继 2009 年后再次超过 1 000 万辆，提前完成了汽车产业调整振兴规划中对汽车销量设定的目标，并超过美国成为世界第一大汽车市场。不过，产销同比增速呈逐季下降态势：受 2009 年同期基数影响，一季度汽车产销同比分别增长 76.99%、71.78%，二、三季度同比增速逐步回落，9 月份汽车产销同比分别下降 16.94% 和 16.89%。我国汽车产销整体步入平稳增长状态。

2. 汽车行业企业经济效益呈现良好发展态势

进入 2010 年，国家宏观经济形势持续向好，汽车行业实行汽车下乡、乘用车购置

---

[1] 本文涉及的行业数据均来自 Wind 数据库和 CEIC 数据库。

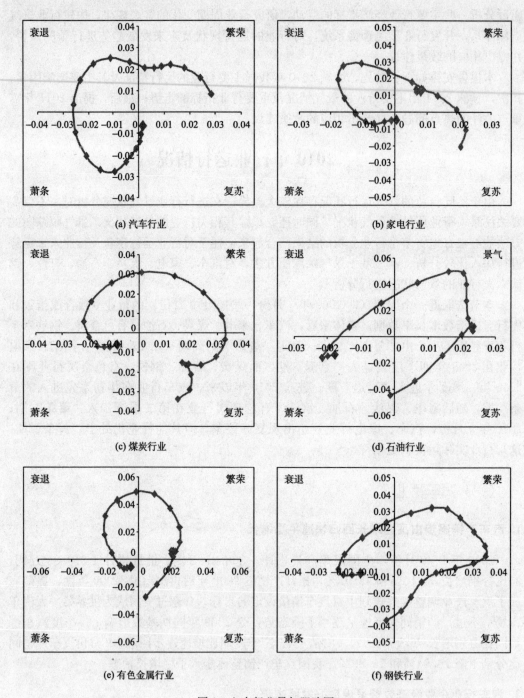

(a) 汽车行业

(b) 家电行业

(c) 煤炭行业

(d) 石油行业

(e) 有色金属行业

(f) 钢铁行业

图 1　六大行业景气跟踪图

税优惠等刺激政策，我国汽车行业延续了 2009 年下半年以来的较快发展态势，企业经济效益表现良好。一季度利润额同比大幅上涨，二、三季度涨幅受基数较高的影响有所回落，但增速仍保持较高水平。据中国汽车工业协会统计，2010 年前三季度我国汽车企业累计实现主营业务收入 25 927.26 亿元，同比增长 48.32%；实现利润 2 255.36 亿元，同比增长 95.77%，企业盈利能力几乎翻番。

3. 汽车进出口快速增长

随着全球经济形势的好转，全球市场的汽车需求正稳步回升，2010 年前三季度我国汽车进出口持续保持较快的增长势头。据中国汽车工业协会统计，2010 年 1～9 月份，全国汽车商品累计进出口总额为 781.48 亿美元，同比增长 65.65%，其中进口金额 407.81 亿美元，同比增长 90.59%，出口金额 373.67 亿美元，同比增长 44.94%。从数量上看，累计进口各类汽车 58.82 万辆，同比增长 1.3 倍；累计出口汽车 40.47 万辆，同比增长 62.54%。

4. 汽车上下游行业增速放缓

受 2010 年我国经济景气下滑的影响，汽车上下游行业，如黑色金属冶炼及压延加工业、有色金属冶炼及压延加工业、交通运输设备制造业、石油和天然气开采业、橡胶制品业等行业的景气均呈现下降趋势，给汽车行业发展带来了较大下行压力。此外，价格方面，2010 年全球能源价格与有色金属价格同比大幅上涨，加大了汽车生产成本，也在一定程度上抑制了汽车行业的发展态势。

（二）家电行业

1. 主要家电产品生产情况良好

2010 年 1～9 月份，我国彩电总产量为 8 360.1 万台，同比增长 7.8%，比上年同期增幅增加了 4.5 个百分点；其中 9 月份彩电产量为 1 225.8 万台，达到 2010 年高点，但同比下降 2.6%。这与 2009 年家电下乡、以旧换新等消费刺激政策使得同期彩电产量的基数较高有关。1～9 月份，我国家用电冰箱总产量为 6 024.2 万台，同比增长 27%，比上年同期增幅提高了 10.8 个百分点。1～9 月份，我国家用洗衣机总产量为 4 280 万台，同比增长 31.5%，比上年同期增幅增加了 23.5 个百分点；其中，9 月份我国家用洗衣机产量为 600.9 万台，比 8 月份增加了 78.1 万台，创历史新高，同比增长也达到 12.6%。1～9 月份，我国家用空调总产量为 8 536.4 万台，同比增长 41.2%，比上年同期增幅增加了 51.5 个百分点；其中，9 月份空调产量为 836.2 万台，比 8 月份增产 9.5 万台，同比增长 42%，仍维持在较高水平。

2. 家电行业整体销售情况稳定，家电下乡销量大幅增长

由于各类家电产品的销售情况统计较为滞后，我们以家用电器和音响器材类产品的零售总额来表征我国家电产品的整体销售情况。2010 年 1～9 月份，我国家用电器和音

响器材类商品的零售总额达到 2 907.2 亿元，同比增长 28.1%，增幅与 1～8 月份基本持平；9 月份整体销售额达到 333.7 亿元，同比增长为 28.5%，较前几个月有所提升。

2010 年前三季度全国累计销售家电下乡产品 5 257.3 万台，同比增长 152.38%；实现销售额 1 158.4 亿元，同比增长 198.4%。2010 年前三季度销量已超过 2009 年全年家电下乡销量的 1.5 倍，而销售额更是接近 2009 年全年水平的 1.8 倍。9 月份全国共销售家电下乡产品 621.5 万台，同比增长 96.68%；实现销售额 149 亿元，较 2009 年同期增长 141.17%。

3. 主要家电产品出口增速略有回落

2010 年 1～9 月份，我国彩电累计出口 4 718 万台。其中 7～9 月份，彩电出口分别为 570 万台、625 万台和 651 万台，同比增长 14.23%、17.7% 和 3.3%，增速有所放缓。1～9 月份，我国家用电冰箱出口 2 220 万台，三季度出口额环比略有下降。1～9 月份，家用洗衣机出口 1 181 万台，三季度出口额较上季度略有增加，但同比增长率有所放缓。7～9 月份，家用洗衣机出口分别为 161 万台、149 万台和 163 万台，同比增长分别为 33.1%、24.2% 和 11.6%。1～9 月份，我国家用空调出口 3 561 万台，三季度出口额较上季度大幅下降。7～9 月份，家用空调出口分别为 359 万台、284 万台和 220 万台，同比增长率先升后降，分别为 88.9%、102.9% 和 40.1%。

（三）钢铁行业

1. 钢材产量增速逐季放缓

2010 年 1～9 月份钢材产量为 60 014.26 万吨，累计同比上涨 19%。我国钢材产量在 2009 年年初起快速增加，2010 年上半年钢材产量同比增速逐渐放缓，2010 年 1 月份同比增速 37.71%，2010 年 6 月份同比增速降至 15.86%。7～9 月份，政府节能减排和淘汰落后产能力度加大，且下游行业需求减少，产量开始回落，同比增速下降迅速，9 月份钢材产量为 6 542.41 万吨，同比增速仅为 4.52%。

2. 钢材价格宽幅震荡

2010 年 1～9 月份，受国际钢材市场影响，钢材价格呈现宽幅震荡态势。2010 年 1～4 月份，螺纹钢和线材期货价格震荡上升，其中 4 月 13 日螺纹钢峰值为 4 898 元/吨，4 月 20 日线材峰值为 4 655 元/吨。此后，价格均有所下滑，其中螺纹钢在 7 月 13 日跌至谷底 3 720 元/吨，线材低值出现在 7 月 14 日，为 3 976 元/吨。随后受高耗能行业实施拉闸限电导致钢材产品供需紧张等因素的影响，螺纹钢、线材价格于 7 月下旬开始回升。2010 年 9 月份，螺纹钢、线材的价格均值分别为 4 290 元/吨和 4 395.06 元/吨，环比分别上涨 5%、2%。

3. 钢材出口开始回暖，进口持续下滑

2010 年 1～9 月份钢材出口量为 3 394 万吨。由于金融危机的影响，我国钢材出口量在 2009 年 5 月份降至谷底，之后稳步回升，2010 年 1～6 月份我国钢材出口继续保持较快增长。但之后由于进口铁矿石价格不断升高，长协价改为季度定价，国内钢材生产成本上升，钢铁企业国际竞争力下滑；同时国际需求难有起色，钢材出口量出现下滑，8 月份达到全年最低值 280 万吨，环比下降 38%。进口方面，2010 年 1～9 月份钢材进口量为 1 252.00 万吨，同比下降 6%。2010 年 1～3 月份，钢材进口数量与 2009 年同期相比有较大增长，但由于产能过剩突出，国内消化产能能力不足，钢材进口量从 4 月份开始下滑，9 月份进口量仅为 132 万吨，同比下降 38%。

（四）有色金属行业

1. 十种有色金属产量同比增速放缓

2010 年 1～9 月份，全国十种有色金属产量为 2 356.26 万吨，同比增长 23.86%，与上年同期相比增幅上升 24.37 个百分点。受淘汰落后产能政策及拉闸限电的影响，1～9 月份十种有色金属产量当期同比增速下滑迅速，1 月份同比上升 44.44%，9 月份同比增长率降至 7.8%。其中，铜材产量增速下降最快，9 月份为 89.6 万吨，同比增速为 0，环比下降 2.5%。

2. 有色金属行业固定资产投资稳步增长

2010 年，有色金属行业固定资产投资稳步增长，1～9 月份固定资产投资累计 2 342.71 亿元，同比增长 37.2%。2010 年一季度，行业固定资产投资同比增长达到 42%，二、三季度同比增长幅度有所减小，分别为 33.2% 和 35.4%，但行业投资仍处于较高水平。

3. 有色金属行业资产稳步增长

2010 年 1～9 月份，在固定资产投资的拉动下，有色金属行业总资产稳步增长。截至三季度，其总资产达到 18 085 亿元。自 2003 年以来，有色金属行业总资产持续增长，但其同比增速自 2008 年二季度开始下滑，在 2009 年二季度到达谷底后反弹。2010 年上半年，有色金属行业固定资产投资累计同比达到 30% 以上，行业总资产增长较快。

4. 主要产品期货价格宽幅波动，同比大幅上涨

2010 年，由于全球经济复苏晚于预期，且各主要经济体贸易政策发生了一定的变化，主要有色金属产品的供需情况变化较大，国际有色金属价格呈现宽幅震荡态势。2010 年 1～4 月份，伦敦金属交易所（LME）3 个月期铜价格在 7 000 美元/吨左右震荡，随后有所下滑，于 2010 年 6 月 2 日跌至 6 130 美元/吨的年内低位，2010 年三季

度，国际有色金属价格快速上涨。2010 年价格较 2009 年 5 188 美元/吨的均价有了较大幅度上涨。我国上海商品交易所主要有色金属价格呈现类似走势。

（五）煤炭行业

1. 原煤产量同比增速加速回落

受煤炭行业整合重组、下游行业需求下降以及节能减排政策的影响，2010 年 1~9月份，我国原煤产量为 24.46 亿吨，同比增长 17.52%，但增速持续下滑。其中，三季度我国原煤产量为 8.07 亿吨，同比增长 1.0%，同比增速较上季度回落 17.1 个百分点。原煤产量同比增长率已连续两个季度出现回落，且呈逐季加速回落趋势。这表明在一系列调控政策的影响下，煤炭产能的扩张得到有效抑制。

2. 煤炭进口先降后升，出口略有回升

2010 年 1~9 月份，我国进口煤炭 12 187 万吨，同比上升 42.2%。2010 年以来煤炭进口在 1~4 月份呈下降趋势，但随着国内迎峰度夏工作的展开，煤炭需求增加，煤炭进口在 5~9 月份呈现逐月上升的态势。出口方面，受金融危机后国际经济复苏进程缓慢、市场需求下降的影响，2010 年我国煤炭出口量低于往年同期水平。1~9 月份，我国煤炭出口量为 1 509 万吨，同比下降 10.4%。不过，三季度煤炭产业出口额为 6.1亿美元，同比增长 40.3%，同比增速自 2009 年以来首次实现由负转正，显示出口形势略有好转。

3. 煤炭价格稳中有降

2010 年上半年煤炭价格呈先抑后扬走势，秦皇岛 5 500 大卡发热量动力煤价格在 3月份中下旬最低降至每吨 680 元；4 月中旬开始煤价连续上涨，达到每吨 765 元。但由于煤炭库存水平较高，国家节能减排和淘汰落后产能的工作力度加大，高耗能行业受到抑制等因素的影响，煤炭价格自 7 月份开始出现下滑。秦皇岛煤炭网的数据显示，截至9 月 29 日，秦皇岛 5 500 大卡发热量动力煤价格降为 710~720 元/吨。

（六）石油行业

1. 原油和成品油产量均实现同比增长

伴随着国内经济企稳和石化行业振兴计划的逐渐落实，国内炼油厂保持了较高的开工率，在拉动原油需求的同时扩大了成品油供给。此外，石油行业下游尿素市场在经历上半年的下滑期后，于 7 月份逐渐恢复平稳，在一定程度上拉动了对石油的需求。2010年 1~9 月份，我国天然原油产量为 15 030.08 万吨，同比增长 5.84%；汽油产量为5 665.95 万吨，同比增长 5.25%；柴油产量为 11 631.38 万吨，同比增长 12.37%；煤

油产量为 1 301.12 万吨，同比增长 20.41％；原油加工量为 31 074.21 万吨，同比增长
13.88％。原油和成品油产量均实现同比增长。

2. 成品油出口上升，进口微降；原油出口呈下降趋势，进口量居高不下

2010 年，我国成品油出口势头良好，进口量下降。1～9 月份，成品油出口 2 102
万吨，同比增长 23.40％，进口 2 668 万吨，同比下降 7.70％，一定程度上说明我国的
成品油生产状况明显提高。原油出口 195 万吨，同比下降 50.60％，但进口量依然较
大，对外依存度居高不下。1～9 月份共进口原油 18 116 万吨，同比上升 24.10％。

3. 国际原油价格震荡，国内石油工业品出厂价格稳中有降

2010 年 1～9 月份，国际原油价格在 68～87 美元震荡，国内石油工业品出厂价格
稳中有降。石油和天然气开采业工业品出厂价格指数（2009 年同期＝100）在 2 月份达
到峰值 181.76 点后，逐月下降至 9 月份的 107.74 点；石油工业品出厂价格指数（2009
年同期＝100）在 2 月份达到峰值 134.90 点，在 3～5 月份保持相对稳定，从 6 月份开
始呈下降趋势，截至 9 月份下降至 108.05 点。

4. 企业利润总额明显下降，主营业务收入略有下降

2010 年 1～9 月份，石油企业利润总额累计值为 21 268 475.10 万元，同比增长
93.15％。但企业利润总额同比增速呈逐季加速下滑的态势，前三季度同比增速分别为：
354.23％、113.70％和 33.13％。1～9 月份石油与天然气行业主营业务收入累计达
64 210 507.90 万元，同比增长 41.38％，前三季度同比分别增长 62.99％、46.65％和
27.82％，增速也呈现下滑态势，但与企业利润总额相比波动较小。

三、行业景气分析与预测

（一）汽车行业

2009 年，随着我国一系列刺激消费、调整产业结构政策的出台，汽车市场全面回
暖，行业景气迅速回升，汽车行业一致合成指数（图 2 中实线）于 2009 年 12 月份运行
至波峰，达到 118.44 点。2010 年 1～9 月份，受经济增速放缓、同期基数过大和刺激
政策减弱等因素的影响，汽车行业景气呈现下滑趋势。从汽车行业先行合成指数的走势
来看，先行合成指数在 2009 年 8 月份达到波峰后开始下滑，直至 2010 年 6 月份到达谷
底，7～9 月份呈缓慢上升趋势。先行扩散指数（图 3 中虚线）虽未上穿 50 线，但向 50
线接近的趋势极为明显。根据先行合成指数 5～6 个月先行期判断，汽车行业景气下滑
趋势将维持到 2010 年年底，2011 年年初将逐渐开始进入景气上升期。

2010 年汽车行业综合警情指数走势如图 4 所示。2010 年一季度汽车行业综合警情
指数呈快速上升趋势，并在 2010 年 3 月份进入"过热"状态。随着基数影响的减弱和

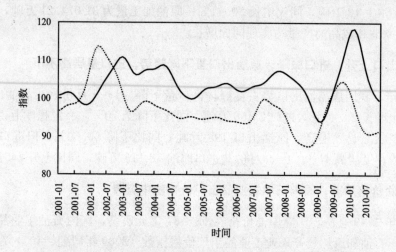

图 2 汽车行业先行合成指数（虚线）与一致合成指数（实线）

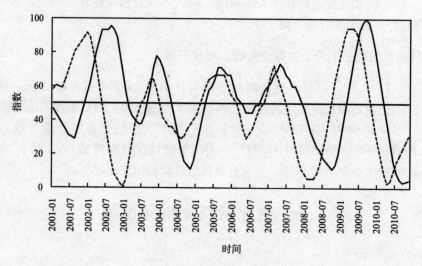

图 3 汽车行业先行扩散指数（虚线）和一致扩散指数（实线）

刺激政策的逐步退出，4～9月份综合警情指数缓慢下降，并一直维持在"趋热"状态。整体而言，2010年1～9月份汽车行业基本处于"趋热"态势。汽车行业景气信号灯（图5）显示，2010年前三季度有五个指标长期处于"过热"状态，分别是：汽车和汽车底盘进口数量增速、汽车制造业主营业务收入增速、汽车制造业利润总额增速、汽车制造业税金总额增速和汽车制造业从业人员平均人数增速；交通运输设备制造业出厂价格指数长期处于"趋热"状态；另有两个指标长期处于"正常"状态，分别是汽车和汽车底盘出口数量增速和汽车制造业产成品资金占用增速。

2011年我国汽车行业的运行状况将受到多种因素的影响。全球经济维持缓慢复苏，预计2011年中国经济发展较为平稳，GDP增长将呈现前低后高趋势，我国汽车行业仍

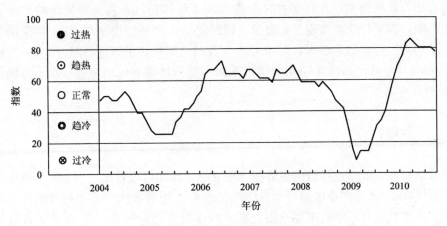

图4　汽车行业综合警情指数

指标名称	2009年			2010年								
	10	11	12	1	2	3	4	5	6	7	8	9
汽车产量增速	●	●	●	●	⊙	⊙	○	○	○	○	○	○
交通运输设备制造业出厂价格指数	◑	○	○	○	○	○	⊙	⊙	⊙	⊙	⊙	⊙
汽车和汽车底盘进口数量增速	○	○	○	●	●	●	●	●	●	●	●	●
汽车和汽车底盘出口数量增速	⊗	◑	⊗	○	○	○	○	○	○	○	○	○
汽车制造业主营业务收入增速	○	○	○	○	○	●	●	●	●	●	●	●
汽车制造业利润总额增速	⊙	⊙	⊙	●	●	●	●	●	●	●	●	●
汽车制造业税金总额增速	●	●	●	●	●	●	●	●	●	●	●	●
汽车制造业产成品资金占用增速	⊗	⊗	⊗	○	○	○	○	○	○	○	○	○
汽车制造业全部从业人员平均人数增速	⊗	⊗	⊗	○	○	○	○	○	○	○	○	●
综合警情指数	○	○	○	⊙	⊙	●	⊙	⊙	⊙	⊙	⊙	⊙

● <过热>　⊙ <趋热>　○ <正常>　◑ <趋冷>　⊗ <过冷>

图5　汽车行业景气信号灯

将处于快速增长时期。但是，考虑到2011年全年我国CPI和工业品出厂价格指数均将处于较高水平，通胀压力较大，货币政策将偏紧，原材料价格继续上涨的可能性也较大，可能导致行业成本出现小幅增加。此外，虽然未来节能减排与新能源汽车补贴政策将会进一步完善和加强，但2011年汽车消费政策可能会收紧，汽车消费市场是明显的政策市，汽车销量的高增长难以持续。

综合而言，根据先行合成指数的走势，2011 年年初汽车行业景气将很有可能进入景气上行期，汽车行业将实现平稳发展。同时建立计量经济模型对 2011 年全国汽车销量进行了预测。预测结果显示，2010 年全年我国汽车销售量预计将超过 1 800 万辆，比上年增长 32%左右，2011 年全年我国汽车销售量预计将有可能超过 2 000 万辆，比上年增长 11%左右。

（二）家电行业

从家电行业一致合成指数的走势图（图 6 中实线）可以看出，受金融危机影响，家电行业景气在 2008 年四季度运行至谷底。2009 年，随着我国一系列刺激消费、调整产业结构的政策的出台，家电市场全面回暖，行业景气迅速回升。2010 年 3 月份一致合成指数运行至波峰 104.7 点，之后受 2009 年产销量基数较高、原材料成本提高等因素的影响，家电行业景气开始下滑。2010 年 9 月份，一致合成指数下降到 101.8 点，但降幅逐渐收窄。从家电行业先行合成指数来看（图 6 中虚线），2009 年 11 月份，先行合成指数达到波峰，至 104.7 点，之后呈现下滑趋势。2010 年 8 月份，先行合成指数降至 95.1 点的最低点后开始出现小幅回升，9 月份先行合成指数回升至 95.3 点。先行扩散指数（图 7 中虚线）在 2010 年 9 月份上穿 50 线，印证了先行合成指数的上升走势。根据先行合成指数 5~6 个月的先行期，预计 2010 年四季度至 2011 年一季度，家电行业景气仍将维持下滑趋势，之后随着国家整体经济景气的回升，家电行业景气将逐渐复苏。

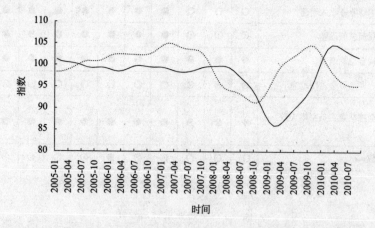

图 6　家电行业先行合成指数（虚线）与一致合成指数（实线）

家电行业综合警情指数如图 8 所示。2009 年一季度，家电行业综合警情指数下跌至谷底，进入过冷状态。此后综合警情指数迅速回升，并于 2009 年四季度步入趋热。2010 年二季度，家电行业综合警情指数开始下降，进入正常状态，三季度综合警情指数虽然一直处于正常状态，但存在明显的下降趋势。

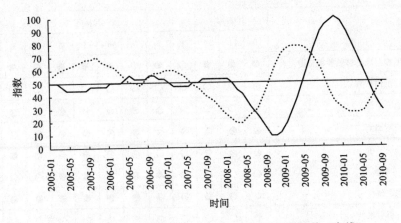

图 7　家电行业先行扩散指数（虚线）和一致扩散指数（实线）

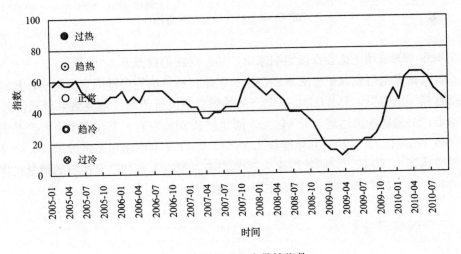

图 8　家电行业综合警情指数

　　经季节调整剔除季节因素和随机因素后，2010 年 9 月份，构成家电行业预警指数的七个指标中（图 9），处于过热状态的有三个指标：家电和音像器材类零售总额、出口交货值和空调产量；处于正常状态的有两个指标：出厂价格指数和彩电产量；处于过冷状态的有两个指标：行业固定资产投资和工业增加值。

　　家电行业的发展受多种因素的影响，除自身行业调控、产业升级因素影响外，还受到整体经济环境、上游行业的钢材价格、有色金属价格、房地产行业运行状况等因素的制约。从行业自身政策调控来看，2011 年将继续实施的家电下乡政策，虽然最高限价与补贴保持不变，但由于实施过程更加成熟，人们选择范围更广，将进一步拉动农村家电消费；而随着以旧换新政策的逐步规范，一方面将惠及国内家电生产企业，另一方面也促进了家电产品的销售。但从外部因素来看，预计 2011 年有色金属、成品钢材等原材料的价格可能会继续走高，家电行业仍将受到较大的成本压力；房地产市场受政策调

指标名称	2009年			2010年								
	10	11	12	1	2	3	4	5	6	7	8	9
家电和音像器材类零售总额	●	●	●	○	●	○	●	●	●	●	●	●
出厂价格指数	⊗	◉	○	○	○	○	○	○	○	○	○	○
行业固定资产投资	○	○	○	⊗	⊗	⊗	⊗	⊗	⊗	⊗	⊗	⊗
工业增加值	⊗	⊗	⊗	⊗	⊗	⊗	⊗	⊗	⊗	⊗	⊗	⊗
出口交货值	⊗	⊗	◉	⊗	●	●	●	●	●	●	●	●
彩电产量	○	●	○	●	●	○	○	●	○	○	●	●
空调产量	◉	●	○	●	●	●	●	●	◉	◉	●	●
综合警情指数	◉	◉	◉	◉	◉	◉	◉	◉	○	○	○	○

● <过热> ◉ <趋热> ○ <正常> ◐ <趋冷> ⊗ <过冷>

图 9 家电行业景气信号灯图

控影响所带来的波动，也会直接影响家电产品的潜在消费需求。

综合考虑家电行业政策、宏观经济增长、原材料价格等多种因素的影响，我们构建了高级计量经济模型，对 2011 年家电产品的销售额进行预测。预测结果显示，2010 年全年家电产品销售额将达到 3 880 亿元，同比增长 23％ 左右，其中家电下乡产品销售额可能突破 1 630 亿元，较 2010 年增长 2.36 倍。2011 年家电销售将继续增长，产品累计销售额将达到 4 450 亿元，同比增速为 20％ 左右，家电下乡和以旧换新的销量也将持续高速增长，成为 2011 年家电销售的主要增长点。

（三）钢铁行业

从钢铁行业一致合成指数的走势（图 10 中实线）来看，受金融危机的影响，一致合成指数在 2009 年 7 月份到达谷底，随后强势回升，在 2010 年 5 月份运行至波峰 110.7 点。之后由于我国经济增长放缓，以及国家出台的一系列淘汰落后产能政策，一致合成指数呈现下滑态势，2010 年 9 月份降至 106.4 点。钢铁行业先行合成指数自 2009 年年初到达谷底后开始上升，在 2010 年 1 月到达波峰 120.2 点后开始下滑，之后一直处于下行通道。先行扩散指数（图 11 中虚线）在 2010 年 2 月由上向下穿越 50 线后，一直在 50 线下方运行，印证了与先行合成指数的下降走势。根据先行合成指数 4～5 个月先行期，预计钢铁行业景气在 2010 年四季度至 2011 年一季度将继续维持下滑态势。

2010 年一季度钢铁行业综合警情指数（图 12）处于"趋热"状态，二、三季度综合警情指数逐渐进入"正常"状态，说明国家对钢铁行业产能过剩的调控政策显现作用，使钢铁行业渐渐进入良性发展。2010 年 9 月份，经季节调整剔除季节因素和随机

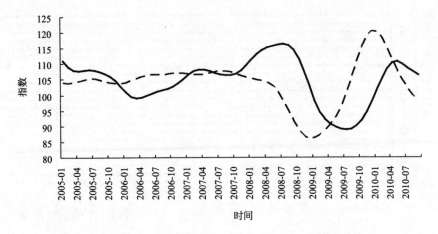

图 10　钢铁行业先行合成指数（虚线）和一致合成指数（实线）

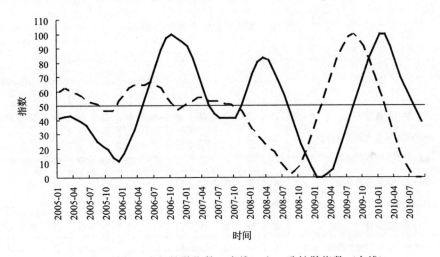

图 11　钢铁行业先行扩散指数（虚线）和一致扩散指数（实线）

因素后，钢铁行业景气信号灯（图 13）综合判断处于"正常"状态，构成家电行业预警指数的八个指标中，处于"趋热"状态的有两个：钢铁从业产品销售收入增速、钢铁行业应收账款净额；处于"正常"状态的有四个：钢铁工业从业人员人数增速、钢铁工业流动资产增速、钢铁工业税金总额增速和钢铁行业企业单位数；而钢材表观消费量和成品钢材产量增速分别处于"趋冷"和"过冷"状态。

　　近年来，我国钢材产量均保持两位数的增长幅度，产品结构性产能过剩问题日益突出。2010 年起，工业和信息化部对淘汰落后产能制定了硬性指标。2010 年前三季度钢材产量同比增长率已经开始呈现下降趋势，预计 2011 年钢材产量同比增长率会继续下降态势，钢材产量甚至可能出现负增长。综合以上因素，经计量经济模型测算，预计 2011 年成品钢材产量为 8.2 亿～8.5 亿吨。钢材价格方面，预计 2011 年淘汰落后产能

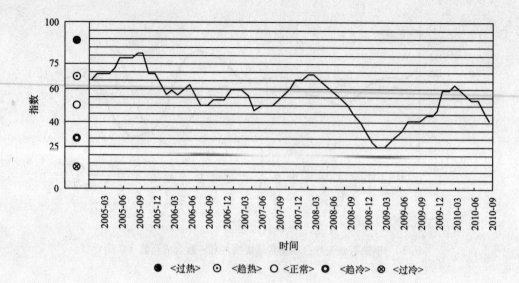

● <过热>　⊙ <趋热>　○ <正常>　◐ <趋冷>　⊗ <过冷>

图 12　钢铁行业综合警情指数

指标名称	2009年			2010年								
	10	11	12	1	2	3	4	5	6	7	8	9
成品钢材产量增速	○	○	○	●	●	●	●	○	○	⊙	⊙	⊗
钢铁工业从业人员人数增速	○	○	○	○	○	○	⊙	⊙	⊙	○	○	○
钢铁工业流动资产增速	○	○	○	○	○	○	○	○	○	○	○	○
钢铁工业税金总额增速	⊗	⊗	⊗	○	○	○	○	○	○	○	○	○
钢铁工业产品销售收入增速	⊗	⊗	⊗	○	○	○	○	⊙	⊙	⊙	⊙	⊙
钢材表观消费量	●	●	●	●	⊙	⊙	⊙	◐	◐	◐	◐	◐
钢铁行业：应收账款净额	○	○	○	○	○	○	○	⊙	⊙	⊙	⊙	⊙
钢铁行业：企业单位数	○	○	○	○	○	○	○	○	○	○	○	○
综合警情指数	○	○	○	⊙	⊙	⊙	⊙	○	○	○	○	○

● <过热>　⊙ <趋热>　○ <正常>　◐ <趋冷>　⊗ <过冷>

图 13　钢铁行业景气信号灯

力度将进一步加大，产品库存减少，加之钢材需求扩大，预计钢材价格在 2011 年将呈现上涨态势，同时热钱的炒作与经济增长的不确定性将增加其波动的风险。综合以上原因及钢铁行业景气指数的走势，预计 2011 年我国钢铁行业景气水平将呈现先下滑、再小幅震荡上行的走势。

（四）有色金属行业

有色金属行业一致合成指数（图 14 中实线）在 2009 年 7 月份到达谷底后开始回升，在 2010 年 5 月份达到峰值 110.71 点。之后受 2009 年产销量基数较高、产能政策调整等因素的影响，一致合成指数开始回落，在 2010 年 9 月份降至 107.45 点，但行业景气水平仍处于较高水平。有色金属行业先行合成指数（图 14 中虚线）在 2009 年年底运行至波峰后开始下滑，到 2010 年 9 月份降至 105.58 点。有色金属行业的先行扩散指数（图 15 中虚线）自 2009 年 12 月份下穿 50 线后，一直处于 50 线下方，与先行合成指数的走势一致。根据先行指数平均 5～6 个月的先行期，预计 2010 年四季度至 2011 年一季度，有色金属行业景气仍将维持下滑趋势。

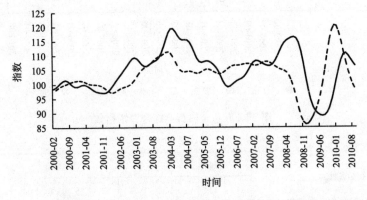

图 14　有色金属行业先行合成指数（虚线）和一致合成指数（实线）

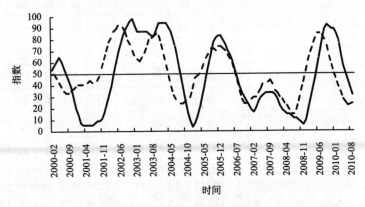

图 15　有色金属行业先行扩散指数（虚线）和一致扩散指数（实线）

有色金属行业综合警情指数如图 16 所示。2010 年 1～9 月份，综合警情指数从"趋热"状态下滑至"正常"状态，行业整体运行状况平稳。警情指数在 2009 年 5 月份降至谷底后上升，2010 年 2 月份进入"趋热"状态，2010 年 4 月份到达峰值后下滑，2010 年 6 月份进入"正常"状态。2010 年 1～9 月份，构成有色金属行业预警体系的 9 个指标运行基本良好（图 17）。2010 年三季度，除了行业主要产品出口情况、行业应收账款净额两个指标处于"趋热"状态，十种有色金属产量处于"过冷"状态外，其余指标均处于"正常"状态，说明有色金属行业整体运行稳定。

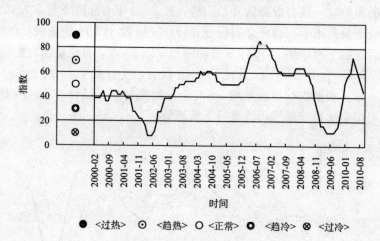

● <过热> ◎ <趋热> ○ <正常> ◉ <趋冷> ⊗ <过冷>

图 16　有色金属行业综合警情指数

指标名称	2008年			2009年								
	11	12	1	2	3	4	5	6	7	8	9	10
铜、铝出口整合指标	○	○	◎	○	○	○	○	○	○	○	○	◎
十种有色金属产量	○	◎	◎	◎	◎	◎	◎	◎	◎	○	◉	⊗
有色金属行业：主营业务收入(累计同比)	●	●	●	◎	○	◎	◎	◎	◎	○	○	○
有色金属行业：资产总计	○	○	◎	◎	○	○	○	○	○	○	○	○
有色金属行业：固定资产投资完成额	●	●	●	◎	○	○	○	○	○	○	○	○
有色金属行业：应收账款净额	○	○	○	○	◎	○	●	●	●	◎	◎	◎
有色金属行业：税金总额	○	○	◎	○	○	○	○	○	○	○	○	○
有色金属冶炼及压延加工业 工业品出厂价格指数(上年=100)	⊗	○	○	○	○	○	○	○	○	○	○	○
有色金属行业：全部从业人员平均人数	●	●	●	◎	○	○	○	○	○	○	○	○
综合警情指数	⊗	⊗	◎	◎	◎	◎	◎	◎	◎	○	○	○
	27	33	36	72	72	72	75	72	72	60	51	51

● <过热> ◎ <趋热> ○ <正常> ◉ <趋冷> ⊗ <过冷>

图 17　有色金属行业景气信号灯图

2011 年，淘汰落后产能仍将是有色金属行业的热点之一，工业和信息化部已对淘汰落后产能制定了硬性指标，预计十种有色金属产量同比增长率将会持续下降，同比甚至可能出现负值；同时，汽车、机械、通信器材等下游行业预计会结束下滑态势，预计 2011 年国内主要有色金属需求较 2010 年将有所增加。价格方面，2011 年，在行业总量控制严格的预期下，产品库存减少，加之需求扩大，预计主要有色金属价格在 2011 年将呈现上涨态势。同时，作为商品市场的主要交易品种，热钱的炒作、各类市场利好、利空消息与多边市场的联动效应更会增加价格的波动，而经济增长的不确定性也会增加其波动的风险，因此，2011 年有色金属价格将整体呈现宽幅震荡上升的态势。

综合以上因素及有色金属行业景气指数的走势，预计 2011 年有色金属行业景气水平呈现先下滑，再企稳回升的走势。但由于宏观经济增速放缓、淘汰落后产能任务艰巨、产品价格波动等不确定性因素的增加，有色金属行业景气水平短期内大幅上升的可能性不大。

（五）煤炭行业

从煤炭行业的一致合成指数走势（图 18 中实线）看，随着国内经济的逐渐复苏，煤炭行业景气一致合成指数在 2009 年三季度到达波谷后快速回升，于 2010 年 4 月份达到波峰。一致合成指数与基准指标的走势基本一致，在 4 月份达到波峰 106.87 点后开始出现回落，9 月份下降至 96.53 点。先行合成指数自 2010 年 1 月份达到峰值 112.95 点后逐渐下滑，9 月份回落至 91.32 点，但降幅有所放缓。煤炭行业一致扩散指数（图 19 中实线）于 2010 年 7 月份向下穿过 50 线，至 9 月份一直处于下行状态。这说明煤炭行业正由年初的过快增长向适度增长回归，并逐渐呈现出收缩趋势。先行扩散指数在 3 月份自上而下穿过 50 线后一路下滑，直至 9 月份出现轻微的回升迹象。根据煤炭行业先行指数 10～12 个月先行期，预计 2011 年上半年煤炭行业景气将继续下滑，在三季度企稳回升的可能性较大。

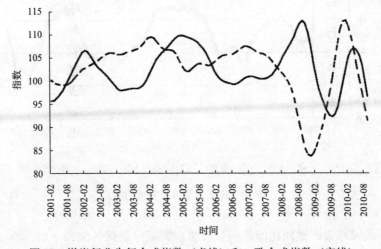

图 18　煤炭行业先行合成指数（虚线）和一致合成指数（实线）

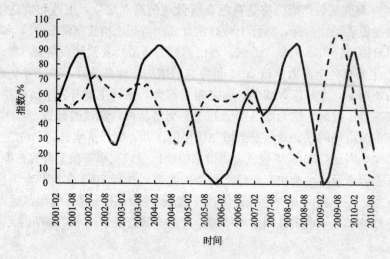

图 19　煤炭行业先行扩散指数（虚线）和一致扩散指数（实线）

　　经季节调整剔除季节因素和随机因素后，2010 年煤炭行业综合警情指数大多在"正常"状态运行（图 20）。1～8 月份，综合预警指数位于"正常"状态；9 月份，煤炭行业由"正常"状态渐渐转入"趋冷"状态。9 月份，构成综合警情指数的八个指标中，处于"过热"状态的有一个：煤炭开采和洗选业从业人员数；处于"趋热"状态的有两个：煤炭开采与洗选业主营业务收入和出厂价格指数；处于"正常"状态的有两个：煤炭开采和洗选业应收账款净额（逆转）和利润总额；处于"过冷"状态的有三个：煤炭开采和洗选业亏损面、煤炭出口额和原煤产量（图 21）。

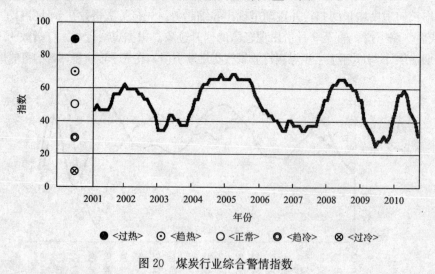

图 20　煤炭行业综合警情指数

　　2010 年我国原煤产量同比增速明显放缓，煤炭行业景气缓慢下滑。在 2011 年全球经济缓慢复苏，我国经济平稳增长的前提下，结合煤炭行业先行指数的走势，预计

指标名称	2009年			2010年								
	10	11	12	1	2	3	4	5	6	7	8	9
煤炭开采和洗选业亏损面	◉	◉	◉	⊗	⊗	◉	◉	◉	⊗	⊗	⊗	⊗
煤炭开采和洗选业应收账款净额(逆转)	○	○	○	○	○	○	○	○	○	○	○	○
煤炭出口额	⊗	⊗	⊗	⊗	⊗	⊗	⊗	⊗	⊗	⊗	⊗	⊗
原煤产量	●	●	●	●	○	◉	◉	◉	○	◉	○	◉
煤炭开采和洗选业出厂价格指数	⊗	⊗	⊗	○	○	○	○	○	○	○	○	○
煤炭开采和洗选业从业人员数	◉	◉	◉	●	●	●	◉	◉	●	●	●	●
煤炭开采和洗选业利润总额	⊗	⊗	⊗	○	○	○	○	○	○	○	○	○
煤炭开采和洗选业主营业务收入	⊗	⊗	⊗	◉	○	○	○	○	○	○	◉	◉
综合警情指数	◉	○	○	○	○	○	○	○	○	○	○	◉

● <过热>　◉ <趋热>　○ <正常>　◐ <趋冷>　⊗ <过冷>

图 21　煤炭行业景气信号灯

2011 年上半年煤炭行业景气将持续下滑，下半年可能开始进入平稳增长期。考虑到 2011 年煤炭企业并购重组、淘汰落后产能等政策仍将推行，下游钢铁行业产业结构调整或拉低煤炭需求，煤炭行业产能扩张将可能受到一定抑制。综合以上因素，建立计量经济学模型对原煤产量进行预测。预测结果显示，2010 年原煤产量将达 328 492.33 万吨，同比增长 10.8％左右；2011 年原煤产量将达到 358 953.42 万吨左右，同比增长 9.3％左右。

(六) 石油行业

从石油行业一致合成指数的走势（图 22 中实线）可以看出，2010 年，石油行业一致合成指数在 3 月份达到波峰，随后开始逐渐下滑。截至 9 月份，石油行业基准指标——石油和天然气开采业主营业务收入累计同比、先行合成指数和一致合成指数均处于下行阶段，其中先行合成指数已连续三个季度下降，一致合成指数已连续两个季度下降。9 月份，一致合成指数下降至 102.89 点，较 8 月份下降 1.43％，降幅有所扩大。从扩散指数来看，石油行业先行扩散指数（图 23 中虚线）在 2010 年 2 月份向下穿过 50 线后一直在 50 线下方运行，印证了先行合成指数的下降走势。根据石油行业先行指数平均 9～12 个月的先行期，预计 2011 年上半年石油行业景气将继续下降，行业仍将处于收缩阶段，下半年一致扩散指数有望上穿 50 线，行业开始步入复苏期。

2010 年 1～7 月份，石油行业综合警情指数（图 24）位于"正常"状态下沿，8 月份综合警情指数下降到"趋冷"状态，行业景气由正常状态转入趋冷状态。2010 年 9

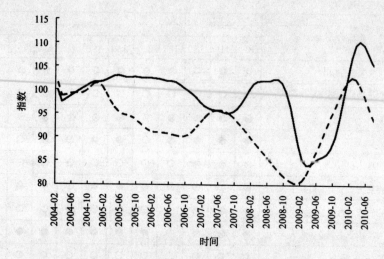

图 22　石油行业先行合成指数（虚线）和一致合成指数（实线）

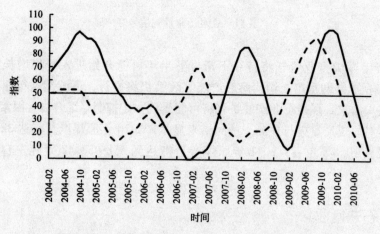

图 23　石油行业先行扩散指数（虚线）和一致扩散指数（实线）

月份，构成石油行业预警指数（图 25）的八个指标中，处于"过冷"状态的有两个：产成品资金占用率、全部从业人员平均数；处于"趋冷"状态的有两个：固定资产实际投资完成额、流动资产周转次数；处于"正常"状态的有两个：工业品出产价格指数和主营业务成本；处于"趋热"状态的有一个：主营业务收入；处于"过热"状态的有一个：利润总额。

目前，石油行业的发展主要受自身石化产业结构调整政策和外部经济环境的影响。从自身政策方面来看，石化行业振兴计划的逐渐落实和"十二·五"规划的即将出台，都会给石油行业产业结构带来一定变化。但由于这些政策目前处于推行初期或酝酿阶段，短期内对石油行业的发展影响不大。从外部经济环境来看，预计 2011 年我国经济总体仍将处于较高的增长水平，石油行业的下游行业——航运业的景气将有所回升，汽

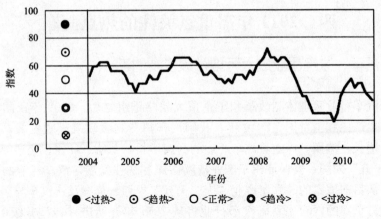

●<过热> ⊙<趋热> ○<正常> ◍<趋冷> ⊗<过冷>

图 24　石油行业综合警情指数

指标名称	2009年			2010年								
	10	11	12	1	2	3	4	5	6	7	8	9
工业品出产价格指数	○	○	⊙	⊙	⊙	⊙	⊙	⊙	⊙	○	○	○
产成品资金占用率	◍	◍	⊗	⊗	⊗	⊗	⊗	⊗	⊗	⊗	⊗	⊗
全部从业人员平均数	⊙	⊙	○	○	○	◍	○	⊗	⊗	⊗	⊗	⊗
固定资产实际投资完成额	⊗	⊗	⊗	⊗	⊗	⊗	◍	◍	⊙	⊙	⊙	⊙
主营业务收入	⊗	◍	◍	○	○	◍	◍	◍	◍	◍	⊙	⊙
利润总额	⊗	⊗	●	●	●	●	●	●	●	◍	◍	●
主营业务成本	⊗	⊗	⊙	○	○	○	○	○	○	○	○	○
流动资产周转次数	⊗	⊗	⊗	◍	◍	◍	◍	◍	◍	◍	◍	◍
综合警情指数	⊗	⊙	⊙	○	○	○	○	○	○	○	⊙	⊙

●<过热> ⊙<趋热> ○<正常> ◍<趋冷> ⊗<过冷>

图 25　石油行业景气信号灯

车行业也有望在下半年迎来繁荣期，这些积极因素都将拉动石油需求，促进石油行业的发展。综合以上因素及石油行业先行指数的走势，预计 2011 年上半年我国石油行业将继续处于景气收缩期，下半年随着宏观经济稳步回升，石油行业将逐步走出低谷，进入新一轮景气周期。

四、2011 年需重点关注的热点问题

（一）汽车、家电行业进入转型升级重要时期

在经历汽车行业管理体制改革和车企重大战略重组之后，2009 年我国成为世界上最大的汽车生产国和消费国。2010 年，我国汽车消费刺激政策成效显著，汽车市场继续保持高速增长。然而，伴随着汽车产业的高速增长，节能、环保、交通等压力日益凸显。"十二·五"期间，要保证汽车产业持续健康和快速发展，汽车行业的转型升级已迫在眉睫。从目前披露的《汽车产业"十二·五"规划》草案及《汽车与新能源汽车产业发展规划》草案的内容来看，汽车行业将从 2011 年开始进入转型升级的重要时期。要实现从汽车大国到汽车强国的跨越，未来汽车产业转型升级需考虑：①重点推进新能源汽车发展，扶持汽车及关键零部件的研发和生产；②扶植自主品牌，提升自主品牌汽车的市场占有率；③加强我国汽车在海外市场的竞争力，扩大出口产值；④推动汽车企业的重组与整合，提高行业集中度。

转型升级同样成为我国家电行业面临的迫切的现实问题。已经草拟完成的《家电行业"十二·五"规划》对加快家电行业结构优化、行业转型升级和技术创新做出了重点部署，确定"十二·五"期间的主要任务是以技术创新为核心，以品牌建设为突破，以提高管理水平为基础，以节能减排和资源综合利用为主线，通过产品结构、产业结构、市场结构调整、产业合理布局，引导家电行业向内涵型方向发展，实现结构调整、产业转型升级和发展方式转变。"十二·五"是我国家电产业发展的战略机遇期，作为"十二·五"开局第一年，2011 年我国家电市场将迎来新一轮消费结构快速升级和产品更新，这将有力促进国内市场消费的增长。另外，节能环保要求和对于新型材料的使用，也将成为 2011 年家电生产企业需关注的重要问题。

（二）汽车、家电行业消费刺激政策调整

2009～2010 年实行的减征购置税、汽车下乡及以旧换新等优惠政策，较大幅度地拉动了我国的汽车消费，使我国汽车行业在全球金融危机期间率先强势反弹，成为汽车产销第一大国。但近两年来，产销量高速增长引起的交通拥堵、环境污染和石油消费大幅上升等问题，成为社会关注的焦点。因此，2011 年汽车行业政策将有所调整，1.6 升及以下排量汽车购置税优惠政策取消的可能性极大，但汽车以旧换新和汽车下乡政策由于对节能减排、淘汰落后产品和补贴农村经济有重要作用，将可能在不同程度上延续，而节能汽车和新能源汽车的补贴范围和规模都将进一步扩大。另外，2010 年四季度，车船税改革已经拉开序幕，按排量区别征税或将成为其重要特征。总体来看，2011 年政策补贴力度会弱于 2010 年，政策方向将由支持需求拉动转为支持结构调整，即以行业转型升级为导向，支持新能源汽车、小排量乘用车和自主品牌汽车的消费，同时进一

步发挥汽车作为生产资料对刺激农村经济发展的重要作用。其中，对新能源汽车的扶植尤其值得关注，"十二·五"期间中国将构建一整套支持新能源汽车加快发展的政策体系，新能源汽车产业迎来快速发展的大好时机。

而对于家电行业而言，2011 年家电消费刺激政策仍将持续。自家电下乡、以旧换新、节能产品惠民工程等一系列扩大消费的政策措施实施以来，成效显著，有效拉动了国内家电市场消费。特别是家电下乡等政策的实施在有效改善农民生活质量的同时，促进农村消费结构逐渐向高价值的家电产品消费升级，有力拉动了农村消费。2011 年，这些惠民政策仍将持续，预计政策实施范围和产品范围将进一步扩大，补贴品种将进一步增加，补贴比例将进一步提高，受惠人群将进一步增多。家电下乡等政策的进一步完善，将在改善农民生活质量、拉动农村消费方面发挥更加积极的作用，家电以旧换新和节能产品惠民工程补贴政策的进一步出台在有效拉动内需，刺激家电消费的同时，还将带动产业结构升级，提升企业核心竞争力。

（三）继续推进企业兼并重组，大力提升行业集中度

2010 年，我国大力推进煤炭资源整合和煤矿兼并重组工作。中央和地方出台了一系列政策，使得各地停产整顿煤矿的整改方案更具针对性、实效性和可操作性，掀起了全国煤炭企业整改的热潮。2011 年，煤炭行业整改将在更大范围内持续进行，并有望取得实质性的成果。只有真正实现我国煤炭企业大型化、集团化生产经营，才能充分解决我国煤炭行业产业集中度低，企业无序竞争，生产资源浪费等问题；才能推进煤炭企业加强技术改造，淘汰落后产能，提高企业的生产竞争力。

除煤炭行业外，钢铁行业也面临着兼并重组的迫切需要。我国钢铁行业面临着企业过于分散、行业集中度太低、在国际谈判中缺乏原材料定价权、行业利润微薄等问题，部分钢铁企业甚至面临着倒闭或被外资收购的局面，行业整合已势在必行。国务院办公厅在《关于进一步加大节能减排力度加快钢铁工业结构调整的意见》中指出，要争取培育形成 3~5 家具有较强国际竞争力，6~7 家具有较强实力的特大型钢铁企业集团。力争到 2015 年，国内排名前 10 位的钢铁企业集团钢产量占全国产量的比例从 2009 年的 44％提高到 60％以上。2011 年国家将加快培育和发展一批创新优势钢铁企业，并大力支持优势资源向这些企业集中。预计 2011 年钢铁企业兼并重组将加速，国家或将出台并购重组条例，为行业并购重组提供政策支持和法律保障。这将使得我国钢铁行业整体竞争力有所提高。

（四）严格控制新增产能，加快淘汰落后产能

由于我国钢铁产品结构不完善，供需结构矛盾突出，钢铁行业出现结构性产能过剩。2009 年，国内粗钢产能利用率仅为 75％。我国钢铁行业产能过剩问题突出。一般来说，设备利用率大于 90％表示产能不足，设备利用率小于 80％则表示产能过剩。为

解决产能过剩突出的问题，国家出台多项措施，其中国务院办公厅要求在 2011 年年底前不再核准、备案任何扩大产能的钢铁项目。因此，预计 2011 年，我国粗钢产量增幅将减缓，钢铁行业产能过剩的局面或将有所缓解，但结构性过剩局面难以彻底改变，仍将是 2011 年需要重点关注的行业热点问题。

目前，我国有色金属行业初级产品产能过剩现象也较为严重，2009 年铜、铝用于建筑、机械等行业低端产品占行业产品总量的 80% 左右。2010 年三季度，工业和信息化部强行关停了部分落后产能，在控制总量方面取得了一定的效果。但我国有色金属行业产能调整的根基尚不牢固，精密仪器、汽车配件及电子通信设备需要的高端产品进口量达到 75%，而落后产能多为地方中、小型冶炼企业，强行关停必会对当地经济发展及人民生活造成一定影响，必须将淘汰落后产能与企业兼并相结合才能真正实现行业产业结构的优化。2011 年，根据《有色金属行业振兴规划》、《国务院关于进一步加强淘汰落后产能工作的通知》、《有色金属工业"十二·五"科技发展规划》等文件，我国将继续实施有色金属行业淘汰落后产能任务。因此，2011 年，有色金属行业将进一步推进企业兼并重组，加快区域内外有色金属矿产、冶炼、加工资源的整合，充分发挥大型企业集团在整合有色金属产业中兼并重组的作用。

近年来，为满足煤炭需求的快速增长，我国煤炭产能大幅扩张，煤炭新增产能以每年 2 亿多吨的速度增加，煤炭行业面临产能过剩的风险。我国近几年一直在加快对煤炭行业的整顿工作，加大淘汰落后产能力度。截至 2010 年 9 月末，全国已公告关闭小煤矿名单 1 611 个，淘汰落后产能 13 459 万吨。2011 年，随着产业结构优化升级、煤矿建设项目新增，产能将进一步释放，整合煤炭企业投产也将进入高峰期。为避免产能过剩所造成的资源浪费情况的出现，需要依据有关规划和产业政策，结合煤炭、煤层气资源勘查开发状况和煤炭供需形势，科学设定煤炭开采目标，并对煤炭投资进行管制，以此来保障煤炭产业发展的安全、有序和稳定。

（五）钢铁、有色金属等高耗能行业节能减排任务艰巨

2009 年，我国在哥本哈根世界气候大会上提出了减排目标，而我国正处于工业经济高速增长期，这使得钢铁、有色金属、煤炭等高耗能行业面临巨大的节能减排压力。

目前，我国钢铁行业存在能耗高、污染严重的大量落后产能，随着钢产量增长，钢铁工业总能耗也在增加，能源约束更加突出。同时，行业污染物排放总量较高。2011 年我国钢铁行业污染排放将面临三方面问题，一是中国钢铁企业的能源利用效率远远落后于国际先进水平。据工业和信息化部测算，同口径相比，我国吨钢综合能耗高于国际先进水平约 15%。二是主要污染物排放较高。我国重点大中型企业吨钢烟粉尘、二氧化硫排放量与国外先进钢铁企业相比尚有较大差距。三是固体废物综合利用技术水平有待提高。重点大中型企业中，冶金废渣、粉煤灰利用率分别达到 94.93%、79.47%，但固体废物高附加值利用技术和水平亟待提高。随着节能减排工作的深入开展，预计 2011 年钢铁行业节能减排要将控制总量、淘汰落后、技术改造结合起来，以降低钢铁

生产能源、资源消耗和减少钢渣、二氧化硫等废物排放为目标。加快推行清洁生产和发展循环经济、强化企业监督管理，全面提升钢铁工业节能减排水平，推动发展方式转变，努力构建资源节约、技术创新型钢铁工业。

有色金属行业也属于高耗能行业，行业排放的工业废气占全国工业的 5% 左右，工业粉尘占约 3%，工业固体废弃物占约 18%，特别是铝的生产，占据了行业耗电量的 50% 以上，节能减排任务艰巨。《有色金属工业"十二·五"科技发展规划》对行业节能减排做出了具体要求：矿产利用率提高 3~5 个百分点，氧化铝综合消耗标准煤降至 800 千克标准煤/吨以下，电解铝耗电降至 1 400 千瓦时/吨以下，并对废水废气及固体废弃物同样做出了具体要求。2011 年作为"十二·五"的第一年，为实现"十二·五"减排任务，有色金属企业必须加大技术创新及设备投入，以降低行业污染物的排放。

2010 年，针对限制碳排放的"碳税"和"碳交易"措施已经引起了我国以及世界其他国家的高度重视。节能减排、清洁生产不仅是发达国家发展的需要，日益严重的环境问题也逐渐成为制约我国经济发展的瓶颈。2011 年，随着国家节能减排政策要求的提高以及煤炭企业生产规模的逐步扩大，我国煤炭行业将会更加注重煤炭的清洁开采、加工和利用，更加注重节能减排，将会提高科技投入，延长产业链条，建立"资源—产品—废物利用"的环保型循环经济链，以及高效、循环、清洁的现代煤炭体系，实现资源开发、环境保护和社会效益协调发展。

随着资源短缺和环境污染等问题的日益凸显，石油等能源出现严重短缺现象，石油行业的节能减排工作也刻不容缓，而拉闸限电等措施并不能从根本上解决问题。在 2010 年 10 月 20 日举行的全国化工科学技术大会上，中国石油和化学工业联合会发布的《石油和化学工业"十二·五"科技发展规划纲要》（征求意见稿）提出，"十二·五"末高耗能产品单耗达到国际先进水平，能耗和主要污染物排放总量在"十一·五"末的基础上再下降 10%，主要产品实现清洁生产。2011 年，石油行业同样需要加快低碳相关技术、绿色技术和先进节能降耗技术的开发与利用，加强低碳经济所需技术人才和管理人才的培养，将现代信息技术用于加强自身碳排放管理和节能减排增效上。

五、政 策 建 议

（一）汽车行业

1. 加强国内自主品牌的研发，提高自主品牌的竞争力和市场份额

要实现"十二·五"规划中汽车行业的发展目标，实现我国由汽车大国汽车强国的转变，自主品牌汽车的发展十分关键。经过多年的努力，我国自主品牌发展已经取得了较好的成绩，但仍需要政府进一步的引导和和扶植，如在研发方面给予企业大力支持或提供信贷、税收等优惠措施。

2. 继续扶持新能源汽车，尽快实现产业化发展

我国能源汽车还面临着关键技术瓶颈、技术标准欠缺和配套设施缺乏等一系列问题，需要中央和地方各级政府长期扶持。政府和相关部门应明确新能源汽车发展目标，建立鼓励新能源汽车发展的完善机制，促进新能源汽车产业联盟的形成，尽快实现产业化发展，并避免各企业无序、低水平的竞争。

3. 尽快完善鼓励汽车出口政策的实施细则，实现汽车行业新的突破

我国汽车出口仍受到多方瓶颈的限制，存在着经营粗放、品牌和营销网络缺失、售后服务体系不健全和产品附加值不高等多种问题。实施完善的汽车出口战略，拓展高端市场，培育中国汽车的核心竞争力，是增强中国汽车行业综合实力的重要手段，也是优化外贸发展结构的必然选择。

（二）家电行业

1. 关注循环和低碳经济，应对国际绿色贸易壁垒

欧盟针对家电产品的 WEEE 指令、RoHS 指令、EuP/ErP 指令等的发布和实施，对世界家电产业的发展影响巨大，特别是对以出口为导向的产品影响更深远。为了应对国际绿色贸易壁垒的挑战，家电生产企业应更好地执行我国现行颁布的"清洁生产促进法"、"循环经济促进法"、"废弃电器电子产品回收处理管理条例"等法律法规，从循环经济发展、节能减排和低碳经济的理念出发，注重产品生态设计、清洁生产、节能降耗、回收体系建设、再制造和废弃家电处理等关键环节的研究，促进家电产业进入以"3R"为发展准则的循环和低碳经济发展的新时期。

2. 继续规范"家电下乡"和"以旧换新"实施细则

"家电下乡"和"以旧换新"政策自实施以来有效拉动了家电产品的销售，随着政策实施范围的不断扩大，其具体实施管理办法在 2010 年都有所改进，但仍旧存在一些有待解决的问题。如"以旧换新"在具体实施过程中存在利用家电零部件骗取补助等现象。随着"以旧换新"政策期的延长，各地方部门应对其具体实施细则进一步规范。同时，可根据东、西部地区农村发展的不同现状，合理调整补贴种类，以满足不同地区农民的消费需求。

（三）钢铁行业

1. 加强对钢铁产能和设备利用率的统计和检测，形成定期公布制度

行业产能和设备利用率的统计和检测可以为行业生产状况水平、产业结构优化等提

供充分、有效的决策依据。美国、日本等发达国家早在 20 世纪六七十年代就开始对各工业部门的产能利用率和企业库存等指标进行统计和监测，而我国这方面的统计工作相对薄弱。建议政府相关部门联合我国钢铁工业协会和主要钢铁企业，加强对钢铁行业和主要钢材产品设备产能和设备利用率的统计和检测并形成定期（如每月末或每季末）公布制度，形成对行业生产运行状况的常规性监管；通过定期公布，鼓励媒体与公众的监督，保证行业相关政策的顺利实施。

2. 加大节能减排政策的支持力度，调动钢铁企业开展节能减排的积极性

加大监测节能减排力度有利于切实掌握钢铁企业减排工作的开展情况，了解环保政策是否落到实处。将钢铁行业的节能减排与技术改造和淘汰落后产能结合起来，推动行业的健康发展。当前，不少钢铁企业，特别是中小型钢铁企业技术落后，装备陈旧，且在追求高产量、高利润的同时忽略了应有的环保技术的应用，导致污染、耗能问题严重。建议相关部门给予使用节能设备的钢铁企业一定的经费补助支持，调动钢铁企业开展节能减排的积极性，并定期对企业污染物排放及能耗进行检测，鼓励企业不断完善节能减排的技术。

3. 积极推进钢铁企业兼并重组进程，提高钢铁行业集中度

当前，我国钢铁行业集中度较国际平均水平仍有较大差距，大部分中小企业在技术、市场等方面常处于劣势地位，对行业的整体发展均会造成一定负面影响。而大型钢铁企业常常在这些方面占有优势，但若对中小型企业进行兼并重组，往往可能会削弱其竞争力，使其利益受损。建议相关部门通过对企业兼并重组后的运行状况、产量、利润等情况进行评估，根据其受益或牺牲程度给予政策等方面的支持，例如，给予并购重组的企业在拆迁、产能置换、土地使用、交通运输、税费收缴等政策方面的支持，使并购重组后的企业能够快速的成长，建成具有国际竞争力的大型钢铁企业集团。

（四）有色金属行业

1. 结合地方实际经济状况制定淘汰落后产能具体实施方案

我国有色金属行业落后产能主要涉及地方中、小型冶炼企业，这些企业往往是地方税收的主要组成及就业的主要保障。单纯的关停这些冶炼企业，对当地的财政状况及人民生活均会造成一定影响。因此，建议发挥行业龙头企业在生产、技术上的优势，从行业长期发展的角度制定行业产业结构调整计划，并给予一定的政策、经费支持，保证行业健康发展与地方经济平稳运行。

2. 鼓励跨行业、跨地区的并购重组

行业企业并购重组是产业结构调整的主要途径之一。目前，我国有色金属行业企业分布广，且中、小型冶炼厂份额较大，约占行业总产量的 60%，其产品较为单一，对企业、行业发展均造成较大的限制，行业并购重组必将继续、加速进行下去。建议相关政府部门加大对有色金属企业实施跨地区兼并重组、区域内重组和企业集团之间的重组的支持力度；同时，支持有色金属企业与煤炭、电力企业进行跨行业的重组、鼓励再生金属企业间重组，以优化资源配置、降低能源输送过程中的能源消耗，增强有色金属企业的可持续发展能力。

3. 提高资源利用水平，降低我国有色金属矿产的对外依存度

我国有色金属矿产资源，特别是常用的大宗有色金属铜、铝、铅、锌等资源紧缺，现已探明的储量远远不能满足经济发展的需求，资源保障度差；而我国矿山大部分品味较低，共生矿多，且多为地下矿，开采难度大。2009 年，我国的铜矿自给率仅为 20%左右。与此同时，我国资源回收利用率同样较低，铜的再生率仅为 30% 左右，比国际平均水平低 10 个百分点。因此，建议相关部门进一步加大科技投入与资金扶持，鼓励企业采用多金属矿分离工艺、高效低毒的清洗剂等技术，提高自产矿石的利用率。同时强化资源回收力度，制定相关政策鼓励有色金属的再利用，加大回收技术的科技投入，以提高我国有色金属矿产的自给率。此外，加大矿产勘探力度，增大国产矿产资源的供给。

（五）煤炭行业

1. 延伸产业链，促进节能减排

目前我国煤炭行业相对产业单一且产品结构简单，要想长期获得稳定经济效益，企业必须延长产业链条，实现产品结构升级，对原煤进行深加工。煤炭企业可以通过引进先进工艺和设备，规范和引导新型煤化工行业，充分利用煤炭的资源优势，采取煤炭、电力、化工等产业同步经营方式，实现循环经济发展模式，提高煤炭产能利用率，从而获得更好的经济效益和更强的市场竞争力。

2. 落实中小煤矿并购后改造工作

在大力推进煤炭企业的重组整合工作的同时，应重视并落实好中小煤矿改造工作。例如，升级中小煤矿设备，淘汰落后陈旧设备；更新中小煤矿生产技术，降低能耗强度；加强矿区环境治理，改善井下作业环境，保障煤矿工人利益等。只有这样，中小煤矿并购才能不仅完成形式上的整改，而且能够实现技术、设备等的实质性的提高和完善。

（六）石油行业

1. 建立健全市场竞争机制，保障能源市场稳定和国家战略安全

建议在原油进口、运输及石油储备方面积极引入市场竞争机制，允许民营企业进入

石油市场，打破市场长期垄断的局面，建立与健全石油市场机制，保障我国能源市场的稳定和国家战略安全。

2. 综合运用多种手段，推进石油行业节能减排

随着资源短缺和环境污染等问题的日益凸显，石油等能源出现严重短缺现象，节能减排刻不容缓。建议尽快制定和实施强制性、超前性能效标准，及早控制能耗，严格清洁生产审核，从源头遏制污染超标排放。加强石化行业节能减排新技术的研发支持力度，对节能企业可采取税收、信贷等优惠政策加以扶持。

2010 年中国物流业发展回顾与 2011 年展望[1]

尤晓岚　权威　徐金鹏　冯耕中　汪寿阳　闫淑君[2]

报告摘要：受国内外经济形势变化和宏观调控政策的影响，2010 年，中国物流业在保持平稳增长的同时，也表现出增速"前高后低"的特征。全年社会物流总额为112.6 万亿元，同比增加约 16.5%，增速比第一季度降低了 4.5 个百分点，比前两季度降低了 1.9 个百分点，比前三季度降低了 0.1 个百分点。其中，工业品物流总额和进出口物流总额四季度增速变化趋势与社会物流总额变化一致。物流业增加值不断增长、物流系统运行效率继续提高，物流业增加值为 2.59 万亿元，同比增长 12%；社会物流总费用与 GDP 的比率为 18.1%。物流相关行业固定资产投资额持续回落，增速由第一季度的 33%，前两季度的 25.5% 降低到前三季度的 23.2%，表明物流相关行业固定资产投资逐渐恢复到正常水平。能源动力价格上升压力，以及通货膨胀推动成本增加等因素，导致了物流企业运营压力进一步增大。此外，物流园区建设出现新趋势，区域经济物流合作进一步加快，两业联动和冷链物流不断发展，物流业专项规划逐步出台等，也是 2010 年中国物流业发展的重要特点。

　　在中国经济继续保持高位平稳较快增长的形势下，预计 2011 年中国物流业将继续保持平稳增长态势。由于企业作业成本的加大和市场通胀预期的增强，会进一步加剧物流市场的竞争，将推动物流企业加快兼并重组的进程。为适应市场竞争的要求，物流企业服务水平有望继续提高。需要指出的是，作为物流业发展的重要载体，物流园区的发展模式也将进一步创新，服务内容和功能将继续拓展，"无水港"和"低碳物流园区"的发展趋势引人关注。随着区域经济的快速发展，区域物流一体化和城镇化建设步伐将加快，继续推动物流与城市发展的融合。经济发展方式的转变和产业结构调整的加快，将加快推进制造业与物流业的联动发展，同时商贸物流和冷链物流等专业化物流将预期实现快速发展。低碳经济和绿色经济的兴起，节能减排和应对气候变化的现实要求，将推动绿色物流快速发展；物流信息化有助于提高物流企业的运输效率和物流资源的优化配置，成为推动物流业发展的重要途径。

---

　　① 本研究物流统计数据来源于中国物流信息中心；经济统计数据来源于北京华通人商用信息有限公司的华通数据中心。

　　② 尤晓岚、徐金鹏，西安交通大学管理学院博士研究生；权威，西安交通大学公共政策与管理学院硕士研究生；冯耕中博士，西安交通大学管理学院教授；汪寿阳博士，中国科学院预测科学研究中心研究员；闫淑君，中国物流信息中心统计处处长。

针对这些趋势，本文针对 2011 年中国物流业的发展提出了如下的政策建议：应当保持物流业政策的连续性和稳定性，促进物流业平稳发展；作为发展物流业的重要抓手，应积极推动内陆地区探索物流园区发展的新思路和新模式；在推进区域经济发展的进程中，应进一步提高区域物流规划的科学性，将物流服务布局与城市发展规划相结合，促进物流发展与城镇建设的协调统一；适应产业结构调整和优化升级的要求，积极引导制造业与物流业联动发展，通过加强专项物流发展规划的制定和实施，促进物流业的健康发展；面对"低碳经济"的发展要求，要加快制定相关政策，推动发展"低碳物流"，实现中国物流业的可持续发展。

一、2010 年中国物流业发展回顾[①]

2010 年是近年来中国物流发展环境最为复杂多变的一年。国际经济环境以及政府宏观经济政策拉动等多种因素的影响，促使中国物流业整体保持平稳较快增长，并呈现"前高后低"的形势。总体上讲，2010 年中国物流发展呈现出一些新的特点，主要表现在以下几个方面。

（一）国民经济总体运行态势良好，物流业保持平稳较快增长

受宏观政策调整和经济增速回落的影响，2010 年中国物流业在保持持续增长的同时，也表现出增速回落、增幅平稳的特点。2010 年中国物流业宏观运行状况主要呈现出以下几个特征。

1. 物流业各项总量指标平稳增长，物流运行效率有所提高

1）社会物流总额稳中有升

根据中国物流信息中心的统计数据分析预测，2010 年全年社会物流总额将达到112.6 万亿元，首次突破百万亿元大关，比 2009 年同期增长 16.5%。同比增速由一季度的 20.8%，上半年的 18.4%，前三季度的 16.8%，稳定在全年 16.5% 的增长。这一方面反映出物流需求在经济向好势头进一步巩固的带动下，继续呈现出较快增长态势，另一方面也反映出随着经济增速逐步放缓、通胀预期进一步加大的情况下，物流需求增速逐渐减小，物流业趋于平稳发展，如表 1 所示。

[①] 本节涉及 2010 年全年的数据均是预测值，以 2010 年前三季度的实际数据预测扩展为全年的数据。预测比例来源于中国物流信息中心网站，前三季度物流运行形势分析，http://www.clic.org.cn/portal/wltj/wlhz/webinfo/2010/10/1287541415635814.htm。

表 1   2010 年社会物流总额变化情况

指标名称		第一季度	前两季度	前三季度	全年
社会物流总额/万亿元		25.9	58	91.5	112.6
社会物流总额增速/%		20.8	18.4	16.8	16.5
同比增速指标/%	农产品物流总额	3.8	2.6	4	
	工业品物流总额	19.6	17.6	16.3	
	进口物流总额	40.6	31	25.6	
	再生资源物流总额	27.4	44.1	40.7	
	单位与居民物品物流总额	14.4	18	13.7	

2010 年前三季度,在社会物流总额构成中,农产品物流总额占社会物流总额的比重约为 2%,工业品物流总额约占 90%,进口物流总额约占 7.52%,再生资源物流总额约占 0.4%,单位与居民物品物流总额约占 0.2%。与 2009 年进口物流总额比重占社会物流总额 6.92% 相比,2010 年进口物流总额所占比重呈现上升的趋势。同时,进口物流总额受国际经济复苏影响,呈现上升趋势,同比增长 25.6%。如表 2 所示。

表 2   2010 年前三季度社会物流总额构成及比例

指标名称	绝对额/亿元	同比增长/%	所占比例/%
社会物流总额	915 249	16.8	100
农产品物流总额	17 962	4	2.0
工业品物流总额	823 175	16.3	90.0
进口物流总额	68 979	25.6	7.5
再生资源物流总额	3 704	40.7	0.4
单位与居民物品物流总额	1 430	13.7	0.2

工业品物流总额占社会物流总额的比重保持在 90% 以上,反映出在国际经济复苏的环境下,工业品物流仍然是拉动社会物流总额增长的重要力量。

2010 年 10 月份,中国制造业 PMI 为 54.7%,比上月增长了 0.9 个百分点,如图 1 所示。2010 年全年的 PMI 指数波动较为频繁,从 7 月份跌入 51.2% 以来,到 10 月份 PMI 指数继续上升,表明经济高位回稳的态势趋向进一步明显。

伴随着 PMI 指数的缓慢回升,2010 年物流实物量也呈现出增速趋缓的特点。根据中国物流信息中心统计,2010 年前三季度,国内货运量、货运周转量、港口货物吞吐量、集装箱吞吐量同比分别增长 14.5%、14.6%、15.6% 和 20.7%,增幅分别比一季度回落了 2 个、2.1 个、6.6 个和 1.4 个百分点,比上半年回落了 1 个、1.4 个、3.3 个和 1.6 个百分点。其中,除了集装箱吞吐量增幅回落略有扩大外,货运量、货运周转量、港口货物吞吐量增幅回落均有所缩小。

2) 社会物流运行效率有所提高

2010 年全年,社会物流总费用为 6.81 万亿元,比 2009 年增长 12%。前三季度,

图 1　中国制造业 PMI 走势图

社会物流总费用为 4.82 万亿元，同比增长 14.9%，比 2009 年同期加快 8.5 个百分点；社会物流总费用与 GDP 的比率为 17.9%，比 2009 年同期下降了 0.1 个百分点。在前三季度社会物流总费用构成中，运输费用为 2.55 万亿元，占社会物流总费用的比重为 52.9%；保管费用为 1.67 万亿元，占社会物流总费用的比重为 34.7%；管理费用为 0.6 万亿元，占社会物流总费用的比重为 12.4%。前三季度，原材料、燃料、动力购进价格同比上涨 9.8%。在社会物流需求规模较快增长，油品、原材料价格较快上涨，用工成本高企的情况下，一定程度上反映出社会物流运行效率有所提高，如表 3 所示。

表 3　2010 年社会物流总费用变化情况

指标名称		第一季度	前两季度	前三季度	全年
社会物流总费用/万亿元		1.46	3.09	4.82	6.81
社会物流总费用增速/%		22.1	17.8	14.9	12
社会物流总费用与 GDP 的比率/%		18.2	17.9	17.9	18.1
同比增速指标/%	运输费用	25	18.5	15.5	
	保管费用	17.6	16.1	13.3	
	管理费用	21.7	19.9	17.1	

3）物流业增加值回升加快

2010 年全年，物流业增加值为 2.59 万亿元，比 2009 年增长 12%。前三季度，物流业增加值完成 19 007 亿元，按可比价格计算，同比增长 14.6%，比同期 GDP 增速快 4 个百分点，比同期第三产业增加值增速快 5.1 个百分点。物流业增加值占 GDP 的比重为 7.1%，与 2009 年同期持平，占第三产业增加值的比重为 16.7%，同比提高 0.3 个百分点。如表 4 所示。

表4 2010 年社会物流增加值变化情况

指标名称	第一季度	前两季度	前三季度	全年
物流业增加值/万亿元	0.6	1.23	1.9	2.59
物流业增加值增速/%	18.1	15.6	14.6	12

4）物流相关行业固定资产投资增幅缓慢回落

经过 2009 年政府为应对国际金融危机而出台一系列加大物流基础设施建设的政策之后，2010 年全年物流相关行业固定资产投资总额仍在快速增长，但幅度开始缓慢回落。据统计，2010 年前三季度，物流相关行业固定资产投资完成额 2.04 万亿元，同比增长 23.2%（表5），增幅比上年同期回落 32.3 个百分点。其中，交通运输业投资同比增长 24%，比上年同期回落 33.4 个百分点，仓储、邮政业和贸易业投资同比分别增长 30%和 17.6%。这表明物流业固定资产投资逐渐趋向常规年度增长水平。

表5 2010 年社会物流相关行业固定资产投资变化情况

指标名称	第一季度	前两季度	前三季度	全年
投资总额/万亿元	0.34	1.16	2.04	
投资增速/%	33	25.5	23.2	

2010 年物流相关行业固定资产投资增幅持续回落，但从回落幅度看，上半年回落较快，下半年明显趋稳。此外，物流相关行业固定资产投资增幅与城镇固定资产投资增幅的差距在 6～7 月出现反转后，二者差距有所扩大，由 8 月的 0.7 个百分点扩大到 10 月的 1.5 个百分点。如图 2 所示。

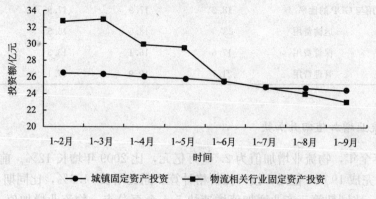

图2 2010 年 1～10 月固定资产投资情况

因此从固定资产投资总额上看，2010 年物流相关行业固定资产投资总额很大，物流基础设施建设快速发展；固定资产投资增速减缓，新增物流基础设施建设的速度逐步回落至正常固定资产投资水平。

2. 物流总量指标"前高后低"，后半年物流运行增速回落，增幅逐渐收窄

1）宏观经济趋势前高后低，物流业各指标增速回落

2010 年中国经济形势呈现"前高后低"的局面，影响宏观经济运行的因素主要来自三个方面：国内增长的基本动力、世界经济环境以及宏观调控的政策力度[①]。同样，物流业跟随宏观经济，如前文数据分析，物流总量指标也呈现出"前高后低"的变化趋势。

从 2009 年以来，国家为应对国际金融危机采取了一系列刺激经济发展的举措，强势拉动了经济的增长。在这种大环境下，物流业也得到了快速的发展。而这种快速发展的势头随着经济的稳步回升也逐渐缓慢下来。特别是到 2010 年后半年，对外，中国经济的投资依赖增长特征愈加明显，而全球经济复苏的复杂性、曲折性进一步显现，中国外贸出口面临的不确定性进一步放大；对内，国内原材料动力价格、工业品出厂价格等持续攀升，物流运价指数上扬，给经济运行和物流企业带来压力，物流运行呈现增速回落、增幅逐渐收窄的特点。

2）物流业后半年降温，景气指数由过热转向正常波动

本部分采用国际上流行的景气分析方法来测定和分析中国物流业的运行状况。为此，本文通过收集反映了国民经济环境的月度宏观经济指标、物流业自身的各项指标及其他相关行业的经济指标，从中选出了 24 个景气指标，分别构成了物流业的先行、一致、滞后指标组（如表 6 所示，各指标均为同期比增长率序列，经季节调整并消除不规则因素，数据截止到 2010 年 10 月，基准指标为全社会货运量增长率）。利用景气指数方法和"工业经济监测预警系统"，分别建立了先行、一致和滞后合成指数（composite index，CI，各指数均以 2008 年平均值为 100）。

根据综合反映物流业景气运行状况的一致合成指数（图 3）的走势可以看出，2008 年下半年，由于受美国次贷危机引发国际金融危机的影响，中国经济下行压力不断增大，外贸发展趋缓甚至出现下降，导致物流服务的市场需求不断下降，中国物流业的行业景气开始出现下滑。由于国内制造业的低迷和市场消费需求的下滑，同时对未来经济发展形势的预期相当严峻，中国物流业发展出现持续性下滑态势，并经过大半年的下滑，物流业一致合成指数在 2009 年 1 月达到谷底（79.79）。为应对国际金融危机的影响，2008 年年底国务院根据中央经济工作会议关于扩大内需、促进经济平稳较快增长的决策部署，及时地进行宏观调节和政策扶持，决定实施 4 万亿的一揽子经济刺激计划，并进一步出台了包括《物流业调整与振兴规划》在内的十大产业调整与振兴规划，

---

① 中国物流与采购联合会. 经济蓝皮书：2011 年 GDP 增长率可能"冲十". http://www. chinawuliu. com. cn/cflp/newss/content/201012/676_125643.html, 2010-12-09.

表6 中国物流行业景气指标组

指标类型	指标名称	延迟月数
先行指标	财政支出	−12
	轻工业增加值	−5
	工业品出厂价格指数	−5
	原材料、燃料、动力购进价格指数	−4
	全国物价指数	−2
	固定资产投资额	−2
	商品零售价格指数	−2
	居民消费价格指数	−2
	第三产业固定资产投资	−2
一致指标	铁路货运量	−1
	社会消费品零售总额	−1
	公路货物周转量	−1
	全社会货运量	0
	公路货运量	0
	水运货运量	0
	民航货运量	0
	全社会货物周转量	0
	铁路货物周转量	0
	规模以上港口吞吐量	0
	工业总产值	0
	重工业总产值	0
	财政收入	0
滞后指标	工业品出厂价格指数（逆转序列）	7
	原材料、燃料、动力购进价格指数（逆转序列）	7

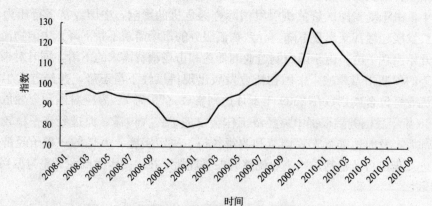

图3 物流行业的一致合成指数

为中国物流业的发展注入了一针强心剂，使得物流从业人员逐渐恢复信心，推动物流业景气在 2009 年的 3 月开始急速攀升。在国家产业振兴政策和经济刺激计划的强力拉动下，物流业开始逐步复苏，物流业景气指数止跌企稳并开始不断回升。

从 2009 年 3 月以后，随着经济刺激计划成效的不断显现，以及物流业调整与振兴规划的贯彻落实，物流业景气呈现加速上升的趋势，在经过半年多的持续攀升后，物流业一致合成指数于 2010 年 1 月达到行业景气周期的最高峰（128.70）。2010 年以来，由于中国国民经济的较快增长，以及国际市场的不断复苏，物流运行回升向好势头进一步发展，上半年中国物流业景气基本保持高位波动运行。随着国家宏观经济政策的调整，以及物流企业成本压力的不断上升，特别是，国际油价进入上升通道，通胀预期增强，而劳动力成本、土地资源成本继续升高，导致物流企业的利润空间进一步缩小，自 2010 年 3 月起中国物流业景气指数出现明显下滑趋势。随后国家逐渐加大对能源市场的调控力度，同时《物流业调整与振兴规划实施细则》的出台、将物流业各环节营业税统一为 3% 的利好消息，推动了物流业景气指数于 2010 年 8 月以后出现小幅回升。由于"十一·五规划"即将结束，年底前各地区节能减排的压力有所加大，同时对石油调价的预期，导致蔓延至全国的"柴油荒"，并通过产业链波动影响到原材料和消费品的价格波动，进一步加大了物流企业的运营成本；同时美国实施二次量化宽松的货币政策，世界范围内的货币流动性继续增强，不断加大国内市场的通胀预期，导致中国物流业景气指数在下半年下滑幅度较大，并预期将继续保持低位态势，暂时没有大幅回升的趋势。

为了进一步分析物流业的运行态势，我们又从众多经济景气指标中筛选出了七个对物流业运行状况反映灵敏性较高的预警指标，即全社会货运量增长率、工业增加值增长率、铁路货运量增长率、公路货运量增长率、水运货运量增长率、民航货运量增长率、全社会货物周转量增长率，由其构成的物流业月度预警信号综合指数的变动趋势如图 4 所示。

可以看出，从 2008 年开始，物流业预警信号综合指数走势（图 4）与一致合成指数走势（图 3）基本一致。2008 年下半年，美国次贷危机最终引发国际金融海啸，给中国制造业和外贸经济的健康发展造成了显著影响，市场需求的严重不足导致中国物流业景气在历经数年的高位波动后于 2008 年 9 月开始急速下滑，预警信号综合指数也于 2008 年 11 月跌入至过冷的"蓝灯区"，表示物流业开始跌入谷底，需要强有力的措施来刺激行业恢复。在随后的 8 个月里一直在过冷的"蓝灯区"和趋冷的"浅蓝灯区"两个区域里持续低位震荡。

由于国家宏观调控政策的效应逐步显现，特别是一揽子经济刺激计划的贯彻落实，中国物流业景气再次回升，预警信号综合指数于 2009 年 8 月升入正常的"绿灯区"，表示行业发展趋稳。随即在两个月后，于 2009 年 10 月进入过热的"红灯区"。自 2010 年起，随着中国经济的稳定增长和世界经济的逐步复苏，在经济发展和政策扶持的强势拉动下，中国物流业预警信号综合指数持续保持在过热的"红灯区"和趋热的"黄灯区"间高位震荡，表示此时景气"过热"，应采取稳定措施，使行业恢复到正常状态。由于

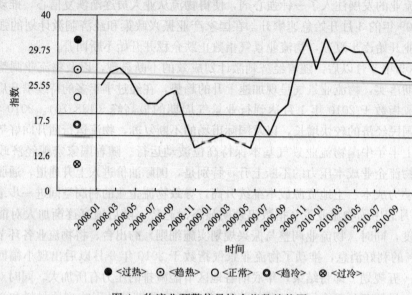

● <过热> ⊙ <趋热> ○ <正常> ◎ <趋冷> ⊗ <过冷>

图 4　物流业预警信号综合指数趋势图

中国经济增速的逐步放缓，自 2010 年 5 月起中国物流业预警综合指数继续保持高位震动的同时，整体波动水平出现小幅度的下滑趋势，并持续至今。

3. 产能过剩导致货运市场过热，进一步加大能源动力价格上行压力

为应对国际金融危机，中国实施十大产业振兴规划，进行大规模投资，刺激经济增长，从而使国际金融危机前本已过剩的产能进一步扩张。有统计显示，目前中国产能过剩状况已经比较严重。钢铁、煤化工和水泥过剩产能分别达 30%～40%；电解铝产能已占全球 42.9%，利用率仅为 73.2%；造船能力占全球 36%，70% 以上产量依靠出口解决；平板玻璃产能占全球的 70%，还有新的产能在形成；粗钢产能也已占全球的 70%；风电 2010 年装备产能将超过 2 000 万千瓦，但每年装机规模仅为 1 000 万千瓦左右；多晶硅 2008 年产能为 2 万吨，而按需定产仅 4 000 吨左右，目前还尚有在建产能约 8 万吨。而未来产能过剩矛盾有可能进一步突出[①]。而产能过剩直接推动了货运市场的过热，因此进一步加大了能源动力价格上行的压力。

下面我们将结合预警指标信号图（图 5），对物流业 2010 年的运行特征做进一步的分析。从图 5 中可以看出，2010 年 1～10 月全社会货运量增长迅速，且不同运输方式下的货物运输量均呈现快速增长的趋势。同时不同的运输方式货运量增长率的运行态势基本一致，中国物流业保持着持续的快速增长。

2010 年 1～6 月，铁路货运量增长率一直处于过热的"红灯区"，于 2010 年 7 月回

①　中国物流与采购联合会. 2011 年中国经济的"内忧外患". http://www.chinawuliu.com.cn/cflp/newss/content/201012/676_125608.html, 2010-12-08.

指标名称	2009年		2010年									
	11	12	1	2	3	4	5	6	7	8	9	10
全社会货运量增长率	●	○	●	●	●	●	●	●	●	●	●	●
工业增加值增长率	●	●	●	⊗	●	●	⊙	⊗	⊗	⊗	⊙	⊗
铁路货运量增长率	●	●	●	●	●	●	●	⊙	●	○	○	○
公路货运量增长率	●	○	●	●	●	●	●	●	●	●	●	●
水运货运量增长率	●	⊗	●	●	●	●	●	●	●	●	●	●
民航货运量增长率	●	●	●	●	●	●	●	●	●	●	○	●
全社会货物周转量增长率	●	●	●	○	○	⊗	○	⊗	⊗	●	⊙	⊙
综合警情指数	●	⊙	●	●	●	●	●	⊙	⊙	●	⊙	⊙
	35	28	35	30	33	32	32	28	27	31	27	26

● <过热>　⊙ <趋热>　○ <正常>　● <趋冷>　⊗ <过冷>

图 5　预警指标信号图

落至趋热的"黄灯区",并于 2010 年 8 月再次回升至过热的"红灯区",但随即于 2010年 9～10 月回落至正常的"绿灯区"。同时,2010 年 1～10 月,公路、水路和民航的货运量增长率一直处于过热的"红灯区"(除 2010 年 9 月份民航货运量增长率突然回落至正常的"绿灯区"),货运市场发展迅速,并出现过热的趋势。

2010 年中国物流业预警指标信号持续处于过热的"红灯区",这主要是由于:一方面是中国经济发展势头良好,强势拉动了物流业的迅速发展;另一方面是国家产业的地域转移和结构调整,以及经济发展方式的改变都推动着物流业的产业升级与快速发展;同时,世界经济的逐步复苏和资本市场流动性的持续增强、国际航运业的企稳回升等,不断为中国物流业的发展注入新的活力,在一定程度上推动了中国物流业的高速发展。物流业整体发展迅速,明显高于 2009 年同时期,因此会呈现出一种发展相对过热的状况。

4. 通货膨胀推动成本增加,物流企业运营压力进一步增大

2010 年 CPI 整体趋势一路攀升,并将在 11 月达到全年最高,12 月份有短暂回落[①]。如图 6 所示。在短期内,通货膨胀的压力不会得到缓解。通货膨胀的压力一方面传导到国民经济的各个方面,推动其他价格指数及物流运价指数上升,增加了物流业的成本费用及企业的运营成本;另一方面加重了人民生活负担,企业劳动力成本增加。目

---

① 中国物流与采购联合会. 2011 年通货膨胀压力将再次增大. http://www.chinawuliu.com.cn/cflp/newss/content/201012/676_125357.html, 2010-12-01.

前中国物流企业主要还属于劳动密集型企业，劳动力成本进一步加重了物流企业运营成本压力。

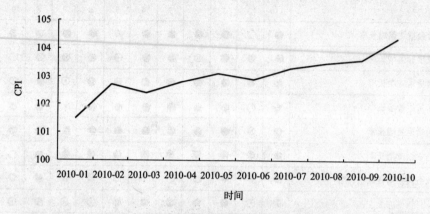

图 6　CPI 变化趋势（上年同期＝100）

从运价方面来看，自 2009 年 3 月以来，公路运价总体呈现逐渐上扬态势，至 2010 年 2 月达到 2010 年年内最高点。随后，一直震荡向下，进入三季度后回稳并有所回升，10 月份中小型公路货运企业运价指数环比下降 5％，大中型运输企业运价较为平稳。2010 年水路运输价格继续保持低位徘徊。中国沿海（散货）运价指数在 2010 年 4 月达到 1 859.57 的年内高点后，掉头向下。8 月末为 1 140.89，之后小幅上扬，9 月末为 1 359.54 点。此后，受煤炭和粮食运价上扬的带动，10 月末中国沿海（散货）运价指数冲上年度高点 1 875.11 点，较月初上涨 37％，高于 2009 年同期水平。

从生产资料市场价格监测统计看，2010 年 1～10 月柴油价格累计同比上涨 21.45％。运输成本的不断提高和劳动成本的不断增加，导致物流企业成本上升。随着油品、劳动力、房租、原材料价格的持续攀升，物流企业面临更大的成本压力。[1]

（二）物流园区和物流集聚区出现新趋势，现代物流示范城市凸显现代物流发展特点[2]

物流园区是中国现代物流业发展中出现的新型业态，2010 年，全国物流园区和物流聚集区的形成速度加快。经过十多年的发展，中国物流园区建设已经具有一定的经验，并出现了一些新的趋势：一是政府高度重视并积极推动。"物流园区工程"已列为《物流业调整和振兴规划》确定的九项重点工程之一，并要求制定"物流园区专项规划"。各地政府落实《物流业调整和振兴规划》，制定"实施细则"，都把物流园区列为

① 中国物流信息中心. 前三季度物流运行态势分析. http://www.clic.org.cn/portal/wltj/wlhz/webinfo/2010/10/1287541415635814.htm, 2010-10-28.

② 中国物流与采购联合会，中国物流学会. 第八次全国物流园区交流研讨会纪要，2009.

重点项目。二是各类企业纷纷参与建设。物流企业实施"基地战略",通过连锁复制形成运营网络。制造企业和流通企业建设物流园区,物流园区的专业特色更加明显。三是传统批发市场提升改造物流功能,物流园区与商贸市场和工业园区融合配套。四是城市化进程和产业转移带动物流格局改变,物流园区规划建设向二三线城市延伸,物流业集聚区加快形成。五是已经涌现出一批运营较好的物流园区。在提高物流的组织化水平和集约化程度,转变物流运作模式和经济发展方式,调整优化经济结构和促进区域经济发展等方面发挥了重要作用。

从 2009 年开始,商务部开展了现代物流示范城市的评选工作,并于 2010 年年初首批公示了 46 个示范城市。从这些城市的物流业发展来看,呈现如下一些发展特点:一是物流基础设施的建设步伐加快,投资快速增长。据对 46 个城市不完全的统计,2005年以来,运输、仓储、批发、零售这四大业态的固定资产投资额每年都保持两位数的增速。二是以物流配送为突破口,城市物流服务水平得到了提升。为适应城市商贸服务业的发展和城市居民消费的需求,很多城市以发展城市公共物流配送为突破口,提高城市商贸物流配送水平。三是公共物流信息服务平台和物流交易平台的建设加快。为了适应互联网和物联网的发展趋势,各地都非常重视物流信息化建设,鼓励发展综合性和专业性的物流信息服务和交易平台,有效地促进了传统物流服务模式的变革。四是以城市为依托、发展城乡结合的农村物流配送体系。各地在发展城市物流的同时,充分发挥城市的辐射功能,以城市物流结点和大型批发零售企业为依托,通过完善物流配送体系,为工业品下乡、农产品进城服务,推动了农村物流企业建设。五是专业物流成为城市物流发展的新的亮点。六是物流业发展的政策环境大为改观。

(三)国际经济合作促进国际物流服务需求加大,国内区域经济一体化促进物流业融合

随着经济全球化和区域经济一体化的深入发展,区域经济合作显示出强劲的发展势头,通过区域合作,直接刺激了区域内物流服务需求的增加,促进了区域物流业的融合。

从国际来看,中国与亚洲地区的经济合作逐步加强,促进了国际物流合作的发展。作为世界主要经济体之一的东北亚区域,开展经济合作、实现共同发展的趋势不可逆转。东北亚区域内的产业转移与发展合作直接促进了区域内物流服务需求的大幅度增加,各国的双边物流合作日益加强。当前,东北亚各国的经济关系日益密切,区域经济合作亦不断发展,呈现良好态势。东北亚各国物流合作具有良好的基础和现实需求。东北亚地区经济总量巨大,2009 年东北亚六国(中国、俄罗斯、日本、韩国、朝鲜、蒙古)GDP 达到 11 万亿美元,约占世界的 20%、亚洲的 70%,GDP 平均增速超过 5%,高出世界平均水平 2 个百分点。东北亚六国间发展经济具有较强的互补性,近年来贸易量不断增加,据不完全统计,2009 年东北亚国家间的贸易总额超过 5 000 亿美元。上述

国家间多边合作领域的不断扩展，对于东北亚区域物流业的合作发展无疑具有积极意义[①]。为打造东北亚国际物流中心，大连市 2010 年完成港航固定资产投资 120 亿元，其中港口固定资产投资完成 100 亿元，临空产业园（新机场）完成投资 20 亿元。完成港口货物吞吐量 3.1 亿吨、集装箱吞吐量 526 万 TEU（20 英尺标准集装箱），同比均增长 15%。完成空港纯货邮吞吐量 14 万吨、航班起降 9.5 万架次，同比分别增长 11.1% 和 11.8%。完成水路货运量 9 240 万吨、货运周转量 5 425 亿吨公里，同比分别增长 10% 和 15%。国际航线数量位居东北第一，全国第四。东北亚重要的国际航运中心框架已经初步构成。[②]

与此同时，中国与东南亚地区的经济合作也在加快发展。2010 年 10 月 20 日，中华人民共和国商务部、中国国际贸易促进委员会和中国广西壮族自治区人民政府、中国物流与采购联合会在广西南宁共同举办了"第七届中国—东盟商务与投资峰会——经贸与物流合作论坛暨项目洽谈会"，以促进中国与东盟自贸区的经贸与物流合作为核心主题，为中国—东盟国家领导人、政府官员、工商领袖和专家学者提供了对话机会，为物流企业、金融机构、制造企业、流通企业搭建了合作平台，并首次涉及专业物流领域，对中国—东盟自贸区如何突破发展瓶颈、建设自贸区贸易自由化与物流一体化体系进行了有益探索，并细化到东盟各国物流园区及企业项目的发布、招商和对接，对于进一步加强中国与东南亚区域经济和物流服务的合作具有极大地现实意义。

从国内来看，区域经济一体化推动了中国物流业的协调发展，促进了地区物流业的融合，更进一步深化了全国物流网络的连通。2010 年 5 月 24 日，国务院正式批准实施的《长江三角洲地区区域规划》明确了长江三角洲地区发展的战略定位，即亚太地区重要的国际门户、全球重要的现代服务业和先进制造业中心、具有较强国际竞争力的世界级城市群；到 2015 年，长三角地区率先实现全面建设小康社会的目标；到 2020 年，力争率先基本实现现代化。其中，全球重要的现代服务业中心定位是首次提出。明确长三角城镇体系发展整体思路是"一核五副"，更具体把上海、杭州、南京、苏州、无锡和苏北和浙西南地区的区域产业发展分别细化。区域经济将会推动物流业的融合与合作，协调区域内的物流业发展格局。

在 2010 年 8 月 29 日举行的第六届泛珠论坛上，福建省政府与江西省政府签署了《关于加强闽赣两省海西港口经济合作的框架协议》，江西将在福建沿海构建江西省海西进出口基地，海西经济区港口发展注入新力量，也标志着海西经济区港口发展将步入跨省时代。根据闽赣签署的协议，双方将共同支持由江西省铁路投资集团公司牵头，江西省冶金、化工、能源、物流等有关企业组成投资团队在福建投资经营港口项目，构建江西省海西进出口基地（飞地港）；由福建省交通运输集团公司牵头，福建省港口、商贸、

---

① 中国物流与采购联合会. 东北亚物流业积极应对物流发展合作新形势的思考和建议. http://www.chinawuliu.com.cn/cflp/newss/content/201011/674_125176.html, 2010-11-25.

② 中国物流与采购联合会. 大连打造东北亚国际物流中心拉动经济. http://www.chinawuliu.com.cn/cflp/newss/content/201011/640_124512.html, 2010-11-05.

物流等有关企业组成投资团队在江西投资经营港口揽货与物流基地（陆地港）。为支持港口发展，双方在铁路、公路的配套上也达成了协议。双方将加快推进闽赣跨省铁路项目建设与前期工作，研究与实施促进闽赣跨省铁路运输和海铁联运发展的政策措施。双方还将共同争取将福建湄洲湾经江西至重庆高速公路调整列入国家高速公路网，将福建省道 309 线与江西省道 325 线等调整列为国家公路网。闽赣两省政府还在提高通关效率方面予以配合。从 2010 年 9 月 15 日起，实施跨省区不同关、检区间进出口货物直通放行和区域通关模式。

（四）产业物流多元化和社会化发展趋势显著

1. 两业联动发展成为经济结构调整的重点

据统计，2010 年工业品物流总额占社会物流总额的比重保持在 90％以上，反映出在国际经济复苏的环境下，工业品物流仍然是拉动社会物流总额增长的重要力量，制造业是物流发展的重要需求基础，物流业也是提升制造企业核心竞争力的重要手段。因为没有物流业的发展，传统制造业很难向现代工业升级，而没有现代工业的物流需求释放，物流业实现规模化、全球化也是空谈。

2010 年是全面落实国务院《物流业调整和振兴规划》的一年，该规划中提到，推动制造业与物流业的联动发展，有利于调整优化产业结构，促进经济发展方式转变。2010 年 2 月份，中国物流与采购联合会承接国家发展和改革委员会委托的"两业联动"重要课题之一，"制造业与物流业联动发展示范工作方案研究"正式结题。2010 年 4 月 9 日，全国现代物流工作部际联席会议办公室在征求相关部门意见的基础上，提出了《关于促进制造业与物流业联动发展的意见》，并向全国各省市现代物流工作牵头部门印发，组织实施"两业联动"的示范和试点工作。

为贯彻《关于促进制造业与物流业联动发展的意见》精神，2010 年，各省市地区开始推动"两业联动"示范工程。从 5 月份起，河南省开始在全省范围内开展制造业与物流业联动发展示范工程，重点鼓励制造业物流流程再造和物流业务分离外包，提高核心竞争力。主要支持方向是推进制造业企业物流供应链一体化管理，然后推广一批制造业与物流业联动发展的示范工程，扶持建立一批省级重点企业物流管理中心。此外，福建、湖南、上海、深圳、杭州、沈阳等省市均通过专项资金及政策倾斜，扶持物流基础设施建设和物流企业发展，提升现代物流业承接制造业物流的服务能力。河南省 2010 年推出的《河南省现代物流业发展规划（2010～2015 年）》中更是着重强调了"两业联动"发展的工作重心，提出河南物流业与制造业协同发展，通过打造一个国际物流中心，让现代物流发展成为提升制造业核心竞争力的重要支撑，成为构建制造业产业链的重要组成部分和基础条件，推动相关制造和商贸产业与物流产业的良性互动，助力河南及中部振兴。

2010 年 9 月底，大连市有关部门在大连创新零部件工业园举办了"制造业企业物流创新模式现场会"，交流两业联动发展的经验。2010 年 11 月 30 日，在兰州举行的中国西部装备制造和现代物流发展论坛上，明确提出甘肃省将推动制造业和物流业联动发展，深化物流业与制造业、商贸流通业、农业等相关产业的联动发展、融合发展、供应链发展、产业链发展。

2. 冷链物流步入快速发展时期

由于人们生活水平的不断提高，对农副产品的多样化、新鲜度、营养性和安全性等方面的要求也越来越高，冷链物流已成为农副产品物流发展的大势所趋。从 2010 年年初开始，《冷链物流企业服务条件评估》等六项国家标准作为 2010 年的工作重点相继启动。一方面，全国物流标准化技术委员会冷链物流分技术委员会组织标准编写起草单位，整理、了解国内外冷链物流相关标准现状，制修订冷链物流标准体系表；另一方面，也把影响行业未来发展的《冷链物流企业服务条件评估》标准作为支撑行业管理工作的科学基础。

2010 年，各地政府在推动冷链物流发展方面不遗余力，并纷纷支持本地建立冷链物流项目。2010 年 9 月，在第 14 届中国国际投资贸易洽谈会期间，厦门航空港工业与物流园区和香港佳德投资有限公司签约，协约双方将共同致力打造一个 5 万吨规模、厦门最大的冷链物流中心。根据规划，未来航空港物流园区将开展城市配送、国际物流等业务，打造厦门最大的冷链物流中心。该项目于 10 月动工，2012 年年中完工，将成为厦门航空港物流园区内最早投入运营的项目，极大地改善厦门冷链物流产业硬件基础相对薄弱的局面。2010 年 10 月 8 日，西南地区最大的冷链物流基地——玉洞冷库已基本建成。南宁玉洞冷库位于中国—东盟国际物流基地的核心区，距离北部湾港仅 120 公里，后期将继续建设满足冷链上下游客户需求、功能更完善的冷链基础设施，形成西南地区面积最大、功能最先进、服务最完善的冷链物流基地。2010 年 10 月 19 日，石家庄市 2010 年秋季重点项目集中开工仪式暨洛杉奇食品及冷链物流项目奠基仪式在鹿泉市铜冶镇北铜冶村举行，总投资 2.5 亿元，将建成一个 4 万吨容量石家庄规模最大的冷库，此举将有效拉动冷链物流行业的发展。2010 年 12 月，由中国物流与采购联合会冷链物流专业委员会主办、河南省冷链物流中心承办的河南冷链产业发展的高层论坛在郑州举行，目的在于推动河南省冷链物流发展，会议认为河南具有发展冷链物流的先天优势，但目前结构"畸形"，第三方冷链物流发展不规范，河南若要在冷链物流行业打造全国示范，政府应加大支持力度。作为四川省最大的肉类冷链物流配送项目，落户于西南航空港经济开发区的四川省川商冷链食品有限公司成都肉类冷链物流配送项目已获得省环保厅批复，项目已开工建设。

（五）各级政府高度重视物流业发展，物流业专项规划制定出台

2010 年年底，国家正在积极开展《物流业发展中长期规划（2012～2020 年）》的编制工作，规划将明确今后时期物流业发展的基本思路、重点及方向。有关部门将继续深化促进物流业发展相关政策，对物流企业反映的税收、土地、收费等热点问题，进一步

加大政策支持力度。从整体看，"十二·五"时期是中国物流业夯实产业基础、步入快速发展新阶段的重要时期。未来五年将以优化布局、调整结构为重点，坚持规划引导和体制创新，形成分工协作、优势互补、布局合理、技术先进、节约环保、集约高效的物流产业发展新格局。①

随着《物流业调整和振兴规划》中各项任务的逐步落实，相关细则的制定也在加快进行中。2010 年物流园区、煤炭物流、应急物流、商贸物流等专项规划也已进入最后讨论阶段，预计将于 2011 年年初出台。

2010 年年初，由工业和信息化部组织制定的《物流信息化发展规划（2010～2015）》提出了八项典型发现和试点示范项目的支持方向，包括主制造商供应链信息化提升工程、物流信息平台建设工程、重点领域物流信息化提升工程、电子商务与物流服务集成建设工程、军民结合物流信息化体系建设工程、集装箱多式联运信息化工程、重点物流信息化标准研制宣贯工程、物流信息技术创新应用工程。

2010 年 8 月，国家发展和改革委员会正式发布《农产品冷链物流发展规划》，我国冷链物流也将迎来发展新机遇。《农产品冷链物流发展规划》在分析我国当前农产品冷链物流发展现状和问题的基础上，提出了到 2015 年我国农产品冷链物流发展的目标、主要任务、重点工程及保障措施。

同月，为贯彻落实《国务院关于印发物流业调整和振兴规划的通知》（国发〔2009〕8 号）要求，在新形势下进一步推进物流标准化工作，针对规划中提出的"制定物流标准专项规划"任务，国家标准化管理委员会联合其他部门编制了《全国物流标准专项规划》，从中国物流业发展的实际需要出发，提出了物流技术、物流信息、物流服务、道路运输、铁路运输、国际货运代理、仓储、粮食物流、冷链物流、医药物流、汽车和零部（配）件物流、邮政（含快递）物流、应急物流等 13 个重点领域的标准制修订任务，旨在推动物流业基础性、通用性标准和急需标准的制修订工作，健全并完善重点突出、结构合理、层次分明、科学适用、基本满足物流业发展需要的物流标准体系，充分发挥物流业各相关部门、行业、技术组织的作用，共同推进物流业标准化工作的深入开展。

节能环保已被列为七大战略性新兴产业之首。《节能环保产业发展规划》由国家发展和改革委员会同环境保护部等部门编制，于 2010 年 11 月 25 日通过国务院批准，将对节能产业、环保产业和循环利用产业提供技术、产品和服务等支持，促进绿色经济产业链的形成与发展。

在 2009 年《物流业调整和振兴规划》的基础上，各省（自治区、直辖市）陆续出台和完善相应的物流发展规划。2010 年新出台的《河南省现代物流业发展规划（2010～2015 年）》提出了河南省物流发展"1+10"模式布局。"1+10"模式的"1"是指郑州这一个国际物流中心，它是河南省对郑州在中部地区物流中心的价值定位；"10"是十大行业物流，即食品冷链物流、医药物流、钢铁物流、汽车物流、家电物流、纺织服装

---

① 中国物流与采购联合会. 物流业发展中长期规划开始编制. http://www.chinawuliu.com.cn/cflp/newss/content/201011/674_124989.html, 2010-11-19.

物流、邮政物流、粮食物流、花卉物流、建材物流，它是指十个未来重点发展的目标行业。

（六）物流学术研究稳步发展，绿色物流和低碳物流等研究引起关注

中国物流学术研究相当活跃，物流理论继续稳步发展。由中国物流学会、中国物流与采购联合会主办的"第九次中国物流学术年会"于 2010 年 11 月在南京召开。从本届学术年会获奖成果的内容来看，物流学术研究主要呈现以下特征：第一，论文研究的产业背景有所增强。34.6% 的获奖论文具有一定的产业背景，这些论文主要来自专业供应链研究和企业物流中的一些具体实操性研究。对于课题研究而言，大部分来自于政府的任务，如政府的园区规划、区域规划等，来自产业的比较少，只有 28.9% 的课题具有产业背景。第二，从专业化的情况来看，已经覆盖了当前很多最新的产业热点，如食品和农产品供应链、快递物流、应急物流、融资物流、电子商务物流、绿色物流等新兴领域。第三，物流研究向供应链发展的趋势非常明显，供应链管理成为产业集约化发展的重点。①

随着国家发展低碳经济的需要，绿色物流研究已经引起关注。2010 年 3 月，北京交通大学低碳供应链与低碳物流研究所正式成立，其目标是围绕低碳经济下的供应链与物流管理问题，依托校内优势和校外资源，就减少碳排放的管理方法和技术路径等开展基础理论与政策研究，为企业和政府提供管理咨询服务。2010 年 4 月，交通运输部审议并原则通过"建设低碳交通运输体系研究大纲"，标志着低碳交通运输体系研究正式启动。低碳交通运输体系研究是加快交通运输发展方式转变的必然要求，是积极推进现代交通运输业发展的重要体现，是对交通运输节能减排各项措施的有力推动。据了解，低碳交通运输体系专题研究拟采取"1+7"的基本架构，即低碳交通运输体系总体框架研究和中国交通运输业碳流通的主要环节及循环机理研究、公路交通运输领域碳排放现状目标与监测考核体系研究、水路交通运输领域碳排放现状目标与监测考核体系研究、城市客运领域碳排放现状目标与监测考核体系研究、交通运输行业能源消耗与碳排放统计监测体系研究、交通运输低碳发展的重大政策与技术分析、低碳交通运输理论与方法研究。

二、2011 年中国物流行业发展趋势展望

2010 年以来，在应对国际金融危机一揽子刺激计划的作用下，中国国民经济回升势头得到进一步巩固。2010 年 12 月的中央经济工作会议明确指出，2011 年宏观经济政策的基本取向要积极稳健、审慎灵活，重点是更加积极稳妥地处理好保持经济平稳较快

---

① 中国物流与采购联合会. 从学术年会成果评选看物流学术研究. http://www.chinawuliu.com.cn/cflp/newss/content/201012/32_8423.html, 2010-12-01.

发展、调整经济结构、管理通胀预期的关系，加快推进经济结构战略性调整，转变经济发展方式。

2011 年是实施"十二·五"发展规划的开局之年，也是贯彻落实物流业调整与振兴规划的最后一年。积极做好社会经济发展工作，促进物流业平稳健康发展，对于进一步推进中国经济的发展方式转变和产业结构调整、为"十二·五"时期继续深化改革开放和提高发展质量奠定良好基础具有十分重要的意义。

（一）2011 年中国物流业将继续保持平稳增长态势

2010 年 11 月，中国制造业 PMI 稳中略升，达到 55.2%，比上月上升 0.5 个百分点，预示中国经济景气度稳步提高，国民经济高位趋稳总体态势进一步显著；PMI 购进价格指数继续攀升，达到 73.5%，比上月上升 3.6 个百分点，预示制造企业生产成本上升大；11 月份 CPI 同比上涨 5.1%，工业品出厂价格指数同比上涨 6.1%，意味着未来通胀预期将不断增强。[①] 综上分析，2011 年中国经济总体走势将继续保持平稳增长，但通胀预期有加大趋势，还需密切关注。

1. 2011 年中国物流业继续保持平稳较快发展

为进一步把握 2011 年中国物流业的运行态势，根据中国物流行业景气指数和预警信号系统方法，结合 2010 年的分析和判断，对 2011 年物流业的综合运行态势进行预测。

根据表 6 中物流行业景气先行指标的变动情况，形成综合反映物流行业先行合成指数的变动趋势，如图 7 所示。

从图 7 中可以看出，中国物流行业的先行合成指数于 2008 年 3 月达到上升期的峰顶（114.88）后，开始进入持续 16 个月的下降期，并于 2009 年 7 月到达谷底（71.78）。此后，该指数一直处于稳步回升态势。自 2010 年 5 月达到此次回升期的峰顶（98.62）后，该指数出现下滑并在一定范围内趋稳波动。根据先行合成指数的基本走势和平均提前期推断，预测 2011 年度中国物流行业一致合成指数将表现出平稳上升波动的基本态势。因此，可以预计 2011 年中国物流业的综合运行态势将继续呈现平稳较快发展的基本特征。

首先，2011 年是"十二·五"发展规划的第一年。自 2010 年以来，在中央和各级地方政府编制"十二·五"发展规划的过程中，继续把"推进经济结构调整、加快发展现代物流业、积极推动重点行业与物流业的联动发展等"作为转变经济发展方式的重要内容和关键举措，各地区、各部门将继续加强物流业的发展规划、行业引导和政策扶持，推动物流业的快速发展。

---

① 中国物流与采购联合会. 中国 PMI 显示我国经济发展仍保持稳步较快增长态势. http://www.chinawuliu.com.cn/cflp/newss/content/201011/49_8369.html，2010-11-01.

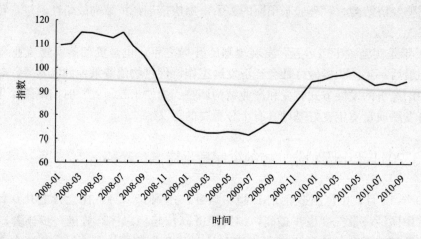

图 7　物流行业的先行合成指数

其次，中国经济正处于产业结构优化升级、城市化建设快速发展的时期，国民经济将继续保持平稳较快发展的基本态势，社会经济对现代物流业需求的增长趋势不会改变。特别是 2011 年在中央"积极稳健、审慎灵活"的宏观经济政策调控下，中国国民经济将继续保持平稳较快发展。国民经济的健康发展，必将继续拉动物流业的市场需求，加快物流业的发展步伐。

最后，中国不断推进区域发展战略，带动区域经济的快速发展。在国家区域发展规划的要求下，产业发展整体格局将得到调整，进一步推动产业的地域性转移和承接。因此，"十二·五"发展时期，国内产业继续由东部沿海向中西部地区转移，区域经济的协调发展、地区性产业分工的协作使得跨区域的物流需求将急速增长，从而会持续促进物流业的快速发展。

2. 成本上升压力不断加大，物流企业将加快兼并重组

自 2010 年下半年以来，世界经济复苏步伐逐步放缓，美联储实施二次量化宽松的货币政策导致资本市场流通性过剩，国内居民消费品价格增长过快进一步加大通胀预期，以及人民币升值压力继续增大，国内外经济发展形势依然复杂多变，不稳定不确定因素仍然较多，对未来经济发展应保持谨慎乐观。

2010 年下半年以来，国际原油价格持续走高，市场通胀预期不断升温，CPI 连续攀升，导致燃油、人工和诸多消耗品的价格上涨，物流企业的运行成本急剧增加；同时，物流市场的激烈竞争，又使得物流企业在保证服务质量的基础上难以相应提高服务价格。在成本和价格的双重挤压下，物流企业的利润空间将进一步缩小。

长期以来，国内中小型物流企业普遍存在粗放经营、管理水平落后和信息化较低的现象，物流技术和装备较差、服务内容单一化以及辐射范围较小，导致物流企业的市场竞争力普遍较低。根据国家相关产业政策，近年来中国物流业加快了产业结构调整的步伐，物流企业将向规模化经营和专业化服务扩展，并积极推进形式多样的兼并重组。随

着物流企业运营成本的不断上升，物流服务需求的专业化和社会化发展，以及提高物流企业服务水平和市场竞争力的要求，大量物流企业面临兼并重组的变革要求。

与此同时，私募基金、风险投资基金和产业投资基金等，将在一定程度上推动物流企业的结构调整和兼并重组。许多地方政府也相继出台鼓励物流业兼并重组的政策措施。因此，预计 2011 年中国物流企业将加快兼并重组的步伐。

3. 物流信息化要求不断加大，物流服务水平有望继续提高

中央和各级地方政府相关部门都相继将物流信息化纳入到自己的工作计划当中，积极制定相关发展规划和政策措施，推进物流信息化发展。由工业和信息化部制定的《全国物流信息化发展规划》将为中国的物流信息化发展指明方向，促使各地区、各部门加强物流信息化工作的规划和建设力度，继续推动信息化基础设施和区域性公共信息平台的开发建设。

市场竞争的日趋激烈和运营成本的不断上升，将进一步推动物流企业转变发展方式。为提高物流服务水平和运营效率，开展物流信息化建设将成为中小物流企业提高市场竞争力、实现可持续发展的重要途径，也是实现物流产业优化升级的关键措施。

传感网、物联网等关键技术的快速发展，为物流企业信息化建设提供了良好的技术支撑和服务平台。充分开展物联网技术在物流管理、物流作业中的应用，推动中国智能物流的发展，将成为 2011 年中国物流信息化建设的重点内容之一。

（二）物流园区发展模式进一步创新，服务内容和功能继续拓展

1. 物流园区的服务功能将不断提升，向"无水港"方向的发展趋势明显

近年来，中国物流园区发展迅速，各地政府和相关企业参与物流园区开发建设的热情不断高涨，物流园区建设的步伐不断加快。日趋激烈的市场竞争对物流园区的服务模式和服务内容提出了更多更高的要求，作为物流业发展的重要载体和物流企业运营的基础平台，物流园区的发展模式必须不断创新。

"无水港"，是在内陆经济中心城市的铁路、公路交会处，依照有关国际运输法规、条约和惯例设立的对外开放国际商港，是沿海港口在内陆经济中心城市的支线港口和现代物流的操作平台，为内陆地区经济发展提供方便快捷的国际港口服务的桥头堡。

为适应国际贸易发展的需要，内陆地区在规划和建设物流园区的过程中，将进一步加大利用相关的产业优惠政策，通过开展保税物流与通关报关、货运代理和多式联运等综合性物流服务，实现物流园区发展模式的拓展与创新。可以预见，2011 年内陆地区物流园区不断提升服务功能，向"无水港"方向发展的趋势将更加显著。

2. "绿色物流"的观念不断推广，低碳物流园区引人关注

随着气候问题的日益严重，全球化的"低碳革命"正在兴起，以"低能耗、低污染、低排放"为特征的"低碳新纪元"已经到来。

2010 年 9 月 25 日，《安徽益民低碳物流园区发展规划》通过专家评审。这是中国第一个低碳物流园区的发展规划，可以指导安徽物流发展，有效提高经济运行质量。根据《安徽益民低碳物流园区发展规划》，该物流园区将以低碳为主要诉求点，以建设高效、绿色的第四方物流园区为导向，通过高效的信息平台整合社会资源，在履行社会责任的同时，实现服务、信息化和利润的同步增长。该规划首次提出了"低碳物流园区"的概念并融进了园区的功能规划中，在运输管理、仓库管理、办公管理、绿化设计、水循环、屋顶设计、光伏照明、产品包装、道路及地面设计等环节对低碳标准进行了针对性的规划设计，对指导中国物流园区的规划和建设具有重要的意义。

随着国家"十二·五"发展规划的制定和实施，经济发展必须与环境保护和社会和谐相统一，物流园区的环保要求将不断增强，预计 2011 年绿色物流的观念将不断推广，低碳物流园区发展值得关注。

（三）区域物流一体化和城镇化趋势显著，继续推动物流与城市发展的融合

近年来，中国区域经济发展迅速，现代物流业在经济发展中的重要地位日益凸显。特别是在国家推进经济结构调整和产业地域转移与承接的要求下，区域经济东中西梯次转移的进程将继续加快。2009 年以来，国务院密集出台推进区域经济发展的规划和政策，区域一体化发展步伐不断加快，对于物流一体化发展的要求也更加显著。物流企业跨区域的合作与经营，有利于实现资源的合理配置和货物的快速流动，从而使区域内各经济主体在经济贸易上形成很大的互补性。

2010 年 11 月 26 日，2010 年长三角地区现代物流联动发展大会在上海召开。会议提出，将以"大通关、大物流"思想为指导，推动建立起快速、高效、低成本、安全的综合运输网络体系；积极联手开展甩挂运输的试点和推广工作；提高货运（物流）信息化水平，推动统一货物代码技术标准的广泛应用；加快货运（物流）市场的资源整合，建立健全区域道路货运（物流）重点企业的协调平台，并发挥其功能；进一步完善一体化工作机制，建立统一规划、协同实施的多部门、多层次合作平台，适应长三角地区的经济和社会发展。长三角地区现代物流联动发展大会暨合作论坛是长三角物流区域联动、合作的有效平台，对于推动区域物流一体化的进程，促进长三角地区物流业的健康发展具有深远的影响。①

2010 年 12 月 2 日，中日韩运输与物流发展论坛在浙江杭州举办。三国运输与物流主管部门的代表共同签署了《东北亚物流信息服务网络合作备忘录》，宣布东北亚物流信息服务网络正式成立。该网络是一个非营利的、跨国性的物流信息互联合作机制，目

---

① 上海市商务委员会. 加强区域紧密合作 推进物流联动发展 长三角区域物流联动发展大会在沪召开. http://www.smert.gov.cn/sfic/sc/list.jsp? menuId=47&sonMenuId=69&rightMenuId=0&id=243220，2010-11-29.

标是推进东北亚地区物流信息交换和共享，促进物流及信息化领域相关单位交流、共享信息、共同推广研究成果，共同开展物流信息技术及标准的合作研究、培训、咨询等国际交流活动，以提升中日韩乃至东北亚地区物流信息化的整体水平。该网络的成立，将有效改善目前中日韩三国间物流信息互联传递效率低和扩展性差的现状，有助于解决信息孤岛和物流资源整合等问题，推动东亚地区区域物流一体化的发展。①

在经济发展的推动和国家政策的鼓励下，特别是 2010 年以来部分省市地区城镇户籍制度改革的推进，中国城镇化的发展进程将持续加快。区域经济的快速发展，缩小了城乡发展环境的差异，改变了城乡发展布局的隔离，促进了城乡融合一体化的发展，极大地推动了中国城镇化的步伐，进而对城市物流服务需求的数量和质量也提出了新的要求。区域物流一体化和城镇化的趋势，必然会推动区域物流服务布局的调整，促进城乡一体化物流服务体系的形成和发展，实现物流与城市发展规划的协调与融合。伴随着长三角、京津冀以及粤港澳等区域物流业联动发展的持续推进和不断深化，预计在 2011 年中国区域物流一体化趋势将更加显著，不断促进区域物流业的快速发展。

（四）两业联动加快产业结构的调整，商贸物流和冷链物流等专业化物流预期实现快速发展

近年来，物流业与制造业的联动发展日益受到重视，各级政府加大推动制造业与物流业联动发展，并将制造业与物流业联动发展与优化产业结构相结合，相继制定并出台了两业联动发展的政策措施，制造业与物流业的联动发展进入一个新的时期。2010 年10 月，中共中央十七届五中全会正式召开，会议通过的《中共中央关于制定国民经济和社会发展第十二个五年规划的建议》明确提出，将"坚持把经济结构战略性调整作为加快转变经济发展方式的主攻方向。加强农业基础地位，提升制造业核心竞争力，发展战略性新兴产业，加快发展服务业，促进经济增长向依靠第一、第二、第三产业协同带动转变"。

现代物流是提升制造企业核心竞争力的重要手段，制造业是物流业发展的需求基础。制造业与物流业联动发展，有利于中国制造业产业升级，增强国际竞争力，有利于提高物流业的服务能力，对于调整优化产业结构、转变经济发展方式具有重要意义。预计在全面推进"十二·五"发展规划的进程中，2011 年各地区、各部门将进一步深化物流业与制造业、商贸流通业、农业等相关产业的联动发展、融合发展，围绕产业升级大力推进社会化物流和专业化物流服务的发展。

在复杂的经济形势下，中国经济发展依赖于"投资和出口"的以往模式将不可能继续，转变经济发展方式成为未来中国经济发展的关键点，而扩内需、促消费则是推动经济发展方式转变的重要途径。当前中国已开始进入消费通过流通决定生产的时期，消费

---

① 浙江省交通运输厅. 东北亚物流信息网络正式成立. http://www.moc.gov.cn/st2010/zhejiang/zj_jiao-tongxw/jtxw_wenzibd/201012/t20101207_883668.html, 2010-12-07.

对 GDP 的拉动作用将明显增大。商贸流通业作为第三产业的重要组成部分，亟须依赖信息化建设、流通方式创新和现代服务业融合等不断加速产业优化升级。由商务部拟定的预计将在 2011 年出台的《商贸物流发展规划》，将有助于进一步加快中国商贸流通业的健康发展，推动重点行业与物流业的联动发展，提高商贸领域的服务能力和服务水平，从而对经济发展方式转变和产业结构调整产生深远影响。

目前，国内部分生产商、物流商、经销商已经开始联手打造冷链物流链，初步形成了以农副产品批发市场营运商、大型连锁超市、食品加工企业、冷库为主导的四类农副产品冷链物流运作模式。同时，国际冷链物流巨头英格索兰、普菲斯等也加快了进入中国冷链物流市场的发展步伐。中国广阔的农副产品消费市场、日益扩大的物流市场规模，都将带动冷链物流进入快速发展的新时期。2010 年 6 月，国家发展和改革委员会正式出台《农产品冷链物流发展规划》，中国冷链物流业也迎来新的发展机遇。在这种背景下，预计 2011 年各级地方政府将继续加快冷链物流的规划和发展，实行政府推动与市场推动并举，把冷链物流上下游结成供应链，进一步加强冷链物流技术的研究与新技术的推广应用，中国冷链物流将进入快速发展的新时期。

（五）各级政府继续高度重视，通过制定物流业中长期发展规划推动物流业发展

2010 年 11 月，国家发展和改革委员会正式启动《物流业发展中长期规划（2012～2020)》的编制工作，有望于 2011 年正式出台。作为《物流业调整与振兴规划（2009～2011)》的延续，这一规划将有助于明确今后一段时期内中国物流业发展的基本思路、重点及方向。从整体上看，"十二·五"时期是中国物流业夯实产业基础、步入快速发展新阶段的重要时期，各级地方政府纷纷通过规划推动现代物流业发展，已成为当前中国物流业发展的显著特征。自《物流业调整和振兴规划》后，中西部省份纷纷着手制定地区性物流业发展规划。据不完全统计，截至 2010 年年底制定物流业发展规划的省份已达到 20 多个；部分省份结合制定"十二·五"发展规划，明确将把物流作为发展重点并列入其中；甚至一些地区和县级政府也结合当地实际，制定了物流发展规划。

预计 2011 年，各级地方政府将会更加积极地推动开展物流业发展规划的制定和实施工作，加快出台支持物流业发展的政策措施，促进物流产业政策体系建立，不断改善物流业发展的政策环境，引导物流企业做大做强。

（六）低碳经济"倒逼"绿色物流发展，低碳物流成为推动经济发展的重要途径

2010 年 12 月，中央经济工作会议明确提出，2011 年"要强化节能减排和应对气候变化，大力发展绿色经济，完善政府节能减排目标责任考核评价体系；进一步发挥市场作用，健全激励和约束机制，增强企业和全社会节能减排内生动力；加强重点节能工程

建设，大力发展循环经济和环保产业，加快低碳技术研发应用"。

物流业是能源消耗的重点行业，节能减排的任务相当严重。据测算，到 2020 年，中国交通运输需求总量是目前的 2.5～3 倍，也就是说运输能力还需要再提高两倍以上。而目前中国载货汽车油耗比世界先进水平高 30％左右，内河运输船舶油耗比国外先进水平高 20％以上，机动车尾气排放在一些大城市占大气污染比重已经达到 60％。因此，大力发展低碳技术和绿色经济，促进资源节约型、环境友好型社会的建设，对中国物流业的发展必然提出新的要求。可以预计，发展低碳经济，实现可持续发展，是物流企业在 2011 年发展的重要方向，也是物流企业绩效考核和客户服务的重要指标，将对物流企业的服务质量和服务水平提出更高的标准。

三、中国物流业发展的若干政策建议

（一）保持物流业政策的连续性和稳定性，促进物流业平稳发展

随着国家开始着手制定"十二·五"发展规划，坚持产业结构调整、促进产业优化升级依然是未来中国经济发展的主旋律。发展现代服务业，特别是物流业的平稳发展，是推进中国经济发展战略转变的关键，也是实现中国经济可持续发展的必由之路。

复杂的国际经济环境为中国物流业的发展带来了更多的机遇和更大的挑战。因此必须密切关注国内外宏观环境的发展变化，深入研究行业发展的趋势，科学合理地开展宏观调控和制定政策措施，进一步加强物流业政策的连续性和稳定性，从而推动中国物流业平稳健康的发展。

（二）积极推动内陆地区探索物流园区发展新思路和新模式

物流园区是发展物流业的重要抓手，各地区、各部门纷纷加快物流园区的发展工作，中国物流园区进入快速发展的新时期。然而，实践中物流园区重复建设的现象仍然存在，部分地区物流园区建设存在着发展思路不明确的问题。

因此，建议各级地方政府结合当地的经济发展需求，理清本地物流园区的发展思路，积极推进物流园区发展模式的创新和服务内容的拓展，加快物流园区的优化升级，提高物流园区的竞争力，促进区域物流的健康发展。

（三）加强区域物流规划的科学性，促进物流发展与城镇建设的协调统一

物流发展具有区域性特征，目前各级地方政府多层次制定规划的现状极易引发不良竞争、重复建设和资源浪费现象。建议根据国家区域发展战略，按照产业布局、商品流向和道路、港口、车站、机场等基础设施条件，进行全国性与区域性物流发展规划的统筹和协调，形成符合中国经济发展与自然条件规律的物流系统整体布局。

物流业属于服务业的范畴，在经济发展中处于基础性的支撑地位。建议加强物流业与城镇化建设的协调与统一，通过发展现代物流业促进城镇化的合理建设，实现经济社会的和谐发展。

（四）积极引导两业联动发展，加强专项物流发展规划的制定实施

制造业与物流业联动发展，有利于制造业降低成本，提高效率，促进产业升级；有利于释放和集聚物流需求，整合社会物流资源，提高物流业的整体服务水平；有利于调整优化产业结构，促进经济发展方式转变；有利于提高企业应对国际金融危机的能力，促进国民经济平稳较快发展。

建议继续加强政策引导和扶持，推动制造业与物流业联动发展，促进转变经济发展方式和产业结构调整步伐，实现国民经济的健康发展。同时，还要加快专项物流发展规划的制定实施，通过促进商贸物流、冷链物流等专项物流的发展，推动物流的社会化和专业化发展步伐，提高中国物流业的发展质量和发展效率。

（五）加快制定相关政策，推动发展"低碳物流"，促进物流业可持续发展

"十一·五"期间，中国节能减排的战略目标取得阶段性成果，GDP 能耗比稳步下降，自然社会环境继续改善。"十二·五"发展规划将继续坚持节能减排的基本思路，发展"低碳经济"，必然对物流业的运作模式和技术应用提出更高的要求。

随着国际上低碳革命的兴起，物流业重视低碳技术的应用和碳排放标准的制定成为一个必然趋势，中国物流业势必迎来新一轮的发展变革。建议政府部门加快制定相关政策，加大对"低碳物流"和"绿色物流"的支持力度，积极推动物流业新能源和新技术的研发应用，提高中国物流业的国际竞争力，实现中国物流业的可持续发展。

2011 年我国房地产价格预测

李秀婷　吴迪　高鹏　董纪昌

报告摘要: 高房价引发了越来越多的社会问题,群众的住房需求没有得到较大程度的满足,刚性需求仍长期存在。2010 年以来,为了遏制房价上涨过快的势头,国家先后出台了一系列重拳政策,但调控效果并不十分显著。2010 年年末,在以美国对货币实行量化宽松政策为代表的国际金融环境变化作用下,我国经济环境也受到剧烈的影响,经济增长逐季放缓,CPI 持续上涨,给我国经济的发展带来了不稳定因素,也为房地产市场的发展带来了一定的不确定性。

展望 2011 年,影响中国房地产市场走势的不确定因素众多:①通货膨胀预期将增加房地产投资保值型的需求;②收入增长预期将长期支撑刚性需求;③土地政策将推动房地产供给的结构调整;④"限购令"将快速抑制投资和投机需求;⑤"限外令"将防范国际热钱扰乱我国住宅市场;⑥加息预期将强化市场收紧预期;⑦征收房地产税将促使空置房上市交易;⑧都市圈建设将推高一线城市附近二、三线城市的房价。综合来看,长期积累下来的供需不平衡关系在短期内不可能得到缓解,而且在我国宏观经济运行良好的长期态势下,巨大的社会需求决定了我国房地产市场的基本态势不会出现明显变化。据此,预计 2011 年房价仍将保持增长,但是随着国家政策力度的加强,房价过快增长的趋势会得到抑制,增幅将逐步回落。

基于对房地产市场的基本面分析和 TEI@I 的预测思想,综合运用 ARIMA、VAR 和 BP 神经网络等方法,我们对 2011 年房地产市场走势做出如下预测:①房地产投资额将出现一定程度的增长,涨幅较 2010 年有所下降;②房地产市场需求保持增长,但增速将趋缓,住宅房地产需求增速下降明显;③房地产市场供给增速大幅下降,市场供需不平衡的状况加剧,房价仍然有上升的动力;④房地产销售价格指数将逐渐回落,房价难以维持高速增长趋势。

根据分析结果,针对稳定房价维持房地产市场健康发展目标,提出如下政策建议:①继续加大落实保障性住房建设的力度,以保障城市中低收入居民利益;②继续加强房地产价格的调控力度,坚决打击任何形式的房地产投机;③继续加宽都市圈系统建设的范围,吸纳更多地区,全面推进城市化进程。

一、2011 年房地产市场预测

2010 年 9 月 29 日房地产"二次调控"推出后,政策调控力度并未减缓,提高存款准备金率、大量建设保障性住房等市场化调控手段和非市场化调控手段的交替出台，再次表明了政府遏制房价持续上涨的坚定态度，可以预计即将到来的 2011 年将是调控的作用年和有效性的检验年。目前，我国对房价的调控已经被提高到政治层面，如果在"二次调控"作用下房价依然继续上涨，政府有可能出台更为严厉的调控措施。因此，在国家复合调控政策的多重压力下，预计 2011 年房地产市场将受到较大的影响，商品房价格难以维持高速增长转而逐渐回落。

综合运用 ARIMA、VAR 和 BP 神经网络等方法，我们对 2011 年我国的房地产市场的相关指标进行了预测，具体包括以下几个方面。

（一）房地产投资预测

预测 2011 年我国房地产投资将出现较快增长。虽然 2011 年商品房投资额在 1 000 万套保障性住房的建设压力下，房地产投资增速不太可能超越 2010 年，但是总体房地产投资仍有较高增长。如图 1 所示，预计 2011 年房地产行业完成投资额为 63 364.31 亿元，同比增长 30.57%，涨幅同比下降 3.37 个百分点。此外，2010 年年末受后半年销售回升的影响，在主要城市尚余较多土地的情况下，2011 年各地土地购置动力将依然较强。如图 2 所示，预计 2011 年房地产企业购置土地面积 45 852.044 万平方米，同比增长 9.40%，涨幅同比下降明显；完成土地开发面积 22 348.879 万平方米，同比降低 0.32%。

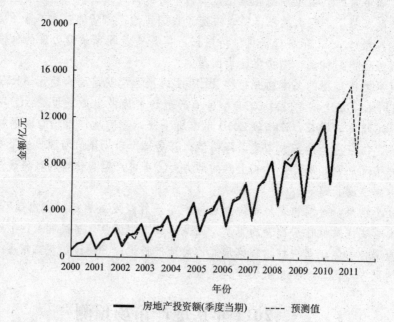

图 1　2011 年各季度房地产完成投资预测

资料来源：中国经济信息网，其中 2010 年和 2011 年数据为项目组的预测数。

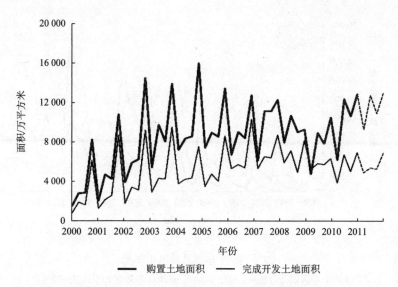

图 2　2011 年各季度房地产购置和开发土地面积预测
资料来源：中国经济信息网，其中 2010 年和 2011 年数据为项目组的预测数。

（二）房地产需求预测

如图 3 所示，预计 2011 年全国商品房销售面积为 98 961.64 万平方米，同比增长 2.83%，增幅同比增加 0.14 个百分点；全国住宅销售面积为 90 981.94 万平方米，同比增长 2.79%，增幅同比下降 1 个百分点；全国商品房销售额为 50 705 亿元，同比增长 10.51%，增幅同比下降 1 个百分点；全国住宅销售额为 41 374.2 亿元，同比增长 2.06%，增幅同比下降 4.18 个百分点。2010 年 10 月 20 日，央行上调人民币存贷款基准利率 0.25 个百分点标志着货币政策进入加息通道，可以预计在货币政策从紧的政策下 2011 年房地产市场需求增速将趋缓，住宅房地产需求增速下降明显，包括办公楼用房和商业营业用房内的非住宅性房地产是主要的需求增长点。

（三）房地产供给预测

如图 4 所示，预计 2011 年房地产新开工面积 187 350.18 万平方米，同比增长 10.55%，增幅同比下降十分明显；住宅新开工面积为 114 748.10 万平方米，同比下降 10.03%。房地产施工面积 533 389.62 万平方米，同比增长 29.03%，增幅同比下降 0.3 个百分点；住宅施工面积 396 028.34 万平方米，同比增加 26.02%，增幅与 2010 年相比基本持平。房地产竣工面积 76 594.07 万平方米，同比增加 2.33%，增幅同比下降 4.26 个百分点；住宅竣工面积 65 074.69 万平方米，同比增加 5.70%，增幅下降 1.01 个百分点。预测结果显示，2011 年房地产竣工面积落后于销售面积的差距继续拉大，市场供需不平衡的状况加剧，房价仍然有上升的动力。

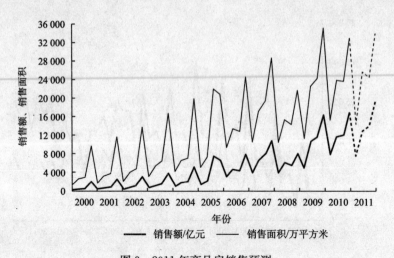

图 3 2011 年商品房销售预测

资料来源：中国经济信息网，其中 2010 年和 2011 年数据为项目组的预测数。

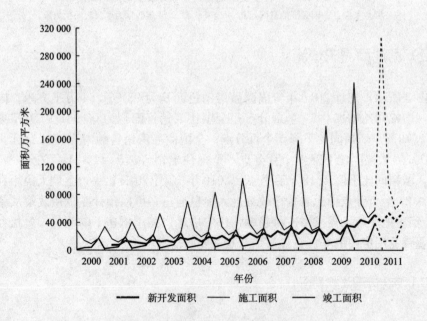

图 4 2011 年房地产市场供给预测

资料来源：中国经济信息网，其中 2010 年和 2011 年数据为项目组的预测数。

（四）房地产价格预测

如图 5 所示，预计 2011 年房地产销售价格指数将逐渐回落；预计全年商品房平均销售价格达到 5 711.51 元/平方米。从 2010 年前三季商品房销售金额与销售面积同比保持增长、房价维持高位运行的情况来看，房地产"二次调控"的影响将有较大可能在年底前逐步显现。二次调控的诸多限制大幅地降低了市场的需求弹性。同时，一方面，受 2010 年住宅新开工规模近 18 亿平方米的影响，住宅新增供应量压力将持续到 2011 年中后期；另一方面，2011 年新增 1 000 万套保障性住房的供应压力将极大地影响市场对未来供应的预期。因此，在 2011 年上半年"二次调控"政策效果显现、商品房供应集中释放及保障性住房大量进入市场的三重压力下，预计 2011 年房价难以维持高速增长趋势。

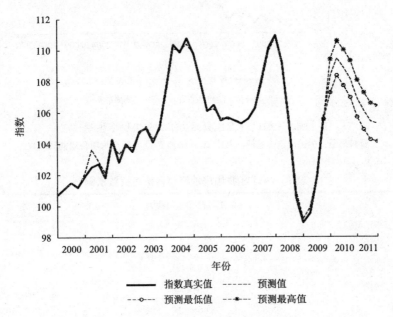

图 5　2011 年房地产销售价格指数预测

资料来源：中国经济信息网，其中 2010 年和 2011 年数据为项目组的预测数。

　　预计 2011 年房价涨幅回落，总体水平趋稳。如图 6 所示，全年商品房平均销售价格达到 5 711.51 元/平方米，同比增长 12.77%，增幅同比增加 4.31 个百分点。如表 1 所示，2011 年一季度房地产销售价格同比上涨 6.9%，涨幅比 2010 年四季度下降 1.3 个百分点。2011 年二季度房地产销售价格同比上涨 6.1%，涨幅较一季度下降 0.8 个百分点；2011 年三季度房地产销售价格同比上涨 5.4%，涨幅较二季度下降 0.7 个百分点；2011 年四季度房地产销售价格同比上涨 5.3%，涨幅环比下降 0.1 个百分点。国房指数能较好地反映价格增速的变化，而平均价格则可以反映长期的变化趋势。综合来看，2011 年房地产价格难以延续快速增长的趋势，但供需关系对房价仍有较强的支撑，房价仍将保持上涨。但随着国家调控力度的逐步加大，房价涨幅趋于回落。

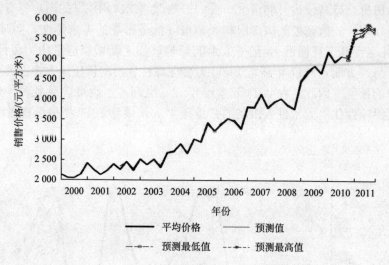

图 6　2011 年全国商品房平均销售价格预测

资料来源：中国经济信息网，其中 2010 年和 2011 年数据为项目组的预测数。

表 1　2011 年我国房地产销售价格指数预测

时间	季末房地产价格指数	95% 置信区间
2010-03	105.8	
2010-06	108.4	
2010-09	109.5	
2010-12	(108.2)	[107.0, 109.4]
2011-03	(106.9)	[105.7, 108.1]
2011-06	(106.1)	[104.9, 107.3]
2011-09	(105.4)	[104.2, 106.6]
2011-12	(105.3)	[104.1, 106.4]

注：括号内为预测值。

资料来源：中国经济信息网，其中 2010 年四季度和 2011 年数据为项目组的预测数。

（五）房地产景气预测

　　如图 7 所示，2009 年以来，国房景气指数呈明显的 U 型反转走势，并于 2009 年 8 月份进入景气区间，2010 年 3 月份达到 105.89 的高点，4 月份后市场景气状态有所降温，10 月份景气指数为 103.57。预计 2011 年我国房地产景气状态缓慢下行，年末景气指数在 103 左右。

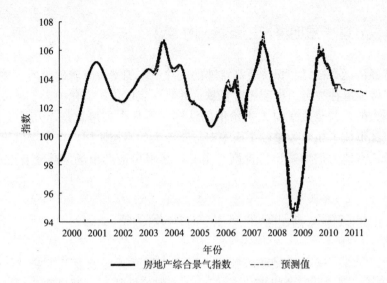

图 7 房地产开发综合景气指数预测

资料来源：中国经济信息网，其中 2010 年和 2011 年数据为项目组的预测数。

二、影响 2011 年房地产市场的主要因素

2010 年年末，在以美国对货币实行量化宽松政策为代表的国际金融环境的变化作用下，我国的经济环境也受到较大的影响。CPI 的持续上涨为我国经济的发展带来了不稳定因素，因此也为房地产市场的发展带了一定的不确定性。一方面，通货膨胀预期可以客观上刺激房地产市场的繁荣，由此可能带来房地产投资和投机需求的上升；但另一方面，2010 年进行的政策调控的效果将可能在 2011 年展现出来。因此政策调控对房地产市场的抑制与通货膨胀预期将在 2011 年形成对冲趋势。但鉴于 2010 年国家复合政策调控房地产的力度较大，预计政策抑制将在 2011 年占据主导地位，从而引导我国的房地产市场向较低的价格区间发展。

（一）通货膨胀预期将增加房地产投资的保值型需求

根据 2010 年国家统计局公布的 10 月份宏观经济数据显示，10 月份我国 CPI 达 4.4％，创 25 个月以来的新高。通货膨胀成为宏观调控领域备受关注的问题。在此情况下，在央行 11 月 2 日发布的《第三季度中国货币政策执行报告》中，称"继续实施适度宽松的货币政策，把握好政策实施的力度、节奏、重点，在保持政策连续性和稳定性的同时，增强针对性和灵活性，根据形势发展要求，继续引导货币条件逐步回归常态水平"。由此可见，在 2011 年房地产市场的保值型需求可能比较旺盛，市场投资有可能增加。

（二）收入增长预期将长期支撑刚性需求

在我国经济运行良好、保持较高增速的支撑下，消费者有着确定的、递增的收入预期，许多年轻家庭往往可以提前还完贷款；并且，我国传统文化中为子孙后代置业的责任感是很强大的，甚至关乎对人生价值的认同，不少人买房就是靠几代人的努力。此外，我国已经形成了相对数量较小而绝对数量庞大的富裕阶层，在市场供给有限的情况下，这部分人有能力把均衡价格推高。由此，我国房地产市场的需求存在长期增长的基础。

（三）土地政策将推动房地产供给的结构调整

2010 年出台的一系列土地政策要求开发商支付竞买保证金最少两成，一个月内付清地价的 50%，囤地开发将被"冻结"，用于保障性住房、棚户改造和自住性中小套型商品房建设，确保不低于住房建设用地供应总量的 70%。这几条政策的实施一方面大大提高开发商囤地的成本，加快开发商开发土地的速度，缓解土地供应的压力；另一方面促进保障性住房建设，增加市场的有效供给。这对规范土地市场行为，打击囤地、闲置等违法违规行为起到重要作用，长期来看对居高不下的房价将起到一定的打压作用。

（四）"限购令"将快速抑制投资和投机需求

自"二次调控"新政以来，限购令的落实由点及面迅速展开。截至目前，共有北京、上海、深圳、厦门、福州、海口、杭州、宁波、南京、天津、广州、三亚、大连和温州等 14 个城市推出了"限购令"。就其效果而言，作为非市场化手段，"限购令"短期可以快速地抑制投资和投机需求，从而遏制需求旺盛导致的房价上涨。虽然从各大城市"限购令"的内容来看，限购令具有短期性，但是 2011 年房地产市场的需求势必受其影响，增幅将减小。

（五）"限外令"将防范国际热钱扰乱我国住宅市场

"限外令"是近段时间内不断出台的城市"限购令"的再次升级，主要针对在全球量化宽松的货币政策下，海外热钱流入国内房地产市场而出台的防范措施。与 2006 年版的"限外令"相比，此次规定加强了对境外机构购买境内房产的监管，彻底杜绝了境外机构购买住宅的渠道。虽然"限外令"对外资机构进入非住宅领域做出了限制，但在目前流动性过剩的情况下，预计 2011 年商业地产的增长有可能将超越住宅成为新的亮点。

（六）加息将强化市场收紧预期

自 2010 年年初以来，央行连续六次上调金融机构人民币存款准备金率，旨在控制通货膨胀，同时对房地产行业产生了重要的影响。在前有新政、后有房地产税的当前，加息进一步增加了房地产开发企业的财务成本和购买者的按揭成本。预计 2011 年的成交量将有可能较 2010 年同比下滑。根据上市房地产企业的财务报表显示，2010 年房地产企业整体盈利状况呈现稳中有升、增速放缓的现象。在信贷资金趋紧的背景下，房地产企业融资受到一定程度的冲击，上市房地产企业平均资产负债率整体大幅上升，资金压力加大。但是房地产龙头企业的营业收入和净利润仍然比较可观，资金链比较稳健。作为价格领导者的万科等龙头企业在短期内没有降价回笼资金的压力。预计 2011 年房价仍然保持较高位水平，但如若政策继续从紧，市场观望情绪加重，成交量进一步萎缩，房价缺乏快速增长的支撑，增幅将逐步回落。

（七）征收房地产税将促进空置房上市交易

国务院有望在 2011 年年初正式实施征缴房地产税。就房地产税对行业的短期影响而言，房地产税会增加房地产投资或投机者的持有成本，一定程度上能够抑制其投资（机）需求，并促成大量空置房上市交易，从而增加市场供应量，最终平抑房价。但效果的大小应视最终税制安排和税率的高低而定。

（八）都市圈建设将推高一线城市附近二三线城市房价

"十二·五"规划建议中，明确指出了未来要"缓解特大城市中心城区压力，强化中小城市产业功能，增强小城镇公共服务和居住功能，推进大中小城市交通、通信、供电、供排水等基础设施一体化建设和网络化发展"，即建设城市圈。2010 年 11 月份，北京将河北省纳入中长期《北京市都市圈轨道交通规划》，并由此引发周边房地产价格上涨，初步展现了都市圈建设对一线城市附近的二、三线城市房价的影响。

三、政 策 建 议

结合 2010 年我国房地产市场的发展态势、国民经济的运行状况及人民生活水平的改善情况，对 2011 年房地产市场的调控和管理我们提出如下政策建议。

（一）继续加大落实保障性住房建设的力度，保障城市中低收入居民的利益

保障性住房建设是未来城市发展和社会稳定的重要保证。城市过高的房价将对劳动力的引进造成消极的影响，不利于城市的持续发展。因此，应继续大力发展保障性住房建设。从 2010 年公租房政策正式落实运行起，我国四类保障性住房体系基本形成。在这四类保障性住房中，限价房、经济适用房、公租房和廉租房分别承担了不同的保障角色。因此在建设中要分清各类型保障性住房体系的性质和服务目标，使保障性住房的社会服务功能形成体系，并以此全面地对城市住房困难的中低收入居民施以福利支持，从而实现社会的和谐发展。

（二）继续加强房地产价格的调控力度，坚决打击任何形式的房地产投机

房地产投机行为是造成我国房地产市场价格不合理飞涨的重要原因之一。2010 年的"限购令"为打击房地产投机行为方面做出了表率。房地产市场在我国具有重要的经济和社会意义。具有家传统的中国居民对房地产这个特殊产品具有强烈的需求，从安居乐业到成家立业，传统文化将房子与事业、幸福紧密地联系在一起。因此，居者有其屋是中国社会安定和谐的重要前提，而这与居高不下的房地产价格是背道而驰的。因此，坚决地打击各种房地产投机行为是我国政府建设和谐社会的重要前提之一，必须切实落实。"限购令"的出台只是在一个环节做出了表率，但是在实施中应该进一步地运用法律、法规，查缺堵漏，严查房地产投机行为。

（三）继续加宽都市圈系统建设的范围，吸纳更多地区，全面推进城市化

城市化是中国城乡建设的重要主题。都市圈的建设是解决大城市拥挤而中小城市发育不良这一矛盾的重要措施。从目前我国的实际情况看，一线城市已经过度拥挤，因此对城市化扩展具有较强的需求。从目前北京地区的实践来看，北京地区都市圈的扩张规划一经出台，即导致了周边二、三线城市房地产价格的飞涨。这是不合理也是不符合都市圈建设初衷的。都市圈的建设要具有计划性和布局性，从资源整合分配的角度出发，尽可能多地引导和刺激周边辐射区域的发展，而不是单独地向一个方向倾斜，这样只能造成房地产价格的畸形增长。因此构建都市圈应该将更多的周边地区纳入到发展规划中，综合性地引导各地区发展并最终实现都市圈的协同发展。

2010 年我国股票市场回顾及 2011 年展望

鲍勤

报告摘要：2010 年，我国股票市场总体运行较为平稳，主要表现出以下特征：①主要股指上半年震荡下行，下半年震荡上行，各行业板块严重分化；②新股首次公开发行（IPO）节奏加快，股市扩容明显；③股市总体交易状况平稳，开户总数低速增长；④整体市盈率偏低，但局部性泡沫犹存。

回顾 2010 年影响我国股票市场的主要因素，从基本面看，2010 年我国宏观经济平稳增长，上市公司业绩表现良好；从资金面看，2010 年市场总体流动性仍然较为充裕，在加息预期与房地产调控背景之下，与股票市场具有替代效应的债券市场和房地产市场发展受阻，资金回流成为下半年股市震荡上行的主要原因。

展望 2011 年，我国股票市场的运行面临着较大的不确定性。一方面，在通货膨胀预期之下，央行可能采取的货币从紧政策将会对资金面造成较大影响，而人民币汇率政策也会在一定程度上影响热钱流入和市场总体流动性，进而影响股票市场的资金供给。另一方面，2011 年我国经济面临着较大的结构转型压力和风险，在结构性调整的政策影响下，部分行业可能会受到较大冲击，这将构成对行业板块的影响。综合考虑影响股票市场的各方面因素，2011 年，预期股票市场将继续维持宽幅盘整的走势，预期全年上海证券综合指数在 2400～3700 点区间范围内震荡。

一、引　言

2010 年，总体而言，我国股票市场运行平稳，呈现出先震荡下行、后震荡上行的态势。以上海证券综合指数（以下简称"上证综指"）为例，从年初的 3 243.76 点震荡下行至 7 月 5 日的 2 363.95 点，随后震荡上行至 11 月 8 日的 3 159.51 点，复又开始新一轮的盘整。两市的其他各项重要指标，如交易量、交易额、新增开户数等，均表现平稳，并未出现大起大落的过山车现象。

回顾我国 2010 年经济发展状况，总体而言，宏观经济平稳增长，经济体中流动性较为宽松。2010 年前三季度，我国国内生产总值累计同比增长 10.6%；截至 2010 年10 月份，我国工业增加值累计增长 16.1%。数据表明，在投资和恢复性的进出口拉动下，2010 年我国总体经济基本保持了平稳增长。从货币政策看，截至 11 月底，2010年，我国央行共五次上调金融机构人民币存款准备金率，一次上调存贷款基准利率，而在频繁的公开市场操作下，货币市场利率也呈现出不断上升的趋势。

本文首先回顾了我国股票市场 2010 年的总体运行状况，在此基础上，从基本面和资金面两个方面深入分析了 2010 年影响我国股票市场运行的主要因素，指出基本面提供的心理支撑和资金面的宽松是影响我国 2010 年股票走势的主要原因。展望 2011 年，分析了对我国股票市场造成影响的各方面因素与政策变动，指出在 2011 年，由于经济体中存在的较大的不确定性，我国股票市场仍将继续处于宽幅盘整阶段，盘整区间在 2 400～3 700 点。

二、股票市场 2010 年运行状况分析

2010 年，我国股票市场的运行主要表现出以下四大特征。

（一）总体先震荡下行后震荡上行，行业分化加剧

2010 年，我国股票市场总体表现出宽幅盘整的行情。图 1 显示了我国主要股票指数截至 2010 年 11 月 18 日的走势图，从图中可以看到，1～7 月份，股票指数总体表现出震荡下行的趋势；7～11 月份，股票指数总体表现出震荡上行的趋势。之所以会在下半年出现较为明显的趋势改变，主要的利好原因有二：其一是在"国十条"的作用之下，房地产市场的发展受到抑制，部分资金回流至股市；其二是自从 6 月份起，人民币升值重启，在升值预期之下，热钱流入增加。因此，从下半年起，在基本面良好的状况下，资金面的利好消息促成了股票市场的震荡上行。

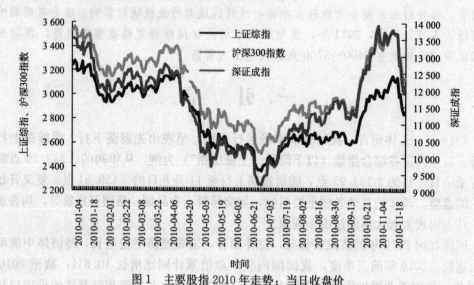

图 1　主要股指 2010 年走势：当日收盘价
资料来源：Wind 资讯。

从行业板块来看，使用申万行业指数（一级行业）的日收盘价计算各个行业的平均月收益率，得到的结果如图 2 所示。图 2 显示，上半年各行业指数平均收益率总体而言

为负，下半年各行业指数平均收益率总体而言为正，这体现了各行业的总体趋势与大盘趋势基本一致。表 1 和图 3 进一步显示，不同时期表现最优最差的行业不同，总体而言，在上半年大盘震荡下行时期，表现最好的行业主要集中于消费品行业以及服务业（金融服务业和房地产业例外），而表现最差的行业则集中于原材料和初级产品行业，如采掘、黑色金属、农林牧渔等。在下半年大盘震荡上行时期，情况发生了逆转，表现最好的行业开始向原材料和初级产品行业转移，而上半年表现较好的餐饮旅游等行业则变为表现最差的行业。

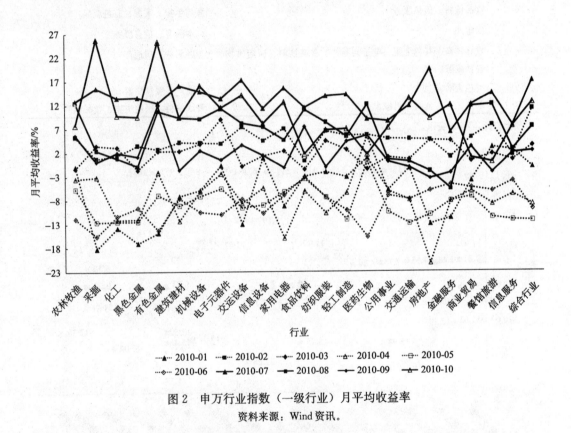

图 2　申万行业指数（一级行业）月平均收益率
资料来源：Wind 资讯。

股市表现出来的这一特征可以从某一方面印证经济体中的货币流向。在 2010 年年初，随着 2009 年大量投资与货币发放，增加了人们对于消费品与服务的需求，从而利好于这些行业的发展。而随着消费品价格的不断提高，特别是作为通货膨胀预期重要指标的 CPI 由年初的同比增长 1.5％增长到 10 月份的 4.4％，在预防通货膨胀的动机下，原材料特别是大宗商品市场价格走高，这也拉动了国内相应行业的发展。在某种程度上，股票市场所表现出来的行业特征支持了这一点。

表1 申万行业指数（一级行业）月平均收益率最高与最低行业统计

月份	表现最优行业	表现最差行业
1	餐饮旅游、信息服务	采掘、黑色金属
2	餐饮旅游、交运设备、家用电器、纺织服装	采掘、食品饮料、金融服务
3	电子元器件	食品饮料、医药生物、农林牧渔
4	医药生物	房地产、家用电器
5	医药生物	采掘、化工、餐饮旅游、信息服务
6	食品饮料、信息服务	医药生物、采掘、有色金属
7	房地产	金融服务、信息服务
8	农林牧渔、有色金属、电子元器件、食品饮料、医药生物、餐饮旅游	金融服务、房地产
9	有色金属	房地产、餐饮旅游
10	采掘、有色金属、机械设备	餐饮旅游、医药生物、食品饮料

资料来源：Wind 资讯。

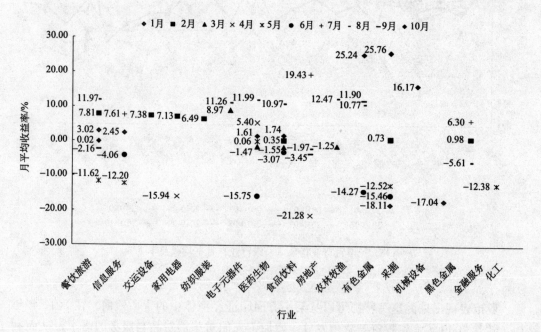

图3 申万行业指数（一级行业）月平均收益率最高最低行业
资料来源：Wind 资讯。

（二）IPO 节奏加快，股市扩容显著

自 2009 年 7 月份 IPO 重启后，在 2010 年，IPO 节奏明显加快。图 4 和图 5 显示了

2008 年起两市的上市公司总数与上市股票总数，可以看到，从 2009 年 7 月份起出现了明显的增长，在 2010 年，这一增长趋势得以维持。数据表明，截至 2010 年 8 月份，两市上市公司总数 1 947 家，比 2009 年年底增加 247 家；截至 9 月份，两市股票总数 2 062 只，比 2009 年年底增加 276 只。除 IPO 之外，上市公司通过增发、配股以及可转债等方式进行再筹资的筹资额也都有一定增加，截至 2010 年 8 月份，股票市场筹资金额累计实现 6 779.35 亿元。图 6 进一步显示了自 2009 年 7 月份以来，A 股市场不同方式的筹资金额，可以看到，与 2009 年相比，2010 年的首发筹资规模较大，而增发再筹资规模相对较小。

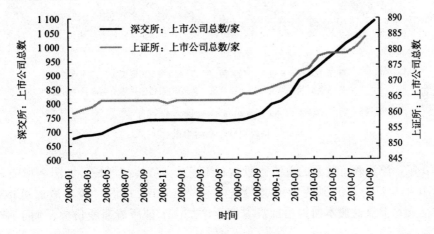

图 4　上市公司总数
资料来源：Wind 资讯。

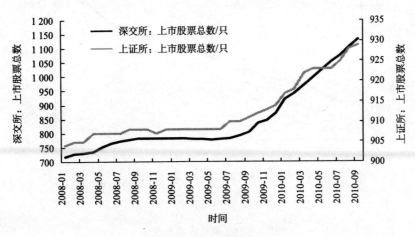

图 5　沪深两市上市股票总数
资料来源：Wind 资讯。

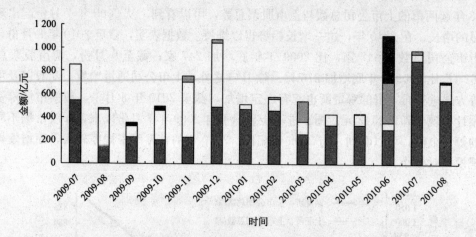

图 6 沪深两市 A 股筹资金额当月值

资料来源：Wind 资讯。

2010 年，沪深两市股票的总流通股本和流通总市值持续增长，如图 7 和图 8 所示。截至 2010 年 9 月份，沪深两市流通股股本合计 16 575 亿股，两市流通总市值合计 152 413亿元；但流通股本所占份额没有明显增加，上证所流通股份额反而下降，如图 9 所示。

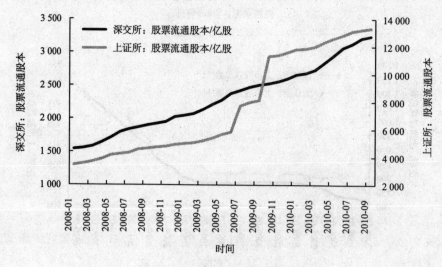

图 7 沪深两市流通股股本

资料来源：Wind 资讯。

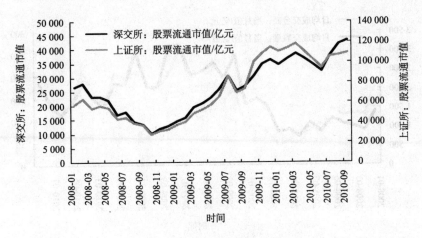

图 8　沪深两市流通股市值
资料来源：Wind 资讯。

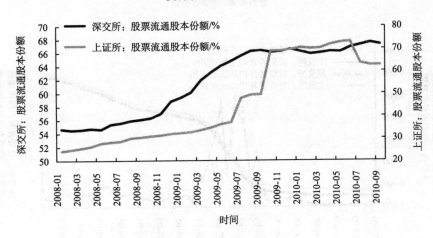

图 9　沪深两市流通股本份额
资料来源：Wind 资讯。

（三）股市交易状况平稳，开户总数低速增长

2010 年股票市场的总体交易状况保持稳定。图 10 显示了 2008 年起两市的日均成交量和成交金额，可以看到，与 2009 年相比，2010 年沪深两市的成交量和成交金额的变动不存在明显的趋势，呈现较为平稳的震荡态势。这在一定程度上说明了投资者对于股市的走势尚未形成一致的意见。2010 年，股市新增投资者规模较小，截至 2010 年 8 月份，两市新增开户投资者 1 072.41 万户。图 11 显示了从 2005 年至今的两市投资者开户数及其环比增速，可以看到，2010 年投资者开户数延续了 2009 年的趋势，保持了稳定的增长，其平均增速约为 0.76%。

图 10　沪深两市日均成交状况

资料来源：Wind 资讯。

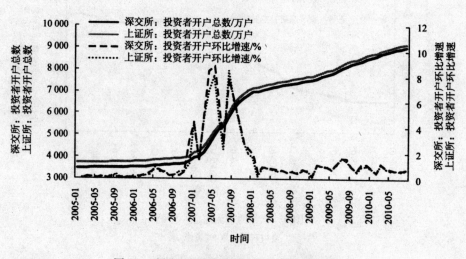

图 11　沪深两市投资者开户总数及其环比增速

资料来源：Wind 资讯。

（四）两市整体市盈率偏低，局部性泡沫犹存

与股市的平稳交易相应，2010 年股市的市盈率没有呈现出明显的趋势。市盈率能够从一定程度上反映股市总体的估值水平，图 12 显示了沪深两市 A 股与 B 股的平均市盈率水平，可以看到，与 2009 年相比，2010 年沪深两市的市盈率都处于较低水平。尽管整体市盈率偏低，但在行业板和中小板，却存在着市盈率超高的现象，图 13 显示了申万行业指数的一级行业中，月平均市盈率位居前五的行业，分别是黑色金属行业、有色金属行业、电子元器件行业、综合行业以及农林牧渔行业。

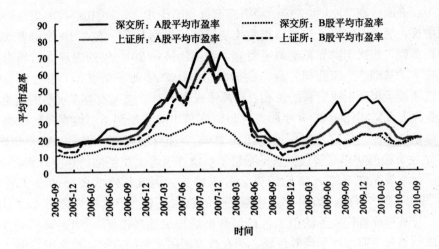

图 12　沪深两市 A 股与 B 股平均市盈率

资料来源：Wind 资讯。

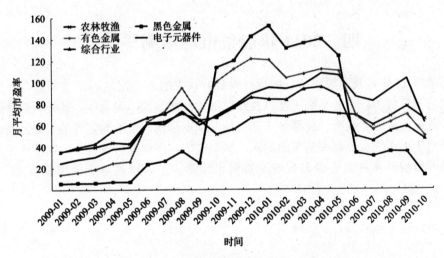

图 13　申万行业指数（一级行业）月平均市盈率

资料来源：Wind 资讯。

三、2010 年股票市场影响因素分析

对于股票市场走势而言，投资者情绪是影响中短期走势的重要因素，而经济基本面与政策预期则是影响投资者情绪变动的主要原因，市场的流动性也即资金面的因素则决定了股票市场这个"池子"中水的多少，从而成为影响股票走势的另一重要因素。因此，对于 2010 年我国股票市场的运行状况，我们从基本面和资金面两个方面进行回顾与分析。

基本面方面，在 2009 年一揽子经济刺激计划的作用下，2010 年我国宏观经济实现了平稳增长，消费、投资、进出口作为拉动经济的三驾马车，在 2010 年均表现出了良好的增长态势。相比于世界其他国家而言，我国经济在 2010 年的表现为市场形成良好的预期打下了基础。上市公司方面，数据表明，2010 年前三季度，上市公司业绩表现良好，这增加了市场上投资者的信心，提高了投资者对于未来收益率水平的预期。

资金面方面，相比于 2009 年而言，2010 年货币政策回到了适度宽松的状态，无论是货币总量增速还是信贷总量增速，相比 2009 年都有所回落。但是，需要指出的是，2010 年适度宽松的货币政策仅仅只是减缓了新增货币流入经济体的速度，而在 2009 年宽松的货币政策操作下流入市场的资金并未消失，因此，这些资金的真实效应，在 2010 年仍然存在。因此，2010 年，我国经济的总体流动性仍然较为宽松。对于股票市场而言，与其形成替代关系的市场包括债券市场和房地产市场，2010 年，考虑到通货膨胀形成的加息预期不利于债券市场，而在政府屡屡出台的政策调控之下，房地产市场发展也遇到瓶颈，因此，宽松的流动性对于股票市场构成利好。特别是考虑到通货膨胀预期，股票市场作为资金的避险港，受到投资者青睐，这也是 2010 年下半年以来股票市场震荡上行的另一重要原因。

四、2011 年股票市场预测与展望

展望 2011 年，我国股票市场的运行面临着较大的不确定性，这主要源自在通货膨胀预期之下，货币政策的不确定性以及经济增长所面临的不确定性。此外，经济结构性调整及改革的进展和效果、外部经济环境的变动也都构成了不确定性的来源。我们将这些因素归于上面的资金面和基本面的两大框架之中，详细分析各种不确定性因素对于股票市场的影响，并对于这些因素的发展做出预测，进而得到对于我国股市 2011 年的预期。

（一）基本面的不确定性

2010 年，我国宏观经济保持了稳定增长，展望 2011 年，预期我国的宏观经济总体仍将保持较为稳定的增长，但也面临着一定的不确定性：一方面，作为经济拉动力的投资需要受到贷款的支持，在货币信贷紧缩的条件下，投资的增速可能降低；另一方面，内需的启动仍然面临较大压力，与经济结构性调整相关的改革较多停留在政策层面，若要实际发挥作用仍需假以时日，考虑到物价水平的提高，消费的实际增长面临着较大的不确定性。此外，在外部环境的不确定性下，国际经济的复苏进程依然较慢，人民币汇率升值的压力不断增长，这些也都为我国进出口带来了较大的压力。

从行业的基本面来看，在通货膨胀预期之下，大宗商品和原材料价格上涨，企业生产成本提高，而其产品价格调整则受到供需弹性的影响，对于产品无法相应提价的企业，企业利润将会被压缩。此外，如果央行出台较为严厉的紧缩性货币政策，将会限制企业的融资能力，进而限制企业的投资，影响企业的盈利。

（二）资金面的不确定性

展望 2011 年，资金面的不确定性在很大程度上来自货币政策的紧缩力度。数据显示，2010 年 10 月份，我国 CPI 同比增长 4.4%，距离 5% 的政策红线已经很近，而 11 月份，预期这一指数还会继续保持增长。这表明，在 2009 年极为宽松的货币政策影响之下，通货膨胀已经由预期变为现实。央行在 2010 年六次提高法定存款准备金率，一次调整存贷款基准利率，已经从某种程度上体现了央行对于通货膨胀的担忧。考虑到货币政策的传导具有一定的时滞性，2010 年央行的货币政策操作的效果将在 2011 年体现。而 2011 年，央行是否会采取更多的紧缩性货币政策操作，这一方面取决于物价在 2011 年的走势，另一方面取决于 2011 年的宏观经济增速。但可以确定的一点是，2011 年，我国的货币增速与新增信贷规模相比于 2010 年均将有所下降。

对于资金面构成另一重要影响的不确定性来自人民币汇率的调整。在人民币升值预期下，吸引了大量的热钱流入国内，其中部分热钱流入股市，从 6 月份重启人民币升值以及随后的股票市场的震荡上行趋势，也可以感受到热钱对于股市的影响。但是，热钱的流动性较强，从而会敏感地受到各种政策的影响，包括国内的货币政策与汇率政策，也包括国外，特别是美国的货币政策，因此会对股市造成不确定的影响。

在经济基本面发展较为平稳的预期下，资金面将是影响 2011 年股票市场走势的核心。从资金需求方面看，2011 年，预期 IPO 进程将继续保持平稳增长，而在紧缩性货币政策之下，上市公司通过股票市场进行再融资动力增强，股市持续扩容将使得 2011 年股票市场对于资金的需求增加，此外，大小非解禁和减持也会对股市造成一定压力。

从资金供给面看，根据上面的分析，在央行从紧的货币政策操作之下，2011 年的货币与信贷投放规模将低于 2010 年，但是，在人民币升值压力之下，热钱可能加速流入我国市场。根据央行 11 月 26 日的数据显示，2010 年 10 月份，我国新增外汇占款高达 5 190.47 亿元，环比增幅高达 80%，创造了自 2008 年金融危机以来的高点。在两方面力量的共同影响下，预期国内市场的流动性仍将继续保持充裕，这一状态至少持续至 2011 年上半年。

综上所述，尽管股票市场在 2010 年的总体市盈率水平仍然较低，主要成分股股指甚至还存在一定程度的低估，但是，考虑到资金面和基本面的不确定性，投资者对于 2011 年股市的预期也会存在着较大的分歧。在权衡各个方面的利空与利好消息后，我们认为，在央行不出台严厉的紧缩性货币政策、不发生严重通货膨胀、经济增速不出现突然的停滞的前提下，2011 年，预期我国股票市场将维持宽幅盘整的态势，预期全年上证综指在 2 400~3 700 点区间内调整。

2011 年人民币汇率波动趋势分析与预测①

谷宇

报告摘要：2010 年 6 月，我国央行宣布重启人民币汇率形成机制改革。在此之前，由于全球金融危机的影响，我国在 2008 年至 2010 年 6 月期间实质上回归了盯住美元的汇率制度。"汇改"重启后，人民币兑美元、欧元汇率及实际有效汇率都出现了一定程度的上升，但在外汇市场中的人民币升值压力并未完全消除，预计人民币汇率在 2011 年仍将呈现出升值态势。人民币升值压力的形成一方面源于我国在"后金融危机时期"，宏观经济高速增长，同时国内通货膨胀水平抬头；另一方面是由于美国、欧盟等国家为提振本国国内经济、促进出口和就业，纷纷推行宽松的货币政策和弱势的汇率政策，造成人民币升值压力的被动形成。

本文在对影响人民币汇率诸多因素逐一分析的基础上，通过构建人民币兑美元、欧元及日元的行为均衡汇率模型，分析了宏观经济基本面因素对人民币汇率走势的影响机制。模型表明，一方面，相对于美国、欧盟及日本等国家和地区，中国经济较快的经济增长速度、较高的通胀水平及较低的利率水平将导致人民币汇率呈现升值趋势；而另一方面，中国更为紧缩的货币政策也将导致本币升值。本文在行为均衡汇率模型基础上，通过对 2011 年中国、美国、欧元区及日本等国家和地区宏观经济状况进行不同的情景设定，预测了 2011 年人民币汇率于不同情景下的波动区间。分析表明：人民币兑美元、欧元在 2011 年更可能出现一定程度的升值，但升值幅度较小，兑美元最大升值幅度预计在 5% 左右，兑欧元最大升值幅度预计在 3% 左右；但人民币兑日元可能出现较大幅度的升值，预计最大升值幅度在 16% 左右。在一般情况下，如果中国经济实现适速增长、同时央行有效控制了通货膨胀水平，美国、欧元区及日本经济温和复苏，则人民币兑美元的升值幅度为 1.8%、波动区间为 1 美元兑 6.58～6.68 元人民币，人民币兑欧元的升值幅度为 1.2%、波动区间为 1 欧元兑 8.40～9.39 元人民币，人民币兑日元的升值幅度为 6.2%、波动区间为 100 日元兑 6.97～7.53 元人民币。

本文的结论表明，人民币汇率并不存在严重被低估问题，其未来的合理升值区间也是有限的。我国货币当局应秉持人民币汇率形成机制改革的"主动性"、"渐进性"和"可控性"原则，增加人民币汇率的灵活性，使其逐步接近市场均衡水平，并在适度区间内实现双向波动。同时，我国政策当局应积极运用汇率工具，抑制国内外汇储备快速

---

① 本研究得到教育部人文社会科学青年基金项目（项目号：09YJC790023）、国家社会科学基金重大项目（项目号：10zd&010）资助。

增长势头、降低国内基础货币被动投放规模及通货膨胀压力，协助宏观经济调控目标的实现，实现国民经济的可持续发展。

一、引 言

2010 年 6 月 19 日，在金融危机对我国的影响逐步消退之际，央行发言人对外宣布重启人民币汇率形成机制改革①。在此之前，由于美国次贷危机引发的全球金融危机造成世界范围内货币金融体系大幅动荡，我国在 2008 年至 2010 年 6 月期间实质上回归了盯住美元的汇率制度，保持人民币兑美元汇率水平稳定在 1 美元兑 6.8 人民币左右。在"汇改"重启后，市场迅速做出了反应，人民币汇率随后表现出明显的双向波动的特点。同时在弱势美元、欧元的背景下，人民币升值明显。截至 2010 年 10 月末，人民币兑美元汇率为 1 美元兑 6.69 人民币，自 2010 年汇率改革重启后其升值幅度达到 2.04％②。尽管人民币汇率出现了一定程度的升值，但汇率升值压力并未消除，升值预期有加强的趋势。

外汇市场中投资者对人民币升值预期的强化存在多重原因，但主要可以归结为以下两点：一方面，在后金融危机时期，美国、欧盟等国家为重振国内经济、促进出口和就业，纷纷推行宽松的货币政策和弱势的汇率政策，并对人民币汇率施压、迫使其升值；另一方面，我国在政府 4 万亿投资计划实施的背景下，宏观经济增长速度在高位运行，预计 2010 年实际 GDP 增速超过 10％③。外贸状况也有明显改善，而外汇储备更是在第三季度迅猛增加，达到 2.6 万亿美元。所以，来源于我国宏观经济基本面的升值压力也不容小觑。

在此背景下，未来人民币汇率走势如何，将会是国内外多种政治、经济因素共同作用的结果。本文首先回顾人民币兑美元、欧元及日元的汇率走势，并对人民币实际有效汇率的波动趋势进行了分析；随后本文分析了影响人民币汇率走势的关键因素，主要包括中国经济基本面、进出口状况、外汇储备、外汇市场压力及美、欧等国家货币政策等因素；进一步地，本文基于汇率决定理论，构建并估计了人民币兑美元、欧元及日元的行为均衡汇率模型，并根据中国、美国、欧元区及日本各国家及区域未来宏观经济走势及货币政策的动向，通过设定不同的情景组合，对人民币兑美元、欧元及日元在 2011 年的波动区间进行预测；最后是结论和政策建议。

---

① 进一步推进人民币汇率形成机制改革增强人民币汇率弹性. 中国人民银行网站，www.pbc.gov.cn，2010-06-19.

② 如无特别说明，本文数据来源是中国经济信息网宏观月度库（www.db.cei.gov.cn）及国家外汇管理局网站（www.safe.gov.cn）。

③ 据国际货币基金组织 2010 年 10 月发布的《世界经济展望》报告，中国 2010 年实际 GDP 预计达到 10.3％。参见国际货币基金组织网站（www.imf.org）。

二、"汇改"以来人民币汇率走势回顾

在 2010 年，美国次贷危机引发的全球金融危机对国际货币金融体系的冲击还在持续当中，特别是在 2010 年年初，希腊、爱尔兰等欧洲国家先后爆发了主权债务危机之后，欧元兑美元汇率大幅波动，引发了后金融危机时期国际货币金融体系新一轮的动荡。在世界主要货币当中，美元由于美国经济出现较温和的复苏在短期内有所升值，而欧元则深受欧洲债务危机拖累，呈现出较大幅度的贬值；虽然日本自身经济复苏疲弱，但由于日元受到国际资本避险需求的影响，日元兑美元、欧元等世界主要货币大幅升值。与美国、日本和欧盟等发达经济体相对应，一些新兴经济体国家，由于其良好的经济增长势头及经济前景，货币也出现了较大幅度的升值。我国由于高速的经济增长、旺盛的国内投资需求、持续的贸易顺差和资本流入，货币表现出在长期内较大的升值潜力。虽然人民币兑世界主要货币有涨有跌，但总体实际有效汇率仍呈现出大幅度的升势，反映出人民币将在较长时期内保持坚挺。截至 2010 年 10 月末，人民币无本金交割境外远期市场（NDF）1 年期报价为 6.50 元，这反映出外汇市场人民币汇率将有进一步升值的预期。

（一）人民币兑美元汇率的走势回顾

我国自 2005 年 7 月份汇率形成机制改革以来，人民币汇率一直呈现出双向波动、小幅升值的态势，汇率形成机制逐步趋向于市场化。但在 2008 年 9 月份，美国次贷危机引发的全球经济紧缩开始显著影响到我国的外贸部门。在此背景下，我国央行为屏蔽金融危机从汇率渠道的传导，开始重新将人民币汇率稳定在 1 美元兑 6.8 元人民币的水平。这种情况一直持续到 2010 年 6 月份央行宣布人民币"汇改"重启，自此人民币汇率又重现双向波动的趋势，如图 1 所示。

央行在金融危机时期稳定人民币兑美元汇率的政策举措稳定了我国货币金融体系，但同时也导致人民币名义汇率距离市场均衡水平出现了一定程度的偏差，在外汇市场上也累积了一定的升值

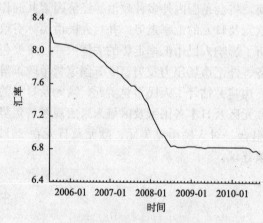

图 1 人民币兑美元汇率走势
资料来源：中国经济信息网。

压力。截至 2010 年 6 月末，境外远期市场 1 年期人民币兑美元 NDF 预期升值幅度为 1.5％。在人民币汇率升值预期已然形成的背景下，同时在央行于 2010 年 6 月份宣布人

民币"汇改"重启后，人民币汇率进入了新一轮升值通道，并屡创新高。截至 2010 年 10 月末，人民币兑美元汇率达到了 1 美元兑 6.69 元人民币，人民币兑美元自 2009 年年末升值幅度达到 2.04%，自 2005 年 7 月份"汇改"升值幅度达到 23.7%。

（二）人民币兑欧元汇率的走势回顾

自 2005 年 7 月份人民币汇改至 2008 年 9 月份，欧元区经济一直呈现出较强劲的增长势头，欧元兑美元走势逐步增强（图 2）。由于我国在 2005 年人民币汇率形成机制改革后，人民币汇率走势仍主要受美元影响，因此欧元兑美元的走强间接地导致了欧元兑人民币汇率呈现出逐步升值的态势（图 3）。

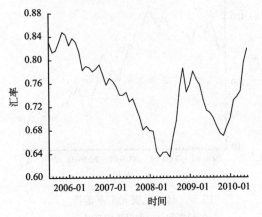

图 2　欧元兑美元汇率走势
资料来源：中国经济信息网。

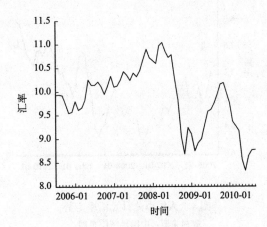

图 3　人民币兑欧元汇率走势
资料来源：中国经济信息网。

但随着美国次贷危机的影响蔓延到欧洲，欧洲金融体系和实体经济都受到大幅冲击，冰岛等国家先后出现严重的债务危机，欧元兑美元的强势地位也受到影响，导致欧元兑人民币汇率呈现出大幅震荡的局面，先是迅速贬值，随后出现一定程度的回升。随着 2010 年年初希腊等国家爆发主权债务危机后，欧元兑美元等货币再一次出现贬值，兑人民币汇率又呈现迅速下降的趋势。直至欧洲中央银行提出 7 500 亿欧元的救助计划之后，国际投资者的信心得到稳定，欧元兑世界主要货币的汇率才企稳回升。截至 2010 年 10 月末，人民币兑欧元汇率达到了 1 欧元兑 19.31 元人民币，人民币兑欧元自 2009 年年末升值幅度达到 5.2%。

（三）人民币兑日元汇率的走势回顾

自 2005 年汇改至 2007 年 7 月份美国次贷危机爆发，人民币兑日元的汇率走势同人民币兑美元的汇率走势是类似的，呈现出震荡升值的局面（图4）。这种升值趋势背后的动因是中国相对于日本具备更高的经济增长速度和良好的经济增长潜力。但在美国次贷危机波及欧洲金融市场后，全球资本流动的方向开始逆转，大量避险资金涌向日本。金融危机背景下的避险需求推动日元兑世界主要货币呈现出大幅升值的趋势，这种趋势在欧洲主权债务危机爆发后进一步强化，导致日元兑美元再次达到了"广场协议"[①] 后的高点，达到1美元兑80日元左右（图5）。由于人民币汇率主要受美元影响，因此人民币兑日元呈现出贬值的趋势，截至2010年10月末，人民币兑日元汇率达到了100日元兑8.26元人民币，人民币兑日元自2009年年末贬值幅度达到12%。

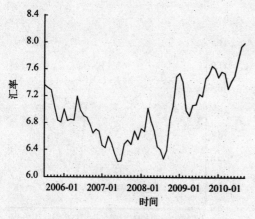

图4　人民币兑日元汇率走势
资料来源：中国经济信息网。

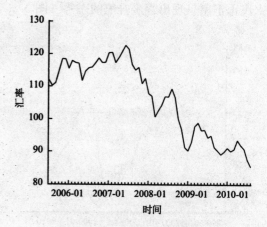

图5　日元兑美元汇率走势
资料来源：中国经济信息网。

（四）人民币实际有效汇率走势回顾

与名义汇率相比，实际有效汇率[②]更能真实地反映一国汇率的波动趋势。图6是国

---

① 1985年9月22日，美国、日本、联邦德国、法国以及英国的财政部长和中央银行行长（简称G5）在纽约广场饭店举行会议，达成五国政府联合干预外汇市场，诱导美元兑主要货币的汇率有秩序地贬值，以解决美国巨额贸易赤字问题的协议。因协议在广场饭店签署，故该协议又被称为"广场协议"。"广场协议"后，日元兑美元大幅升值，在1995年达到1美元兑79日元的历史高点。

② 实际有效汇率指数是经本国与所选择国家间的相对价格水平或成本指标调整的名义有效汇率。实际有效汇率指数是本国价格水平或成本指标与所选择国家价格水平或成本指标加权几何平均的比率与名义有效汇率指数的乘积。实际有效汇率指数上升表示汇率升值。

际清算银行（Bank of International Set-tlements，BIS）公布的人民币实际有效汇率走势①。如图 6 所示，自 2005 年 7 月份人民币"汇改"以来，人民币实际有效汇率主要呈现出升值的趋势，并在 2009 年达到峰值，随后有所下降，但在 2010 年又开始进入升值通道，预计随着人民币名义汇率的升值，实际汇率还会出现进一步的上行。

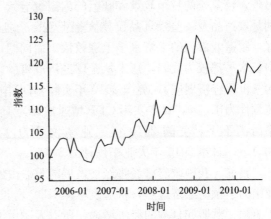

图 6　人民币实际有效汇率指数（2000 年＝100）
资料来源：国际清算银行。

三、影响人民币汇率波动趋势的关键因素分析

我国作为最大的发展中国家，其汇率波动受经济内外部多重因素的影响。根据汇率决定理论，如果一国相对其他国家，经济增速更高、国际收支状况良好、拥有较高的外汇储备和较低的债务水平、物价及工资水平上涨更快的话，其货币就将在长期内表现出升值趋势。但短期内，一国汇率水平则会受货币当局汇率制度安排、货币政策导向以及外汇市场预期的影响，同时也受到国际政治因素的影响。

（一）我国宏观经济运行状况

根据国际经济学中的巴拉萨-萨谬尔森效应，新兴经济体或发展中国家，由于其可贸易品部门劳动生产率的显著提高，将带动全社会工资水平的上涨，从而在长期内导致货币升值。因此，我国作为转型当中的发展中国家，人民币汇率兑美元、欧元等世界主要货币升值的根本动因还是在于其强劲的经济增长势头。

我国近年来经济增长水平一直在 10％左右。在 2008 年进出口受到全球金融危机影响后，我国政府实施了"4 万亿"的巨额投资计划，并配以适度宽松的货币政策，有效地拉动了基础建设投资，并一定程度上带动了居民消费。2010 年一季度，零售业和工业增加值都保持了高速增长的势头，同时进出口恢复到金融危机前的水平，实际 GDP 增速达到 11.9％。2010 年二季度实际 GDP 增速达到 10.3％。根据国际货币基金组织 2010 年 10 月份发布的《世界经济展望》②，我国 2010 年实际 GDP 增速预计在 10.3％。

---

① 本文实际有效汇率指数是由国际清算银行公布的，数据来源于国际清算银行网站（www.bis.org）。
② 资料来源：国际货币基金组织网站（www.imf.org）。

另外，较宽松的货币政策和旺盛的内需也导致了我国经济中出现了通货膨胀的势头，特别是农产品及一些投资品价格大幅上涨。全社会的工资水平同物价水平一样也有所上涨，制造业部门的工资水平上涨较快。而同期，美国、欧盟和日本等国家及地区的经济增长水平都较为疲弱，还未从全球经济危机的影响中完全复苏。同样根据 2010 年 10 月的《世界经济展望》，美国 2010 年实际 GDP 增速预计为 2.6%，而欧元区实际 GDP 增速预计为 1.7%，日本实际 GDP 增速预计为 1.7%。同时，美国、日本和欧元区的失业率居高不下，美国 2010 年失业率预计为 9.7%，而欧元区 2010 年失业率预计为 10.1%，日本 2010 年失业率预计为 5.1%。

目前，我国政府已经将经济发展的重心由经济增长速度转向经济增长结构，特别是我国为了预防经济过热，将适度下调 GDP 增长目标。但预计我国经济增长速度仍远高于美国、欧盟和日本的经济增速，所以人民币汇率在长期内仍将保持升值动力。

（二）我国与主要贸易伙伴国的进出口状况及贸易摩擦

持续的贸易顺差是人民币汇率升值压力形成的直接原因之一。我国的贸易顺差在 2008 年达到 2 970 亿美元的峰值，2009 年尽管受外需下降的影响，贸易顺差仍达到 1 981 亿美元。2010 年，我国前三季度进出口总额达到 21 487 亿美元，同比增长 37.9%，顺差 1 206 亿美元，同比减少 149 亿美元。虽然贸易顺差同比有所下降，但考虑到我国进口同比的大幅增加，贸易顺差仍有可能在 2011 年进一步增加。

在对美国、欧盟、日本等国家及地区呈现出贸易顺差的情况下，我国在 2010 年不断面临贸易争端，涉及的产品从技术含量较低的劳动密集型产品逐步蔓延到技术含量较高的高科技产品，反映出各国在"后金融危机时期"为促进本国出口、减少进口而采取贸易保护措施的态势。因此，有专家指出，在"后金融危机时期"，各国或者竞争贬值展开"汇率战"，或者通过设置贸易壁垒、提高关税等来展开"贸易战"。

对我国来说，美国等国家的行为也可视为通过"贸易战"的形式倒逼人民币汇率的升值。虽然由于我国特殊的贸易结构和产业结构等原因，人民币升值并不会显著改变贸易失衡的局面，但可以预见，只要我国一直维持贸易顺差的局面，美欧等国就会以此为借口，对人民币汇率施压。在此背景下，为缓解贸易摩擦升级的状况，我国政府可能会在可控的范围内，适度地增加人民币汇率的升值幅度，从而降低贸易顺差并调整贸易结构。

（三）外汇储备增长状况

我国的巨额外汇储备一直是世界各国指责人民币汇率低估的依据。我国的外汇储备规模在"后金融危机时期"，仍然表现出强劲的增长势头。截至 2010 年三季度末已经达到约 2.6 万亿美元。巨额外汇储备既是经常账户继续表现出贸易顺差的结果，也是国际资本大规模进入我国套利的结果。另外，我国外汇储备的增加还来源于货币当局在外汇市场上对人民币汇率升值的干预，即通过购进大量美元抑制人民币汇率的升值。在流入的大量资本中，除去 FDI 之外，其余相当规模为短期资本，即所谓"热钱"。由于我国近年来资本市场的蓬勃发展，特别是房地产市场的超常规发展，吸引了相当规模的国际资本进入套利。在 2010 年第三季度，外汇储备新增规模达到 1 000 多亿美元，扣除其中经常项目顺差和 FDI 之外，短期流动资本的规模不可小觑。

由于我国相对强劲的经济基本面，预计国际资本流入趋势还将持续下去，同时考虑到贸易顺差规模难以下降，我国的外汇储备仍将持续增长。由于我国外汇储备持续增长导致了大量基础货币的投放、巨额的冲销成本和通货膨胀压力，货币当局也有可能通过人民币汇率的适度升值降低外汇储备增速，降低冲销成本，并缓解国内的通货膨胀压力。

（四）美国、欧盟、日本的货币政策走势

人民币汇率的走势还取决于其他国家实施的货币政策情况。如果一国实施宽松的货币政策，会降低国内实际利率水平，短期内将导致本币贬值。美国开始在 2010 年 10 月份实施第二轮的量化宽松货币政策。根据穆迪公司估计，2010 年美国国债发行量将达 2.5 万亿美元。除美国外，欧洲中央银行和英格兰银行也在加快实施其量化宽松货币政策。欧洲中央银行于 11 月 4 日表示将把利率维持在 1% 的水平。日本央行于 10 月 5 日也宣布了新一轮量化宽松货币政策，将隔夜利率目标降至 0~0.1%，同时成立了 5 万亿日元基金用于购买政府债和其他资产，扩张其资产负债表。因此，各国竞相实施宽松的货币政策，实质上等同于对本币的竞相贬值，是另一种形式的"汇率战"。

美国等国家实施宽松货币政策的另一结果是世界通货膨胀水平抬头。以美元计价的国际大宗商品价格迅猛上升，一定程度上会造成我国出现输入型的通货膨胀。我国 2010 年 9 月份的 CPI 指数达到了 3.6%，10 月份的 CPI 指数进一步升高，达到了 4.4%。虽然我国央行预计全年通货膨胀目标可以控制在 3% 以内，但在某些局部市场，农产品等价格上涨非常剧烈，因此央行的价格调控任务非常艰巨。在此背景下，我国央行在 2010 年年底前仍有着加息的可能，因此中美之间的利差水平有进一步扩大的趋势。根据利率平价理论，利差的扩大会直接导致套利资金的进入，增加央行流动性控制的难度，在短期内还会导致资本项目顺差增加、强化人民币汇率的升值预期。根据"不可能三角"理论[①]，我国货币当局如果以抑制通胀为目标进行加息，同时又不能完全有效控制国际资本进入，那么人民币汇率升值就是不可避免的。

---

① Obstfeld 1998 年提出了"不可能三角"（the impossible trinity）理论，也称为"三元悖论"假说。"三元悖论"认为，货币当局只能同时实现国际资本的完全自由流动、货币政策的完全独立和汇率的完全稳定这三个基本目标中的两个，不可能同时实现三个目标。

（五）外汇市场人民币升值压力及市场预期

外汇市场形成的升值或贬值压力及投资者对汇率变动趋势的预期的影响也较为显著。本文通过测算人民币的外汇市场压力（exchange market pressure，EMP）指数来反映人民币目前在外汇市场上所承受的升值或贬值压力及市场预期。

根据国际经济学理论，一国政府如果采取固定汇率制度或有管制的浮动汇率制度，汇率自身的波动并不一定能准确反映其所承受的升值压力，一国汇率的升值压力可通过外汇储备的变化或国内利率的变动来反映。外汇储备的变化主要是由于央行为预防汇率的升值或贬值，在外汇市场的干预行动所导致的，而国内利率的变化也是央行为应对汇率升值或贬值压力，采取降低或升高本国利率应对资本流动变动所采取的政策措施。据此，Eichengreen 等[1]以及 Kaminsky 和 Reinhart[2] 等提出了一种不依赖计量模型的测算外汇市场压力的方法，具体计算公式如下：

$$EMP_t = \Delta E_t/E_t + \eta_r \Delta RES_t/RES_t + \eta_i \Delta (r_t - r_t^*) \tag{1}$$

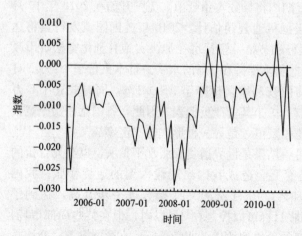

图 7　人民币外汇市场压力指数

其中，ΔE_t 表示一国汇率 E_t（直接标价法）的差分值；ΔRES_t 表示一国外汇储备的差分值；$\Delta (r_t - r_t^*)$ 表示本国利率与外国利率的利差的差分值；$\eta_r = - \mathrm{sd}(\Delta E_t/E_t)/\mathrm{sd}(\Delta RES_t/RES_t)$，是汇率变动的标准差与外汇储备变动的标准差之比；$\eta_i = \mathrm{sd}(\Delta E_t/E_t)/\mathrm{sd}(\Delta (r_t - r_t^*))$，是汇率变动的标准差与国内外利率变动的标准差之比。其中，$\mathrm{sd}(\cdot)$ 表示标准差。

图 7 是根据方程（1）所测算的自 2005 年 7 月份至 2010 年 9 月份的人民币外汇市场压力指数。从图 7 中可以看出，截至 2010 年 9 月份，人民币在外汇市场上主要表现为承受升值压力（EMP＜0）。我国央行在 2010 年 6 月份宣布汇改重启之前，外汇市场上已经累积了相当的升值压力，这也解释了人民币汇率的快速升值趋势。

---

① Eichengreen B, Rose A K, Wyplosz, C. Speculative attacks on pegged exchange rates: an empirical exploration with special reference to the European monetary system. NBER Working Paper, 1994, No. 4898.

② Kaminski G, Reinhart C. the twin crises: the causes of banking and balance-of-payments problems. American Economic Review, 1999, 89 (3): 473~500.

四、2011 年人民币汇率波动趋势预测

在对影响人民币汇率波动趋势的关键因素进行逐一分析的基础上，本文根据汇率决定理论中的货币主义观点构建了人民币汇率的行为均衡汇率模型，如模型（2）。模型（2）包含了汇率决定理论中的巴拉萨-萨缪尔森效应和购买力平价的理论观点，表明如果一国相对外国具备更高的产出水平、更高的通货膨胀水平、更低的货币供应量及利率，则其本国货币趋向于升值。

$$\ln e_t = \alpha_1(\ln y_t - \ln y_t^*) + \alpha_2(\ln p_t - \ln p_t^*) + \alpha_3(\ln m_t - \ln m_t^*) + \alpha_4(r_t - r_t^*) + \varepsilon_t \quad (2)$$

其中，e_t 表示用间接标价法表示的人民币名义汇率；y_t 表示中国的实际 GDP；y_t^* 表示外国的实际 GDP；m_t 表示中国的实际货币供应量 M_1，m_t^* 表示外国的实际货币供应量 M_1；p_t 表示中国的价格水平；p_t^* 表示外国的价格水平；r_t 表示中国的实际利率水平；r_t^* 表示外国的实际利率水平。根据理论，设定 $\alpha_1 > 0$、$\alpha_2 > 0$、$\alpha_3 < 0$、$\alpha_4 < 0$。本文根据方程（2），分别基于中美、中欧和中日的相关数据[①]，建立了三个模型，并应用 Johansen 协整检验方法判断模型中是否存在协整关系。经检验，三个模型都存在唯一协整关系，因此进一步应用向量误差修正模型的方法进行了估计，得到了人民币兑美元、欧元及日元的行为均衡汇率协整模型，具体见下文的方程（3）、方程（4）和方程（5）。

进一步，本文通过设定各国经济发展的不同情景，得到了人民币汇率在不同情景下的可能走势。本文的经济情景包括对中国、美国、欧元区及日本各国的实际 GDP 增速、CPI 水平及相应货币政策的设定。其中，基准的情景是按照国际货币基金组织 2010 年 10 月份发布的《世界经济展望》中对各经济体的预测结果来设定的。另外还设定了两种情景，一种情景是中国经济高增长、高通货膨胀与外国经济低增长、低通货膨胀的情景组合，这种情景组合下人民币升值幅度将大于基准情景；另外一种情景是中国经济低增长、低通货膨胀与外国经济高增长、低通货膨胀的情景组合，这种情景组合下人民币升值幅度将小于基准情景。

（一）人民币兑美元波动趋势预测

应用中美两国数据，根据方程（2），可得到人民币兑美元的行为均衡汇率模型如下：

$$\ln e_{1t} = -0.89 + 0.74(\ln y_t - \ln y_t^{US}) + 0.58(\ln p_t - \ln p_t^{US}) - 0.45(\ln m_t - \ln m_t^{US}) + 0.02(r_t - r_t^{US}) + \varepsilon_{1t} \quad (3)$$

$$(-10.34) \qquad\qquad (-2.42) \qquad\qquad (5.79) \qquad\qquad (-2.87)$$

根据方程（3）的结果测算，目前人民币兑美元汇率大致偏离其均衡水平 5% 左右，未来的升值空间有限，并不存在美国、欧盟等国家所强调的人民币币值被严重低估的情

---

① 数据区间为 2005 年 7 月～2010 年 7 月的月度数据。

况。并且，同模型（2）设定不一致，利率平价理论在中美之间并不成立，中美实际利差的提高在长期内也对人民币形成升值压力。进一步，本文通过对 2011 年中美两国经济的情景设定的组合，将 2010 年各变量均值代入方程（3），得到 2011 年人民币汇率兑美元的预测结果（表1）。

表1　2011 年人民币兑美元汇率走势预测

情景	中国经济状况			美国经济状况			人民币兑美元（直接标价法）		
	GDP 增速/%	CPI 增速/%	货币政策	GDP 增速/%	CPI 增速/%	货币政策	中值	波动区间	年升幅/%
1	9.6	2.7	适度宽松	2.3	1	量化宽松	6.58	[6.48，6.68]	1.8
2	11	4	适度紧缩	1.5	1	量化宽松	6.39	[6.29，6.49]	4.8
3	8	2	适度宽松	3	1	量化宽松	6.66	[6.56，6.76]	0.5

其中，情景1为基准情景，即设定 2011 年中国经济适速增长、通货膨胀水平适中、央行延续适度宽松的货币政策；与之相对应，美国在 2011 年经济温和复苏、通货膨胀水平较低、美联储维持量化宽松的货币政策。情景2假定中国经济高速增长、通货膨胀水平较高、央行采取适度紧缩的货币政策来预防经济过热；而美国经济则复苏乏力、通货膨胀水平较低、美联储实施量化宽松货币政策。情景3假定中国经济增长放缓、通货膨胀水平较低、央行采取了适度宽松的货币政策；而美国经济则实现较高增长并维持了低通货膨胀，同时延续量化宽松货币政策。

结果表明，在基准情景1中，2011 年人民币升值幅度较小，人民币兑美元波动区间为 6.48～6.68。与 2010 年相比，年升值幅度为 1.8%；在情景2中，2011 年人民币升值幅度较大，人民币兑美元波动区间在 6.29～6.49，与 2010 年相比，年升值幅度为 4.8%；在情景3中，2011 年人民币升值幅度不大，人民币兑美元波动区间在 6.56～6.76，与 2010 年相比，年升值幅度为 0.5%。

（二）人民币兑欧元波动趋势预测

应用中国及欧元区数据，根据方程（2）可得到人民币汇率兑欧元的行为均衡汇率模型如下：

$$\ln e_{2t} = -2.27 + 0.74(\ln y_t - \ln y_t^{EU}) + 0.58(\ln p_t - \ln p_t^{EU}) - 0.45(\ln m_t - \ln m_t^{EU}) + 0.02(r_t - r_t^{EU}) + \varepsilon_{2t} \quad (4)$$

$$(-6.29) \qquad (-1.95) \qquad (4.27) \qquad (-7.20)$$

根据我们的测算，目前人民币与欧元汇率大致偏离其均衡水平 2% 左右，也不存在大幅升值的可能，预计在 2011 年兑欧元的波动幅度较小。本文通过对 2011 年中国及欧元区经济的情景设定的组合，将 2010 年各变量均值代入方程（4），得到 2011 年人民币兑欧元汇率的预测结果（表2）。

表 2　2011 年人民币兑欧元汇率走势预测

情景	中国经济状况			欧元区经济状况			人民币兑欧元（直接标价法）		
	GDP增速/%	CPI增速/%	货币政策	GDP增速/%	CPI增速/%	货币政策	中值	波动区间	年升幅/%
1	9.6	2.7	适度宽松	1.5	1.5	量化宽松	8.89	[8.40，9.39]	1.2
2	11	4	适度紧缩	1.5	1	量化宽松	8.72	[8.23，9.20]	3.3
3	8	2	宽松	3	2	量化宽松	9.02	[8.52，9.52]	−0.02

　　其中，情景 1 为基准情景，即设定 2011 年中国经济适速增长、通货膨胀水平适中、央行延续适度宽松的货币政策；欧元区在 2011 年经济温和复苏、通货膨胀水平较低、欧洲中央银行维持量化宽松的货币政策。情景 2 假定中国经济高速增长、通货膨胀水平较高、央行采取适度紧缩的货币政策来预防经济过热；而欧元区经济则复苏乏力、通货膨胀水平较低、欧洲中央银行实施量化宽松货币政策。情景 3 假定中国经济增长放缓、通货膨胀水平较低、央行采取了适度宽松的货币政策；而欧元区经济则实现较高增长并维持了低通胀，同时欧洲中央银行延续量化宽松货币政策。

　　结果表明，在基准情景 1 中，人民币兑欧元波动在 8.40～9.39，与 2010 年相比，2011 年人民币升值幅度为 1.2%；在情景 2 中，人民币兑欧元波动在 8.23～9.20，与 2010 年相比，升值幅度为 3.3%；在情景 3 中，人民币兑欧元波动在 8.52～9.52，与 2010 年相比，升值幅度为 −0.02%。

（三）人民币兑日元波动趋势预测

　　应用中日两国数据，根据方程（2）可得到人民币汇率兑日元的行为均衡汇率模型如下：

$$\ln e_{3t} = 33.25 + 0.79(\ln y_t - \ln y_t^{JP}) + 8.13(\ln p_t - \ln p_t^{JP}) - 1.04(\ln m_t - \ln m_t^{JP}) + 0.27(r_t - r_t^{JP}) + \varepsilon_{3t} \quad (5)$$
$$\quad\quad (-2.18) \quad\quad\quad (-4.39) \quad\quad\quad (2.67) \quad\quad\quad (-3.01)$$

　　由于日元兑人民币在 2010 年大幅升值，预计在 2011 年人民币兑日元会逆转贬值趋势，反过来出现较大幅度的升值。本文通过对 2011 年中日两国情景设定的组合，将 2010 年各变量均值代入方程（5），得到 2011 年人民币汇率兑日元的预测结果（表 3）。

表 3　2011 年人民币兑日元汇率走势预测

情景	中国经济状况			日本经济状况			人民币兑 100 日元（直接标价法）		
	GDP增速/%	CPI增速/%	货币政策	GDP增速/%	CPI增速/%	货币政策	中值	波动区间	年升幅/%
1	9.6	2.7	适度宽松	1.5	−0.3	宽松	7.24	[6.97，7.53]	6.2
2	11	4	适度紧缩	1	0	宽松	6.63	[6.37，6.89]	16.0
3	8	2	宽松	2	1	宽松	7.75	[7.44，8.05]	−0.6

其中，情景 1 为基准情景，即设定 2011 年中国经济适速增长、通货膨胀水平适中、央行延续适度宽松的货币政策；日本在 2011 年经济温和复苏、通货膨胀水平较低、日本中央银行实施宽松的货币政策。情景 2 假定中国经济高速增长、通货膨胀水平较高、央行采取适度紧缩的货币政策来预防经济过热；而日本经济则复苏乏力、通货膨胀水平较低、日本实施宽松货币政策。情景 3 假定中国经济增长放缓、通货膨胀水平较低、央行采取了适度宽松的货币政策；而日本经济则实现较高增长并维持了低通胀，同时日本中央银行实施宽松货币政策。

预测结果表明，在基准的情景 1 中，人民币兑 100 日元波动在 6.97～7.53，与 2010 年相比，2011 年人民币升值幅度为 6.2%；在情景 2 中，人民币兑 100 日元波动在 6.37～6.89，与 2010 年相比，升值幅度为 16.0%；在情景 3 中，人民币兑 100 日元波动在 7.44～8.05，与 2010 年相比，升值幅度为 -0.6%。

五、结论和政策建议

本文通过构建人民币兑美元、欧元及日元的行为均衡汇率模型，分析了影响人民币汇率走势的关键因素。模型表明，相对美国、欧盟及日本等国家和地区，中国较快的经济增长速度、较高的价格水平将导致人民币汇率呈现升值趋势，而中国更为紧缩的货币政策也将导致本币升值。本文在行为均衡汇率模型基础上，通过对 2011 年中国、美国、欧元区及日本等国家及地区宏观经济状况不同的情景设定，预测了不同情景下人民币汇率在 2011 年的波动区间。分析表明：人民币兑美元、欧元在 2011 年更可能出现一定程度的升值，但升值幅度较小，兑美元和欧元升值幅度不超过 5%；人民币兑日元可能出现较大幅度的升值，预计最大升值幅度在 16% 左右。在一般情况下，如果中国经济实现适速增长、通货膨胀水平被有效控制，同时美国、欧元区及日本经济温和复苏，则人民币兑美元的升值幅度为 1.8%、波动区间为 1 美元兑 6.48～6.68 元人民币；人民币兑欧元的升值幅度为 1.2%、波动区间为 1 欧元兑 8.40～9.39 元人民币；人民币兑日元的升值幅度为 6.2%、波动区间为 100 日元兑 6.97～7.53 元人民币。

本文的结论表明，人民币汇率并不存在严重的低估，其未来的合理升值区间也是有限的，我国货币当局应秉持人民币汇率形成机制改革的"主动性"、"渐进性"和"可控性"原则，通过增加人民币汇率的灵活性，使其逐步接近市场均衡水平，并在适度区间内实现双向波动。此外，我国政策当局应积极运用汇率工具，实现宏观经济调控目标。具体建议包括以下几个方面。

（一）主动选择升值时机及幅度、控制汇率波动区间，避免在国际压力下被动升值

在当前的宏观经济形势下，人民币汇率并不存在较大幅度的升值空间，我国政府要避免在美国、欧盟施压人民币汇率的背景下让人民币快速升值，而应根据国内宏观调控

目标的需要，确定适度的升值空间及合适的升值时机。如国内经济增速较快、外贸顺差进一步扩大、通胀局面加剧，可适度扩大汇率升值幅度，防止宏观经济过热，实现国民经济的可持续发展。反之，则控制汇率升值幅度。

（二）加强人民币汇率弹性，实现人民币汇率"双向波动"，应对外汇市场上的汇率升值预期

汇率升值预期将刺激国际资本进入，诱发国内流动性过剩及资产泡沫，加剧宏观金融风险的累积。央行在外汇市场的干预行为应着力实现人民币汇率"双向波动"，消除汇率单向变动的预期。同时加强对跨境资本流动的管理，防止由于跨境资本大规模流动而造成外汇储备的波动，限制跨境资本进入资本市场，特别是进入股市和楼市的规模，预防资产泡沫的形成和金融风险的累积。

（三）以推动国内经济结构改革、提高居民消费率为主，以人民币汇率调整为辅，逐步改善贸易失衡局面

我国 2005 年汇率改革以来的经验事实表明：人民币升值本身并不能显著影响我国贸易失衡、外汇储备持续增长的局面。此外，我国贸易顺差的原因不应简单地归结为人民币的"低估"。我国只有通过经济结构调整、提高居民收入及消费水平，优化贸易结构，才能在长期内实现我国对外贸易的均衡发展，提高国民福利水平。在此过程中，通过人民币汇率渐进式的升值将有助于上述目标的实现。

2011 年全球大宗商品价格走势分析与预测[①]

陆凤彬　张戈　余乐安　汪寿阳

报告摘要：2010 年全球主要大宗商品价格整体呈较快上涨走势。作为全球商品期货价格走势的代表，CRB 商品期货价格指数在 2009 年年底为 484 点，截至 2010 年 11 月 17 日累计上涨 14.5%至 554.72 点。从具体品种来看，芝加哥期货交易所（CBOT）小麦期货价格暴涨，并带动玉米、大豆等农产品价格大幅上涨；纽约黄金期货价格持续上涨，收盘价创下 1 410.1 美元/盎司（1 盎司＝28.35 克）的新高；LME 3 个月铜期货收盘价则创下 8 922.7 美元/吨的历史新高；美国西德克萨斯轻质原油（WTI）期货价格达到 87 美元/桶。

展望 2011 年，全球经济下行风险加大，经济复苏态势放缓，但中长期经济形势看好，商品需求将增加，部分商品供需关系预计将比较紧张；全球流动性依然充裕，美元贬值预期较强，将刺激商品期货价格上涨；一些国家货币政策收紧的可能性增大，将在一定程度上抑制商品期货价格上涨幅度；此外，全球商品期货投机仍将盛行，将加大商品期货价格波动幅度。

综合上述分析，建立计量模型综合预测 2011 年全球商品期货价格走势。预测显示：在不出现全球经济基本面急剧恶化、战争等重大突发事件的情况下，2011 年全球商品期货价格将继续上涨，CRB 商品期货价格指数将在 530～620 点波动，均值为 584 点左右，同比上涨约 15.8%。不过，如果欧洲债务危机形势严峻，威胁全球经济复苏步伐，美元大幅升值，CRB 商品期货价格指数则有可能短期内跌破 500 点。

预计 2011 年主要商品期货价格同比将继续上涨，具体预测结果如下：

（1）能源价格预计将继续上涨。2011 年 WTI 原油期货价格预计在 75～105 美元/桶波动，均价涨至 89 美元/桶左右，同比上涨约 12%。能源需求增加和美元贬值将支撑石油价格的上涨。

（2）贵金属价格将维持高位运行，且面临一定回调压力。2011 年黄金期货价格预计在 1 250～1 650 美元/盎司波动，均价 1 380 美元/盎司左右，同比上涨约 13%。美元疲软和通货膨胀预期较强推动其价格上涨并高位运行。不过，未来全球经济运行风险降低，主要央行收紧流动性及其预期的提高，将使其价格面临一定的下调压力。

（3）有色金属价格将维持高位运行，且剧烈波动。2011 年 LME 3 个月铜期货价格

① 本研究得到国家自然科学基金项目（项目号：71001096，70601029）、国家杰出青年科学基金（项目号：71025005）和上海市智能信息处理重点实验室开放课题项目（项目号：IIPL-09-008）资助。

将在 7 300～10 000 美元/吨波动，均价 8 66 美元/吨左右，同比上涨约 15%。紧张的供需关系将支撑铜价上涨，并刺激投机，有可能推动铜价创下历史新高。

（4）农产品价格将维持高位运行，部分上涨过快品种将面临一定的下调压力。2011 年 CBOT 小麦期货价格在 550～800 美分/蒲式耳（1 蒲式耳＝36.368 升）波动，均价 684 美分/蒲式耳左右，同比上涨约 18%。2011 年上半年将维持高位运行；下半年受供需关系缓和、投机基金抛盘等影响，价格将有可能下滑。CBOT 玉米期货价格预计在 450～700 美分/蒲式耳，均价 530 美分/蒲式耳左右，同比上涨约 23%。CBOT 大豆期货价格预计将在 1 150～1 500 美分/蒲式耳，均价 1 290 美分/蒲式耳左右，同比上涨约 24%。2010 年主要农产品的大幅减产和低库存将支撑其价格高位运行。

2011 年全球商品期货价格上涨的压力很大，将很可能传导至国内商品市场，加大输入型通货膨胀压力。此外，全球商品期货价格暴涨暴跌加剧国内商品价格波动，增大相关经营企业风险，甚至威胁相关行业发展。为更好地应对全球商品期货价格波动，特提出如下政策建议：①加强国内商品市场的监管和调控，抑制商品市场包括商品期货市场的过度投机。②加强商品市场信息发布工作，培育国内商品市场信息的权威发布机构。③创新适于国内商品市场的期货新品种或服务模式，吸引中小型商品经营者参与套期保值，规避商品价格波动风险。

一、引　言

2010 年全球商品期货价格整体呈现较快上涨走势，价格波动十分剧烈。作为全球商品期货价格走势的代表，CRB 商品期货价格指数，2009 年年底为 484 点，2010 年 11 月 17 日为 554.72 点，累计上涨 14.5%。最高于 2010 年 11 月 9 日涨至 602 点，较 2009 年年底上涨达到 24.3%，距离 2008 年 7 月创下的历史高点－614.57 点仅差 12.57 点。

2010 年最受关注的商品期货品种为农产品和贵金属。其中，小麦等农产品因为恶劣天气影响而大幅减产，致使小麦等期货价格暴涨，CBOT 小麦期货价格由 2010 年年初的 557.75 美分/蒲式耳，最高上涨至 2010 年 8 月 5 日的 785 美分/蒲式耳，涨幅超过 40%，这也带动了玉米、大豆等农产品价格的持续上涨，截至 2010 年 11 月 17 日，CBOT 玉米和大豆期货价格分别较年初上涨了 25% 和 15%。农产品价格的大幅上涨，不但加大了全球通货膨胀压力，也威胁了全球粮食安全，增加经济运行风险。此外，黄金等贵金属价格持续上涨，收盘价创下 1 410.1 美元/盎司的新高，也备受全球关注。

此外，多种商品期货价格剧烈波动。例如，WTI 原油期货价格 2010 年 5 月初上涨超过 86 美元/桶，到 2010 年 5 月下旬跌破 70 美元/桶，此后于 2010 年 11 月初上涨至 87.81 美元/桶，波动幅度超过了 18%。LME 3 个月铜期货价格于 2010 年 6 月初跌至 6 130 美元/吨，2010 年 11 月 11 日上涨 45% 至 8 922.7 美元/吨，而后于 11 月 15 日跌至 8 150 美元/吨，三个交易日就下跌超过 8%。剧烈的商品期货价格波动，给相关经营企业乃至经济运行带来很大风险。

2010 年全球主要商品期货价格特别是农产品价格的大幅上涨，加大了全球通货膨胀压力，增大经济运行成本，不利于经济的复苏。特别是，农产品价格的大幅上涨威胁了一些发展中国家的经济发展和社会稳定。对于我国而言，作为大宗商品的进出口大国，全球商品期货价格波动传导至国内商品市场，加剧国内商品市场价格波动，给我国相关企业带来很大经营风险；更为严重的是，全球商品期货价格大幅上涨带动国内商品价格上涨，加大输入型通货膨胀压力，不利于国内经济的健康稳定发展。例如，国内棉花、白糖等商品价格的大幅上涨加大企业成本，增大行业运行风险，甚至危及我国棉花行业安全。

全球商品期货市场价格波动对我国商品市场价格稳定，乃至物价稳定和经济平稳运行具有重要影响作用，因此分析 2011 年全球商品期货市场的主要影响因素，预测 2011年全球商品期货价格走势，对于我国科学应对全球商品价格波动，制定国内商品市场调控和进出口方面的决策，乃至商品经营企业增强风险管理等具有重要借鉴和指导意义。

本报告以下部分安排如下：首先，回顾 2010 年全球主要商品期货市场的价格走势及其主要成因；然后，分析预测 2011 年全球商品期货价格整体走势和主要商品期货品种的价格走势；最后，给出部分政策建议。

二、2010 年全球商品期货价格走势分析与回顾

2010 年全球商品期货价格整体呈现上涨走势。作为全球商品期货价格走势代表的CRB 商品期货指数，2009 年年底为 484 点，2010 年 11 月 17 日累计上涨 14.5% 至554.72 点。从 2010 年全年价格走势看，全球商品期货价格走势分为两个时期：

（1）2010 年上半年振荡整理时期。欧洲债务危机等因素导致全球经济运行风险加大，美元上涨；中国经济调控，美国经济复苏缓慢，诸多因素抑制商品期货价格上涨，导致价格整体维持振荡整理走势，黄金期货价格则受经济风险增大影响而连续走高。其中，CRB 指数由 2009 年年底的 484 点，到 2010 年 6 月底为 471 点，整体波幅较小；WTI 原油期货价格基本在 71～86 美元/桶波动；黄金期货价格则由 2009 年年底的1 097.8美元/盎司上涨超过 1 250 美元/盎司。

（2）2010 年下半年快速上涨时期。由于欧洲债务危机大幅缓和，美联储实施第二轮定量宽松货币政策，美元大幅下跌，全球流动性充裕，通货膨胀预期增强，商品市场投机加剧，推动商品期货价格上涨（图 1）。CRB 指数由 6 月底的 471 点涨至 2010 年 11月 9 日的 602 点，涨幅达到 24.3%；随后，指数过快上涨后下跌，到 2010 年 11 月 17日降至 554.72 点，下跌接近 50 点。其中，黄金期货价格方面，由 6 月末的 1 241 美元/盎司，到 11 月 9 日创下 1 410 美元/盎司的历史新高。此外，LME 3 个月铜期货的收盘价创下 8 922.7 美元/吨的历史新高。而在农产品方面，受全球小麦等农产品大幅减产的影响，小麦等农产品价格暴涨，CBOT 小麦期货价格由 2010 年 6 月末的 464.75 美分/蒲式耳涨至 2010 年 8 月 5 日的 785 美分/蒲式耳，涨幅接近 70%；玉米和大豆在小麦价格上涨的带动下也大幅上涨。

图 1　CRB 商品期货价格指数走势图

其中，能源、贵金属、有色金属和农产品各类商品期货的具体价格走势如下：

（1）能源价格全年基本维持振荡整理走势，同比则大幅上涨（图 2）。代表性品种——纽约商业期货交易所（NYMEX）WTI 原油期货近月合约收盘价，由 2009 年年底的 79.36 美元/桶，涨至 2010 年 5 月 3 日的 86.19 美元/桶。此后，WTI 价格在维持短时间的震荡下行，到 5 月 20 日跌破 68.01 美元/桶 。随后，随着美联储第二轮经济宽松货币政策的启动，带动原油期货价格在 11 月初上涨突破 87 美元/桶。此外，截至 2010 年 11 月 17 日，2010 年 WTI 原油期货均价 78.53 美元/桶，较 2009 年均价上涨 26.5%。总之，全球经济复苏放缓抑制 WTI 原油期货价格的上涨幅度，美元走势对 WTI 油价涨跌产生重大影响。

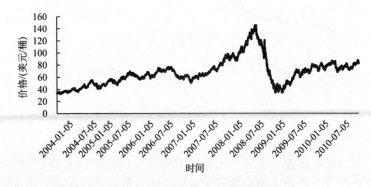

图 2　WTI 原油期货近月合约收盘价走势图

（2）贵金属期货方面，代表性的品种——纽约商品交易所（COMEX）黄金期货价格维持快速上涨走势，同比大幅上涨（图 3）。纽约黄金期货收盘价由 2009 年年底的

1 097.8美元/盎司，涨至 2010 年 11 月 17 日的 1 336.9 美元/盎司，累计上涨了 22%；并于 11 月 9 日创下 1 410.1 美元/盎司的收盘价新高。截至 2010 年 11 月 17 日，纽约黄金期货的均价为 1 206 美元/盎司，较 2009 年上涨 23%。

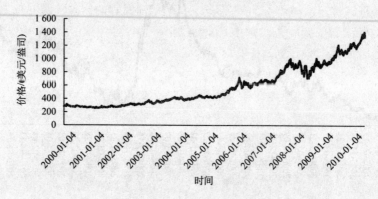

图 3 COMEX 黄金期货近月合约收盘价走势图

（3）有色金属期货方面，2010 年维持冲高回落后再度冲高的"N"字形走势（图 4）。代表性商品期货品种——LME 3 月期铜收盘价格由 2009 年年末的 7 408 美元/吨，上涨至 2010 年 4 月 6 日的 7 961.25 美元/吨；随后，价格下跌，到 2010 年 6 月 2 日跌至 6 130 美元/吨的年内低位；进入下半年，LME 3 月铜期货价格持续快速上涨，到 11 月 17 日涨至 8 190 美元/吨，年内累计上涨 10.5%；并于 11 月 11 日收盘于 8 922.7 美元/吨的历史新高。

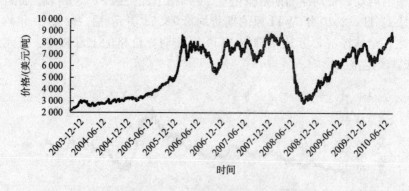

图 4 LME 3 月铜期货收盘价走势图

（4）农产品方面，小麦、玉米和大豆三大期货呈现在振荡整理后的大幅上涨走势。上半年三大粮食期货品种均小幅振荡，下半年受小麦等农产品大幅减产的影响，价格大幅上涨（图 5）。其中，CBOT 小麦期货价格由 2009 年年末的 541.5 美分/蒲式耳，上涨至 2010 年 11 月 17 日的 632.5 美分/蒲式耳，累计上涨 16.8%；年内受全球小麦大量减产的影响，一度突破 700 美分/蒲式耳，于 8 月 5 日收盘于 785.75 美分/蒲式耳的年内高位，较 2009 年年末价格涨幅超过 45%。小麦期货价格的暴涨也带动了 2010 年下半年玉米和大豆期货价格的持续上涨。CBOT 玉米期货价格年初震荡整理，二、三季度大幅上涨。截至 2010 年 11 月 17 日，收盘于 525.75 美分/蒲式耳，较 2009 年年底累计上涨 25.6%，并于 2010 年 11 月 4 日收盘于 590 美分/蒲式耳的年内最高价格。2010 年大豆期货价格在一、二季度出现小幅调整后，三季度开始大幅上扬。在 11 月初突破 1 300 美分/蒲式耳，截至 2010 年 11 月 17 日，收盘价为 1 205 美分/蒲式耳，较 2009 年年底累计上涨 15%。

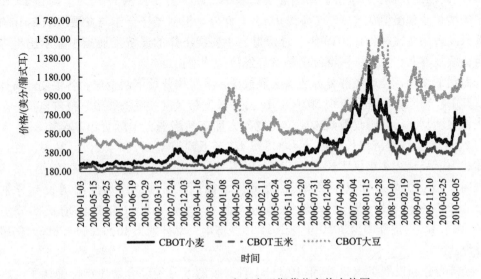

图 5　CBOT 小麦、玉米和大豆期货收盘价走势图

　　综合而言，2010 年全球商品期货价格呈现较快上涨走势，能源、农产品、贵金属和有色金属期货均价比 2009 年大幅上涨。其中影响较大是农产品价格的暴涨。小麦期货最高价格较年初上涨了 40% 以上，带动玉米和大豆等农产品期货价格普遍大幅上涨，对全球粮食安全带来很大威胁。

　　在此背后，2010 年全球经济形势趋于复杂，经济波动和运行风险加大。欧洲债务危机发生，中国、欧洲等经济体经济刺激措施退出或调整，美国在经济复苏态势放缓后于 2010 年年底启动第二轮定量宽松计划，美元剧烈波动，先走强后大幅贬值，这些因素加剧商品期货市场价格波动。全球小麦等农产品受恶劣天气影响而大幅减产，通货膨胀预期增强，再加上流动性泛滥和商品供需关系紧张刺激投机，诸多因素导致大多商品期货价格持续上涨。具体而言，2010 年全球商品期货价格的主要影响因素包括以下几个方面。

（一）全球各主要经济体上半年经济复苏态势良好，下半年下行风险增大

2010 年上半年，世界经济延续 2009 年以来的复苏势头，复苏情况好于预期。根据 7 月 7 日国际货币基金组织发布的《世界经济展望报告》，国际货币基金组织上调了对世界经济及美国、中国等国家 2010 年经济增长的预测，预计世界经济 2010 年增长 4.6%，比 4 月份的预测高出 0.4 个百分点。预计美国 2010 年的经济增速将达到 3.3%，此前的预测为 2.7%。中国经济增长率则从 4 月份预测的 10% 上调到 10.5%，印度的增长率预测值从 8.8% 提高到 9.4%。此外，根据经济合作与发展组织 2010 年 3 月 5 日发表的定性报告，2010 年 1 月份世界主要经济体的经济发展指标显示出世界经济有持续复苏兆头，而中国继续引领世界经济持续增长。

而到下半年，全球经济复苏势头明显放缓，各机构开始下调全球和各主要经济体增速。其中，国际货币基金组织 2010 年 10 月 6 日发布《世界经济展望》报告显示，全球经济正继续复苏，但因政策尚未到位，复苏力度依然脆弱。国际货币基金组织将 2010 年与 2011 年全球经济增长预期从 4.8% 和 4.3% 下调为 4.6% 和 4.2%。其中，发达经济体 2010 年与 2011 年仅增长 2.7% 和 2.2%；2011 年经济增速方面，把美国经济增长率预期下调 0.6 个百分点至 2.3%，欧元区、德国、法国、日本经济增长率分别为 1.5%、2.0%、1.6%、1.5%。新兴市场国家 2010 年与 2011 年经济增长率分别为 7.1% 和 6.4%。预计中国 2010 年与 2011 年经济增长率分别为 10.5% 和 9.6%，仍居全球首位。

经济合作与发展组织 2010 年 10 月 11 日发布的 8 月份综合领先指标确认了全球经济扩张见顶的事实。在 8 月份的数据中，经济合作与发展组织的综合领先指标（CLI）指标减少了 0.1 个点，这已经是连续第四个月该数据显现出负增长态势。经济合作与发展组织表示，在国别 CLI 数据上，加拿大、法国、意大利、英国、巴西、中国和印度都显示了从较强的经济扩张势头下滑的状况，而美国的 CLI 指数则显示美国经济扩张态势正在经历拐点。在 11 月 3 日，经济合作与发展组织公布的《经济展望报告》显示，成员经济体 2011 年国民生产总值增长预期由原先的 2.8% 下调为 2%～2.5%；其中将美国 2011 年 GDP 增幅由 3.2% 下调为 1.75%～2.25%。全球经济的持续复苏和长期看好为商品价格上涨奠定了一定基础。2010 年一季度全球经济复苏势头良好，支撑商品需求；而随着欧洲债务危机形势的严峻，全球经济受到冲击。下半年全球经济增速均有所放缓，导致商品需求增速及其预期降低。

（二）美元先反弹后大幅贬值，加大全球通货膨胀预期

作为全球主要大宗商品期货计价货币的美元，2010 年美元指数基本呈现倒"V"形（图 6），上半年大幅反弹，下半年大幅下跌。2009 年年底美元指数为 77.92 点，随后逐渐上涨，在 2010 年 6 月 7 日达到 88.49 点高位，较 2009 年年底上涨超 10%。此

后，美元基本维持下行走势，到 11 月 12 日降至 78.33，较 6 月底下跌 9%。

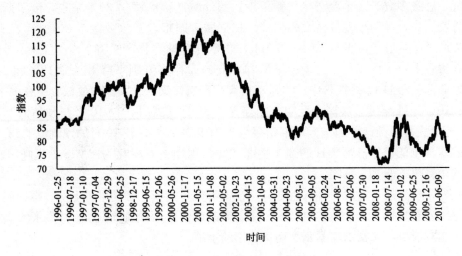

图 6　美元指数收盘价走势图

美元的剧烈波动与欧洲债务危机、美联储货币政策紧密相连。2010 年上半年，欧洲债务危机的发生和恶化，严重影响全球特别是欧元区经济，使得欧元大幅贬值，美元走强。欧洲债务危机使美元作为一种避险的货币而备受青睐，美元指数大幅反弹，抑制商品期货价格，同时也使得黄金需求大增。为应对危机，欧洲、美国等开始实施救助措施，在 2010 年 5 月 10 日 欧盟批准 7 500 亿欧元希腊援助计划；美联储等央行也采取措施向欧洲市场注入美元，以防止希腊债务危机扩散。随着全球主要经济体的大规模救助和及时有效应对，2010 年 6 月份以来，欧洲债务危机恶化趋势得到有效控制，市场对欧元区的担忧情绪缓解。

2010 年下半年，随着欧洲债务危机的缓和，以及美国经济复苏势头的减弱，美国启动第二轮定量宽松计划和维持宽松货币政策，美元大幅走跌。2010 年 11 月 3 日，美联储宣布推出第二轮量化宽松货币政策，到 2011 年 6 月底以前购买 6 000 亿美元的美国长期国债，以进一步刺激美国经济复苏。美国生产和就业状况改善的步伐依旧缓慢，失业率高企，制约美国经济复苏。这使得美元大幅走软，并增强美元走软的预期。

整体而言，2010 年上半年受日益严峻的欧洲债务危机影响，美元大幅走强，抑制商品期货价格上涨。2010 年下半年，欧洲债务危机缓和，美联储宽松货币政策的维持和第二轮量化宽松货币政策的启动，带动美元大幅走软，全球流动性泛滥，通货膨胀预期增强，推动商品期货价格大幅上涨。

（三）部分商品供需关系紧张，推动其期货价格大幅上涨

2010 年农产品和铜等商品供需关系紧张，导致价格暴涨。其中，2010 年小麦等农产品大幅减产，导致小麦期货价格暴涨，同时也带动了其他农产品价格的大幅上涨。

2010 年夏天，俄罗斯、乌克兰、哈萨克斯坦及欧盟部分国家小麦产区遭遇持续高温干旱天气，导致多数产区小麦产量大幅下滑，预计减产幅度将达 30％左右，俄罗斯政府禁止谷物出口，推动小麦价格大幅上涨。根据联合国粮食及农业组织 2010 年 11 月 18 日发表的《粮食展望报告》，2010～2011 作物年度全球谷物产量将下滑 2.1％，全球谷物库存将较上年下降 7％，大麦、玉米和小麦的库存将分别下降 35％、12％和 10％。美国农业部公布的 11 月报告中，也显示最大粮食出口国——美国主要粮食库存的下降；预计2010～2011 年度，美国大豆期末库存为 1.85 亿蒲式耳，较 10 月与预估值下调了 8 000 万蒲式耳；预计美国玉米期末库存为 8.27 亿蒲式耳，较 10 月的预测值下调 7 500 万蒲式耳，也低于分析师预计的 8.4 亿蒲式耳；预计小麦库存为 1.725 1 亿吨，较 10 月份的预测值下调 215 万吨。

此外，作为最重要的一种有色金属，铜供需关系紧张，推动铜价上涨。据国际铜业研究组织公布数据显示，2010 年 1～5 月全球铜市供应短缺为 19 万吨。紧张的供需关系直接刺激投机，加剧供需紧张类期货价格的上涨。

（四）商品期货市场投机盛行

受全球流动性充裕、美元贬值、通货膨胀预期增强、未来经济长期看好、部分商品供需紧张等因素的影响，特别是下半年受美元贬值、小麦等农产品大量减产导致供给紧张等因素的影响，2010 年商品市场的投机行为活跃，商品期货价格大幅上涨。

根据美国商品期货交易委员会（CFTC）持仓报告，主要商品期货合约的投机比例大幅增加，投机性交易占据重要份额。其中，作为最大的全球商品期货交易品种，WTI 原油期货合约在 2010 年 1 月 5 日的总持仓为 1 231 436 手，投机性的非商业净多头持仓 108 835 手，占总持仓的 8.8％；到 2010 年 11 月 16 日，总持仓为 1 399 774 手，其中投机性的非商业净多头持仓增至 171 991 手，增至总持仓的 12.3％。COMEX 黄金持仓方面，投机性的非商业持仓比例居高不下，非商业净多头占总持仓比例多在 34％～41％。其中，2010 年 11 月 16 日，总持仓为 637 435 手，其中投机性的非商业净多头持仓增至 218 479 手，占总持仓的 34％。黄金投机性交易的看多，使得黄金价格持续暴涨。由于投机基金往往对信息反映更快更敏感，快速进场或者离场，加剧商品期货价格波动。而 2010 年下半年商品基本面的利多因素增多（通货膨胀预期增强、流动性充裕、美元走软等），投机加剧商品期货价格上涨。

整体而言，2010 年特别是下半年，全球受部分商品紧张的供需关系、流动性充裕、通货膨胀预期增强、投机加剧等因素的影响，商品期货价格快速上涨，特别是农产品价格暴涨，给各国特别是发展中国家带来较为严重的通货膨胀压力和粮食安全问题；而欧洲债务危机的爆发、经济下行风险的加大，抑制了商品期货价格上涨，并加剧了商品期货市场价格波动。

三、2011 年全球商品期货价格走势分析与预测

2010 年，全球主要经济体维持宽松货币政策，通货膨胀预期增强、欧洲债务危机爆发、农产品大幅减产、投机盛行，冲击了全球商品期货市场，导致商品期货价格普遍上涨。展望 2011 年，全球经济复苏态势、各主要央行货币政策、美元走势、通货膨胀形势都将对商品期货价格波动产生重要影响，而在此背景下，投机由于缺乏全球性的有效监管预计仍将盛行，将冲击全球商品期货市场。各主要影响因素和走势分析包括以下几方面内容。

（一）2011 年全球经济下行风险加大，复苏态势放缓；但中长期经济形势看好，商品需求很可能增加

目前主要国际机构和专家对 2011 年全球经济持续复苏态势并不乐观，纷纷预测 2011 年经济增速将会放缓。

其中，国际货币基金组织 10 月 6 日发布的《世界经济展望》报告显示 2011 年全球经济复苏脆弱，复苏态势放缓。国际货币基金组织将 2011 年全球经济增长预期从 4.3％下调到 4.2％，增速较 2010 年的预测值 4.6％有所放缓。其中，发达经济体 2011 年仅增长 2.2％；美国经济增长率预期下调 0.6 个百分点至 2.3％，欧元区、德国、法国、日本经济增长率分别为 1.5％、2.0％、1.6％、1.5％。而作为主要大宗商品进出口国家的中国，2011 年经济增长率为 9.6％。

经济合作与发展组织 2010 年 11 月 18 日公布的《经济展望报告》显示，世界经济仍将持续复苏，2010 年增长率有望达到 4.6％，2011 年降至 4.2％，2012 年反弹至 4.6％。其中，预计 2010 年美国 GDP 增长 2.7％，2011 年美国 GDP 增长 2.2％，2012 年美国 GDP 增长 3.1％。2010 年欧元区国家 GDP 增长 1.7％，2011 年欧元区国家 GDP 增长 1.7％，2012 年欧元区国家 GDP 增长 2.0％。非经济合作与发展组织成员的新兴经济体将继续引领全球经济增长。随着金融市场逐渐恢复正常，家庭和企业债务负担减轻，经济合作与发展组织成员国 2011～2012 年的经济增长势头将逐渐加强。

因此预计 2011 年全球经济复苏态势将会继续放缓，但仍将维持复苏态势，2012 年全球经济增速将会有所提高。全球经济复苏态势的持续，将增加商品需求，提高商品需求预期，给商品期货价格上涨奠定较为坚实的基础；不过，全球经济增速放缓将抑制商品期货价格的上涨幅度。

在供给和库存方面，部分商品将会供需紧张，库存持续降低，支撑商品期货价格高位运行。其中，农产品方面，2011 年紧张的供需关系、粮食低库存等为粮食高价位运行提供支撑。根据联合国粮食及农业组织 2010 年 11 月 18 日发表的《粮食展望报告》中预计，2010～2011 年全球谷物产量将下滑 2.1％，全球谷物库存将较上年下降 7％，大麦、玉米和小麦的库存将分别下降 35％、12％和 10％。美国农业部公布的 11 月份报

告中，也显示美国主要粮食库存的下降。受农产品生产的限制，预计 2011 年仍将维持紧张的供需关系和低库存。不过，农产品价格的高位运行将会刺激种植面积的增加和种植投入，除发生恶劣的气候外，农产品紧张的供需关系将会逐渐缓和。在有色金属方面，国际铜业研究小组（ICSG）表示，2011 年全球精炼铜市场需求预计增长 4.5％，由于经济活跃程度上升提振需求超过产量增长速度，预计 2011 年将出现 40 万吨的缺口。2011 年部分商品紧张的供需关系，将使得商品期货价格高位运行；不过，商品期货价格过快上涨后将面临较大的下调压力。

（二）2011 年全球流动性充裕，美元贬值预期较强，且一些国家货币政策调整的可能性较强

预计 2011 年美联储维持宽松货币政策的可能性很大，全球流动性依然充裕，美元维持疲软走势。根据美联储近期推出的第二轮量化宽松货币政策，到 2011 年 6 月底以前购买 6 000 亿美元的美国长期国债，加上美国经济复苏态势放缓、失业率高企等问题，预计 2011 年上半年美联储继续维持宽松货币政策的可能性更大。不过，随着下半年经济复苏态势在第二轮刺激措施下有可能转好，美联储的宽松货币政策在 2011 年下半年调整的可能性将有所增加。

其他经济体货币政策方面，随着经济形势逐渐转好和通货膨胀压力增加，预计 2011 年一些重要经济体的货币政策向从紧调整的可能性有所增加。欧洲央行方面，根据经济合作与发展组织 2010 年 11 月 18 日公布的《经济展望报告》，温和的通货膨胀压力以及持续进行的财政巩固措施将允许欧洲央行在 2011 年维持其货币刺激措施不变；但经济合作与发展组织表示，从 2012 年年初开始，货币政策应该恢复正常并且欧洲央行的基准利率应逐步上调，除非通货膨胀高于预期。此外，中国、印度、澳大利亚等国家已经开始逐步收紧货币政策，预计 2011 年货币政策仍将维持收紧。一些央行货币政策调整将收紧流动性，抑制投机。

总之，2011 年美联储实行宽松货币政策的可能性很大，美元将维持疲软走势。其中，2011 年上半年受美国第二轮经济刺激措施的影响，全球流动性依然泛滥，加之其他国家货币政策有可能先于美国从紧，美元贬值压力较大；下半年受美联储货币政策回归正常可能性提升及其预期的影响，美元预计会有所反弹。

（三）投机行为仍将盛行，将加大商品价格走势的不确定性

预计 2011 年受美国宽松货币政策和 6 000 亿美元经济刺激措施的影响，全球流动性依然充裕，美元贬值压力较大。作为一种有效对冲美元贬值的资产——商品，商品期货将会备受投资基金的青睐，商品期货市场的投机行为仍将较为盛行。特别是 2011 年上半年，预计受 6 000 亿美元经济刺激措施的影响，商品投机将有可能较为严重，助长商品期货价格。而下半年，受经济刺激措施的退出，以及美联储等央行货币政策调整

（如加息等措施）预期越来越强的影响，商品投机将会受到一定程度的压制。

此外，一些突发事件有可能冲击商品期货市场，影响商品供需和投机行为，导致价格剧烈波动。其中，欧洲债务危机远未解决，近期发生的爱尔兰债务危机，加之葡萄牙、匈牙利和西班牙等国也存在比较严重的债务问题，在 2011 年有一定可能突然恶化，加剧全球经济金融风险，影响全球经济复苏和商品需求，支撑美元短期内走强，抑制商品价格上涨。此外，商品生产供给方面，依然面临很多不确定因素。例如，原油生产方面依然面临战争等各种突发事件的威胁，农产品生产方面也面临全球气候恶化的威胁。

综合而言，2011 年全球经济虽然有较大的下行风险，但 2012 年经济复苏形势将可能转好；美联储仍将维持宽松货币政策，美元贬值可能性较大；全球流动性泛滥，投机依然盛行，诸多因素推动未来商品期货价格上涨。但是全球经济发展面临很大不确定性（如欧洲债务危机的威胁依然存在），有可能导致经济复苏态势的再度疲软，加剧经济金融市场风险和美元短期走强；一些重要经济体预计将加息应对通胀，也会打压商品期货价格。

综合上述分析，我们建立计量模型综合预测 2011 年全球商品期货价格走势，预测显示：在不出现全球经济基本面急剧恶化、战争等重大突发事件的情况下，2011 年全球商品期货价格将继续上涨，CRB 商品期货价格指数将在 530～620 点波动，均值为 584 点左右，同比上涨约 15.8%。不过，如果欧洲债务危机形势严峻，威胁到全球经济复苏态势，美元大幅升值，CRB 商品期货价格指数则有可能跌破 500 点。

其中，预计 2011 年主要商品期货价格同比将继续上涨，具体走势如下：

（1）能源价格预计将继续上涨。2011 年 WTI 原油期货价格预计在 75～105 美元/桶波动，均价为 89 美元/桶左右，同比上涨约 12%。全球经济持续复苏将增加原油需求，支撑油价。美国能源署（EIA）预计 2011 年全球石油需求将为每天 8 777 万桶，比 2010 年每天增长 144 万桶或 1.7%。此外，美元疲软走势和投机加剧将提升油价上涨幅度。特别是，从 2010 年全年看，原油价格没有实现较大涨幅，未来很有可能吸引更多投机基金关注，增大油价上涨幅度。

（2）贵金属期货价格将维持高位运行，且面临一定的回调压力。2011 年黄金期货价格预计在 1 250～1 650 美元/盎司波动，均价 1 380 美元/盎司左右，同比上涨约 13%。黄金可以对冲美元贬值和通货膨胀，2011 年美元疲软和通货膨胀预期增强将助推其价格上涨并维持高位运行。不过，随着未来全球经济运行风险的降低，主要央行收紧流动性，2011 年下半年黄金价格有可能面临一定的下调压力。

（3）有色金属期货价格将维持高位运行，且剧烈波动。2011 年 LME 3 个月铜期货价格将在 7 300～10 000 美元/吨波动，全年维持高位运行走势，均价 8 666 美元/吨左右，同比上涨约 15%。全球经济持续复苏，带动铜消费增速超过生产增速，供需紧张，将推动铜价上涨，并有可能导致投机加剧，刺激铜价创下新高。不过全球经济面临一定下行风险，如果短期内铜价上涨过快，将致使其价格回落。

（4）农产品期货价格将维持高位运行，部分上涨过快品种将面临一定的下调压力。2011 年 CBOT 小麦期货价格预计在 550～800 美分/蒲式耳波动，均价 684 美分/蒲式耳左右，同比上涨约 18%。2011 年上半年将维持高位运行；下半年受供需关系缓和、投机基金抛盘等影响，价格将有可能下滑。CBOT 玉米期货价格预计在 450～700 美分/蒲式耳，均价 530 美分/蒲式耳左右，同比上涨约 23%。CBOT 大豆均价预计将在 1 150～1 500 美分/蒲式耳，均价 1 290 美分/蒲式耳左右，同比上涨约 24%。2010 年主要农产品的大量减产和低库存将支撑其价格高位运行；不过，农产品价格高位运行将吸引种植面积和投入的增加，未来供给上升的可能性较大，抑制农产品价格的持续过快上涨。

四、政策建议

展望 2011 年，全球经济下行风险加大、美联储第二轮量化宽松货币政策的推出、美元走软、欧洲债务危机等不确定性因素，加上投机炒作、部分商品供需关系紧张，诸多因素将导致 2011 年全球商品期货价格上涨的可能性很大，且商品价格剧烈波动。这给我国未来经济发展和物价稳定带来一定的影响。

（1）全球商品期货价格的上涨将传导至国内商品市场，加大我国的输入型通货膨胀压力。我国是石油、铜、大豆等大宗商品进口大国，由于缺少国际商品市场话语权，能源、有色金属、部分农产品的价格受国际市场影响程度很大，未来全球商品期货价格的上涨将通过进出口、商品期货市场等途径传导至国内商品市场，加大输入型通货膨胀压力。这将加剧我国本已严峻的通货膨胀形势，加大我国经济运行风险。

（2）全球商品期货价格的暴涨暴跌加剧国内商品价格波动，增大企业经营风险，甚至威胁相关行业发展。未来全球商品期货市场的价格剧烈波动将加剧国内商品价格波动，增大企业经营风险，威胁相关行业持续健康发展，甚至加大相关行业话语权旁落的风险。

为更好地应对全球商品期货价格波动对我国的影响，特提出如下政策建议：

（1）加强国内商品市场的监管和调控，抑制商品市场包括商品期货市场的过度投机。加强大宗商品供需和价格监测预警，实时发布预测预警信息，为相关企业经营做指导。利用行政、法律、商品储备、信贷等手段，打击囤积居奇等活动，抑制商品市场投机。借鉴国外商品期货市场的监管经营，区分投机性交易与套期保值交易，加强商品期货市场的投机监管；对期货市场的套期保值业务给予更多优惠，鼓励套期保值交易业务，增大期货市场套期保值交易比例，降低投机性交易的比例。

（2）加强商品市场信息发布工作，培育国内商品市场信息的权威发布机构。权威有效的信息能够正确指导商品交易，为相关经营者科学正确决策服务。作为国际商品话语权建设中极其重要的组织部分，国际发达国家已经形成了各种商品信息的权威发布机构，如能源领域的美国能源署、农业领域的美国农业部等。这些权威机构的信息发布往往对全球商品价格走势产生极其重要的影响，成为商品市场话语权建设的一个重要环节。但目前，国内在商品信息发布的权威机构建设方面远不及国外，因此，宜加强各种商品市场信息分析、预测和发布工作，培育国内权威信息发布机构，扩大其国内外影响力，逐步争夺商品市场信息发布的话语权。

（3）创新适于国内商品市场的期货新品种或服务模式，吸引中小型商品经营者参与套期保值，规避商品价格波动风险。由于国内部分商品市场的生产经营主体过小，无法有效利用商品期货交易套期保值规避风险，因此应继续加强国内商品期货市场建设，开发适于国内商品市场现状的期货新品种或者新的服务方式。例如，开发小型的期货交易合约，推广"公司＋农户"经营模式，为更多企业套期保值提供更好的工具和服务。

2010 年我国城乡居民收入分析及 2011 年预测[①]

陈全润　段玉婉　李晖　祝坤福　陈锡康　杨翠红

报告摘要：2010 年在国家出台的一系列应对金融危机的措施及相关政策的作用下，我国的宏观经济逐步向好，城乡居民收入继续增长。2010 年前三季度农村居民人均现金收入为 4 869 元，比上年同期增长 13.1%，扣除价格因素实际增长 9.7%，与 2009 年同期相比实际增速回升 0.7 个百分点；城镇居民人均可支配收入为 14 334 元，同比增长 10.5%，扣除价格因素实际增长 7.5%，与 2009 年同期相比实际增速下降 3 个百分点。农村居民人均现金收入增长速度快于城镇居民人均可支配收入增长速度。城乡居民收入继续保持增长主要得益于以下几个方面：①就业形势良好，工资水平提高明显。②农业生产形势良好，主要农产品产量和价格双双提高。③政府社会保障及惠农力度加大。预计 2010 年全年农村居民人均纯收入约为 5 820 元，实际增长 9.3% 左右；城镇居民人均可支配收入约为 19 140 元，实际增长 8.2% 左右。2010 年可能改变多年来城镇居民人均收入增长水平高于农村居民，城乡居民人均收入差距不断扩大的局面，出现农村居民人均收入增长水平高于城镇居民，城乡居民人均收入差距开始缩小的新局面。

预计 2011 年城乡居民收入将较快增长，主要考虑到以下几个方面：

(1) 农产品价格仍将保持涨势，农产品产量将稳步增长。

(2) 农村居民的工资性收入将有较大幅度提高。

(3) 国家支农惠农力度加大，农村居民人均转移性收入增幅将扩大。

(4) 宏观经济稳定较快增长，将为城镇居民收入增长提供良好环境。

(5) 就业形势的稳定，将为城镇居民收入增长提供有力保障。

(6) 政府高度重视居民收入增长，城镇居民工资水平有望较大幅度提高。

(7) 国家不断加大社会保障力度，城镇居民转移性收入将保持较快增长。

在对 2011 年城乡居民增收形势分析的基础上，我们对 2011 年的城乡居民收入进行了初步预测。预测结果显示：2011 年，在农产品生产价格上涨、工资水平提高、政府转移支付力度加大等利好因素的作用下，农村居民人均纯收入将迈上 6 000 元的台阶，达到 6 590 元左右，实际增长速度在 9.8% 左右；在工资增长体制不断完善、政府社会保障力度加大等因素的作用下，城镇居民人均可支配收入将突破 20 000 元，达到

---

① 本研究得到国家自然科学基金项目（项目号：60874119，70810107020，70871108）和中国科学院重要方向性项目（项目号：KJCX2-YW-S8）资助。

21 550元左右，实际增长速度在 9.3％左右。2011 年城乡居民收入的实际增长水平将分别高于 2010 年；并且将延续 2010 年农村居民人均纯收入增长水平高于城镇居民人均可支配收入增长水平的新局面，城乡居民人均收入差距有望进一步缩小。

针对当前的城乡居民收入状况，建议做好以下工作：

(1) 改善收入分配格局，缩小居民收入差距。1997～2007 年，我国劳动者报酬占增加值的比重由 54.9％下降到 41.4％，同时营业盈余所占比重由 18.0％上升到 30.2％，生产税净额所占比重由 13.5％上升到 14.5％。在我国经济高速增长的同时，劳动者报酬的比重却在下降，这使得经济增长的成果有很大一部分转化为了非工资性收入。建议政府出台相关政策，加快推进收入分配改革，逐步提高劳动者报酬在增加值中的比重。将经济增长的成果真正体现到居民工资收入的增长上，使居民能平等地享受到经济增长的成果。

(2) 提高个人所得税起征点，缩小居民收入差距。从格局上来看，缩小居民收入差距的关键在于"提低—扩中—控高"。即提高低收入群体的收入，扩大中等收入群体的规模，控制高收入群体的收入。建议充分发挥税收在调节收入分配中的作用。在逐年提高工资水平的同时，提高个人所得税起征点，以减少中低收入者的税赋负担，缓解社会分配不公的矛盾，促进经济发展和社会稳定。

(3) 防止"最低工资标准"成为"最高工资标准"。2010 年全国各地最低工资标准的提高对居民增收尤其是农村居民的增收发挥了重要作用。最低工资标准的提高有利于低收入群体收入水平的提高和居民收入差距的缩小。然而令人担忧的是很多用人单位直接按照最低工资标准给一线工人发放工资，从而使最低工资标准成为很多劳动者的最高工资标准。建议政府制定相关制度，尽快建立和完善工资的正常增长机制，使劳动者的工资真正能够随企业效益的增长而增长，使劳动者充分享受到经济增长的成果。

(4) 加快农业科技推广与农村剩余劳动力转移，缩小城乡收入差距。尽管近几年国家一直在加大惠农力度，农民的转移性收入一直处于增长之中，但由于数额较少，对于农民增收来讲只是杯水车薪。因此，"授之以鱼不如授之以渔"。从长远来看，一方面政府要继续加大对农民的转移支付力度，保证农民的农业生产积极性。另一方面要加大农业科技在农民中的推广力度，克服耕地等农业资源的约束，充分发挥科技对农业增产的作用，不断提高农民的家庭经营收入，加快农村劳动力向二三产业转移，并进一步推进对农民工的专业化培训，实现农民工稳定就业，逐步建立起农民增收的长效机制，不断提高农民收入的增长速度，缩小城乡收入差距。

(5) 提高专业技术人才比例，引导居民就业方向，平衡就业人口供需结构。我国劳动力充裕，但供求结构不一致，专业技术人才供不应求。2010 年第三季度，各技术等级的岗位空缺与求职人数的比率均大于 1，劳动力需求大于供给。其中技师、高级技师和高级工程师的岗位空缺与求职人数的比率较大，分别为 1.85、1.84 和 1.75。据有关部门预测，2011 年专业人才在三大产业的缺口将分别为 218 万人、1 220 万人 和 325 万人。我国劳动力素质、人力资源结构与经济社会发展不相适应的结构性矛盾不容忽视。

建议加强对从业人员的专业职能培训，合理引导人才的发展方向，以协调就业结构的供需平衡。

一、引　言

2005～2009 年，我国 GDP 保持了较快的增长速度，五年间的平均实际增长速度达 11.4%。2009 年我国 GDP 总量为 4.91 万亿美元，仅落后于日本 0.16 万亿美元。预计 2010 年我国的 GDP 总量将超过日本位居世界第二。在 GDP 快速增长的同时，我国居民收入尤其是农村居民收入却相对增长缓慢。2005～2009 年，我国农村居民人均纯收入由 3 255 元增长到 5 153 元，平均实际增长速度为 7.9%，远低于 GDP 增速；城镇居民人均可支配收入由 10 493 元增长到 17 175 元，平均实际增长速度为 10.1%，低于 GDP 增速 1.3 个百分点。在过去的几年里，我国经济突飞猛进、硕果累累，但我国居民并没有充分享受到经济增长的成果。这也是当前我国内需不足的一个重要原因。另外，农村居民与城镇居民在收入增长速度上的差距使得城乡居民的收入差距不断扩大，城乡居民收入比已由 2005 年的 3.22∶1 扩大到 2009 年的 3.33∶1。城乡居民收入差距过大已成为构建和谐社会和维护社会稳定的一大难题。

中共中央在关于制定"十二·五"规划的建议中已明确提出了"城乡居民收入普遍较快增加。努力实现居民收入增长和经济发展同步、劳动报酬增长和劳动生产率提高同步，低收入者收入明显增加，中等收入群体持续扩大，贫困人口显著减少，人民生活质量和水平不断提高"的目标。毫无疑问，居民收入与分配问题将成为"十二·五"期间政府及城乡居民重点关注的问题之一。在此报告中，我们对 2010 年的城乡居民收入进行了回顾，并对 2011 年的城乡居民收入进行了展望和预测，最后针对当前的形势给出了相关政策建议。

二、2010 年城乡居民收入回顾与分析

（一）2010 年前三季度农村居民收入情况

国家统计局公布的统计数据显示：2010 年前三季度我国农村居民人均现金收入为 4 869 元，比上年同期增长 13.1%，扣除价格因素实际增长 9.7%，与上年同期相比实际增速回升 0.7 个百分点。从图 1 可以看出，在金融危机等不利因素的影响下，从 2008 年开始农村居民人均现金收入增速逐步回落。但在中央政府一系列应对金融危机措施的刺激下，国民经济正逐步回暖，农村居民人均现金收入增速也在 2010 年出现反弹。

从收入构成来看（表 1）：

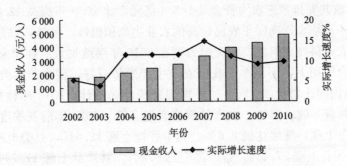

图 1　2002～2010 年前三季度农村居民人均现金收入情况

表 1　2010 年前三季度农村居民人均现金收入构成及比 2009 年同期增长情况

收入类型	现金收入/（元/人）	名义增长/%		增加额/（元/人）		对增加额的贡献率/%	
		2010 年	2009 年	2010 年	2009 年	2010 年	2009 年
农村居民人均收入	4 869	13.0	8.5	562	336	100	100
其中：工资性收入	1 773	18.8	9.9	280	135	49.8	40.1
家庭经营收入	2 599	8.7	5.5	207	125	36.9	37.1
财产性收入	135	19.5	11.9	22	12	3.9	3.6
转移性收入	362	17.2	26.6	53	65	9.4	19.3

资料来源：国家统计局. 前三季度国民经济运行态势总体良好. http://www.stats.gov.cn/tjfx/jdfx/t20101021_402677637.htm, 2010-10-21.

（1）工资性收入为 1 773 元，比 2009 年同期增长 18.8%，增幅提高 8.9 个百分点。其对农村居民人均现金收入增加额的贡献率达 49.8%，是推动前三季度农村居民收入增长的主要收入来源。工资性收入的快速增长主要得益于：第一，农村居民非农就业人数增加。在中央政府一系列应对金融危机措施的作用下，国民经济持续回暖，企业的用工数量不断增加，受其影响 2010 年农村劳动力外出务工人数继续增长。据人力资源和社会保障部调查，截止到 2010 年 9 月底，农村劳动力外出务工人数为 2009 年外出务工人数峰值的 106.7%。第二，农村居民工资水平得到较大幅度提高。一方面，由于企业效益逐步好转、用工需求不断增加，以及"民工荒"问题在部分地区时时出现，许多企业提高了工资水平。另一方面，最低工资标准大幅度提升。截止到 2010 年 9 月底，我国已有 30 个省（自治区、直辖市）提高了最低工资标准，最高档的月最低工资标准平均为 870 元，平均增长幅度为 24%。其中，上海、浙江、广东分别达到了 1 120 元、1 100 元和 1 030 元。由于很大一部分农民工的工资水平在最低工资标准附近，因此最低工资水平的提高在很大程度上推动了农村居民工资性收入的增长。

（2）家庭经营收入为 2 599 元，比 2009 年同期增长 8.7%，增幅提高了 3.2 个百分点。其对农村居民人均现金收入增加额的贡献率为 36.9%，是推动前三季度农村居民收入增长的第二大收入来源。家庭经营收入的增长主要得益于：第一，农业生产形势较好。2010 年中央 1 号文件再次关注"三农"问题，国家对"三农"的投入进一步加大。

2010 年国家财政共安排"三农"资金 8 183.4 亿元，比 2009 年提高 12.8%。国家支农惠农力度的进一步加大，确保了农民较高的农业生产积极性。另外，以万亩高产示范片建设为代表的农业科技成果推广和应用力度在 2010 年继续加大。在国家政策支持和科技等因素的综合作用下，前三季度我国农业生产形势较好，猪牛羊禽肉产量同比增长 2.6%，其中猪肉同比增长 2.7%。另外据国家统计局预计，2010 年秋粮将增产较多，全年粮食有望再获丰收。第二，农产品价格普遍上涨。2010 年前三季度农产品生产价格出现较大幅度上涨，涨幅达到 8.8%。其中谷物上涨 12.6%，豆类上涨 9.3%，油料上涨 10.4%，棉花上涨 27.1%，畜产品上涨 0.8%，林产品上涨 17.7%，渔业产品上涨 7.9%。主要农产品产量和价格的双双提高推动了农村居民第一产业家庭经营收入的增长。第三，我国城镇化进程的加快，以及乡镇企业的发展为农村居民在二、三产业创造了较多的创业机会，推动农村居民二、三产业经营收入的增长。

（3）非生产性收入方面：财产性收入为 135 元，比 2009 年同期增长 19.5%，增幅提高 7.6 个百分点；转移性收入为 362 元，比 2009 年同期增长 17.2%，增幅下降 9.4 个百分点。农村居民非生产性收入的增长主要得益于：第一，经济回暖为农村居民财产性收入的增长提供机会。一方面，随着就业形势的好转，不少外地人口进入城镇，这为城镇周边农村居民房租收入的提高创造机会。另一方面，随着外出务工人数的增加，农村土地流转加快，农民的土地流转收入增加较多。第二，2010 年中央财政继续加大对"三农"的支持力度，共安排"三农"资金 8 183.4 亿元，比上年增长 12.8%。国家支农惠农力度的加大，保证了农村居民转移性收入的较快增长。但从"三农"资金的增长幅度来看，2010 年比 2009 年下降了 9 个百分点。这也在一定程度上影响了农村居民转移性收入的增长幅度，2010 年前三季度，农村居民转移性收入名义增长率比 2009 年同期下降了 9.4 个百分点。

（二）2010 年前三季度城镇居民收入情况

国家统计局公布数据显示，2010 年前三季度，我国城镇居民人均可支配收入为 14 334 元，同比增长 10.5%，扣除价格因素，实际增长 7.5%，名义增幅比 2009 年同期的 9.3% 增加 1.2 个百分点。但由于前三季度城镇居民消费者价格指数同比上涨 2.8%，使城镇居民人均可支配收入实际增速比 2009 年同期的 10.5% 下落 3 个百分点。

城镇居民人均总收入主要由工薪收入、经营净收入、财产性收入和转移性收入四部分组成。其中工薪收入占主要份额，2009 年比重达 65.7%；其次是转移性收入，比重达 23.9%；而财产性收入和经营净收入所占的比重较小，均不足 10%。从收入构成来看（表2），2010 年前三季度四大收入呈现全面增长态势：

表 2   2010 年前三季度城镇居民人均实际收入构成及比 2009 年同期增长情况

收入类型	2009 年全年	2010 年前三季度
城镇居民人均总收入/（元/人）	18 858	15 756
城镇居民人均可支配收入/（元/人）	17 175	14 334
城镇居民人均可支配收入名义增长率/%	8.8	10.5（9.3）
其中：工薪收入增长率/%	9.6	10.1（10.2）
经营净收入增长率/%	5.2	9.9（5.0）
转移性收入增长率/%	14.9	12.5（15.7）
财产性收入增长率/%	11.6	18.5（12.3）

注：括号内数字为上年同期值。

资料来源：中国经济统计数据库。

（1）2010 年前三季度工薪收入增长 10.1%，仍是城镇居民收入的最主要来源。工薪收入的增长主要得益于：第一，2010 年以来，各地纷纷提高最低工资标准，部分地区机关开始实行阳光工资、部分事业单位进行了绩效工资改革。工资改革使城镇居民的工资水平得到提高，推动了城镇居民工薪收入的增长。第二，随着经济形势的好转以及国家促就业的各种措施，城镇居民的就业形势转好，收入稳步回升。据人力资源和社会保障部消息，2010 年前三季度全国城镇新增就业 931 万人，是全年 900 万人目标的 1.03 倍；全国下岗失业人员再就业 440 万人，完成全年 500 万人目标的 88%；就业困难人员实现就业 126 万人，超额完成全年目标 100 万人。第三季度末，城镇从业人员数达 12 794.8 万人，同比增长 4.9%，比上年同期加快 3.9 个百分点。

（2）转移性收入稳步增长，增幅为 12.5%，成为城镇居民增收的重要补充。2010 年我国企业退休人员基本养老金提高了 10% 左右，调整后全国月人均基本养老金达到 1 370 元。2010 年前三季度，全国实发企业离退休人员基本养老金 6 923.8 亿元，比上年同期增加 1 109.2 亿元，增长 19.1%，比上年同期加快 2.7 个百分点。在城镇居民转移性收入中，养老金占 60% 左右，因此养老金水平的提高有效促进了城镇居民转移性收入的增长。2009 年，在经济比较困难的形势下，中央为拉动内需，加大了社会救济力度和转移支付力度，如提高了"低保"对象补助水平等。但 2010 年，这些政策效应有所减弱；2010 年前三季度国家财政支出中社会保障和就业支出同比增速为 16.4%，比上年同期减少 3.2 个百分点。这在一定程度上影响了城镇居民转移性收入的增长幅度，2010 年前三季度城镇居民转移性收入增幅比上年同期下降 3 个百分点。

（3）城镇居民经营净收入较上年有较大幅度提高，名义增幅达到 9.9%，比上年同期加快 4.9 个百分点。随着宏观经济的向好，汽车货运、私营商业、私营工业等行业也逐渐恢复正常。同时，政府也加大了对下岗、失业人员再就业的培训，从事个体经营人员进一步增加。个体经济和私营经济的发展，使得城镇居民经营净收入有了显著增长。

（4）财产性收入增长 18.5%，比上年同期加快 6.2 个百分点，是四大收入构成中增长最快的部分。财产性收入的快速增长主要得益于：第一，房屋租赁市场日益活跃，各地租金不断上涨。2010 年全国多个重点城市的房屋租赁价格持续上涨，上半年北京租金均价为每月每套 2 713 元，同比上涨了 16.84％。广州市租金均价为 20.2 元/平方米，同比上涨 18.6％。并且房租暴涨现象正从一线城市向二三线城市蔓延，兰州、济南、石家庄等地也开始出现类似问题。房屋出租收入作为居民财产性收入的重要组成部分，促进了城镇居民财产性收入的增长。第二，随着宏观经济的整体向好，企业效益不断提高，居民的股息、红利收入得到增加。

从前三季度城乡居民收入情况来看，农村居民人均现金收入的增长速度明显快于城镇居民人均可支配收入。预计 2010 年全年农村居民人均纯收入约为 5 820 元，实际增长 9.3％左右；城镇居民人均可支配收入约为 19 140 元，实际增长 8.2％左右。2010 年可能改变多年来城镇居民人均收入增长水平高于农村居民，城乡居民人均收入差距不断扩大的局面，出现农村居民人均收入增长水平高于城镇居民，城乡居民人均收入差距开始缩小的新局面。

三、2011 年城乡居民增收形势分析及预测

（一）2011 年城乡居民增收形势分析

1. 农产品价格仍将保持涨势，农产品产量将稳步增长

（1）农产品价格仍将保持涨势。第一，随着我国居民收入水平的提高以及国外需求的逐步回升，对农产品的直接与间接需求量都将增加。例如，2010 年随着国际、国内经济形势的好转，纺织企业效益逐步回暖，对棉花的需求不断增加，带动棉花价格大幅上涨。第二，农业生产成本尤其是人工成本将上涨。近几年来，随着外出务工人员的增多以及农民工资水平的提高，全国各地的农业生产用工费用普遍提高，农业生产成本不断上升。例如，2010 年湖北省晚籼稻亩均雇工费用比 2009 年提高了 22.7％。第三，保持农产品价格处于较高水平是政府提高农民农业生产积极性、促进农民增收的重要举措。例如，2010 年 10 月 12 日，国家发展和改革委员会公布了小麦的最低收购价格。2011 年生产的白小麦、红小麦和混合麦最低收购价分别提高到每百斤 95 元、93 元和 93 元，比 2010 年分别提高 5 元、7 元和 7 元。最低收购价格的提高将在一定程度上抬高市场价格。第四，美国推出新一轮货币量化宽松政策，致使全球流动性泛滥，通胀压力加大。目前，国际上农产品等大宗商品价格已出现持续上涨的局面，同时不可避免国外大量热钱进入国内对部分农产品进行炒作，国内农产品价格上涨压力加大。考虑以上因素，预计 2011 年农产品价格仍将保持涨势。但也应看到，当前中央政府高度重视农业生产，2010 年我国的农业生产形势仍然较好。尽管夏粮产量略减，但占全年粮食产量约四分之三的秋粮将增产，我国粮食产量很有可能连续七年增产；前三季度畜产品产量也在稳定增长，猪牛羊禽肉产量同比增长 2.6％。当前较高的农产品价格也将提升 2011 年农民的农业生产积极性。总体看来，我国的农产品供给将有所保障。因此在不出现严重的自然灾害的情况下，2011 年农产品价格总体上不会出现大幅上涨的情况。

（2）农业生产形势总体较好，农产品产量将稳步提高。第一，农产品价格的高位运

行以及国家支农惠农力度的加大将保证农民农业生产积极性不减。2010 年农产品生产价格普遍上涨，前三季度同比上涨 8.8%。谷物、棉花、林产品等农产品的增幅都在 10% 以上。预计 2011 年农产品价格仍将保持涨势。与此同时，国家发展和改革委员会宣布 2011 年白小麦、红小麦和混合麦的最低收购价比 2010 年每斤分别提高 0.05 元、0.07 元和 0.07 元。另外，十七届五中全会通过的"十二·五"规划建议书中明确表示要继续加大支农惠农力度，夯实农业发展基础。预计 2011 年国家财政对"三农"的支出仍将有较大幅度的增长。在农产品价格上涨、国家支农惠农力度加大的影响下，农民将保持较高的农业生产积极性。目前，秋冬播已开始，农业部制定了力争冬小麦播种面积稳定在 3.38 亿亩的水平上，冬油菜面积稳定在 1 亿亩以上，冬种蔬菜面积稳定在 1.3 亿亩以上的生产目标。第二，科技将在农业增产中继续发挥重要作用。2010 年科技在农民增收中发挥了重要的推动作用。例如，在 2010 年全国高产创建活动中，山西省高产示范片小麦平均单产增加 65.5%，玉米平均单产提高 97.1%，示范片农民人均增收 927.8 元。加快推进农业现代化，提高农业综合生产能力、抗风险能力、市场竞争能力将成为"十二·五"规划的重要目标。接下来几年，科技在农业生产中的推广力度将不断加大，在我国耕地资源的约束下，科技将成为提高农业综合生产能力的关键因素。在 2010 年的秋冬播生产中，农业部力争要加大科技支撑力度，使冬小麦亩产提高 2 千克，再创历史新高；使油菜亩产提高 5 千克以上，恢复到历史最高水平。

2. 农村居民的工资性收入将有较大幅度提高

预计 2011 年农民工的平均工资水平将有较大幅度提高。一方面，2010 年各省陆续提高了最低工资标准，平均增长幅度为 24%。为符合每两年至少调整一次最低工资标准的要求，部分省份（如陕西、海南等）表示要以一定的增长速度持续提高最低工资标准。国家统计局发布的《2009 年农民工监测调查报告》显示：2009 年外出农民工月工资水平在 800 元以下的占 7.3%，水平在 800～1 200 元的占 31.5%。我国有很大一部分农民工的工资水平位于最低工资标准附近。最低工资标准的不断提高对于增加农村居民的工资性收入将起到很大的推动作用。另一方面，根据十七届五中全会通过的中共中央关于制定"十二·五"规划的建议，建立和谐劳动关系，提高劳动报酬在初次分配中的比例将成为中央在"十二·五"期间的重要任务之一。在接下来的几年里，我们很有可能看到企业工资集体协商制度逐步推行和完善，企业和职工利益共享机制逐步建立起来。目前与城镇居民的工资水平相比，农民工的工资水平还存在很大差距，而且往往在工资谈判中处于劣势。作为"十二·五"规划的第一年，预计 2011 年农民工的工资水平较之往年会有较大幅度的提高，从而推动农村居民工资性收入增长。

3. 国家支农惠农力度加大，农村居民人均转移性收入增幅将扩大

收入分配改革将成为中央政府"十二·五"期间的重要任务之一。保障和改善民生也是中央政府重点关注的领域之一。在接下来的几年里，国家财政对农村居民的转移支付力度势必要加大。首先，国家对"三农"的支出将继续增加。以粮食直接补贴和农业

生产资料综合补贴为代表的补贴政策，一方面可以提高农民的生产积极性保障我国的粮食安全；另一方面还可以提高农民的转移性收入，缩小城乡收入差距。2010 年国家财政共安排"三农"资金 8 183.4 亿元，比 2009 年增加 12.8%，但增幅下降 9 个百分点。出于保障粮食安全和改善收入分配格局的考虑，预计 2011 年国家财政对"三农"的支出仍将增加，并且幅度会有所提高。其次，2011 年是新型农村养老保险推广的第三年。按规定凡是年满 60 岁的农村居民且有家庭成员参保都可以每月领到至少 55 元的养老金。据人力资源和社会保障部消息，2010 年新农保的覆盖范围将达到 23%。另外据《农民日报》报道，"十二·五"期间我国将实现新农保制度全覆盖的目标，并逐步提高参保率和参保水平。按照这一进度，预计 2011 年新农保在我国的覆盖范围还将扩大15%左右，保障标准可能也会有所提高。国家对收入分配改革以及保障和改善民生的越发重视，将推动农村居民转移性收入的增长。

4. 宏观经济稳定较快增长，将为城镇居民收入增长提供良好环境

如图 2 所示，受宏观经济影响，2008 年下半年金融危机发生以来，城镇居民可支配收入名义增速下降明显，由 2008 年第二季度的 18.0%下降到 2009 年第四季度的7.3%；2010 年以来，增速开始出现回升，第三季度达到 11.2%，但仍低于金融危机发生前的水平。随着宏观经济的不断向好，城镇居民可支配收入增速仍有增长空间。

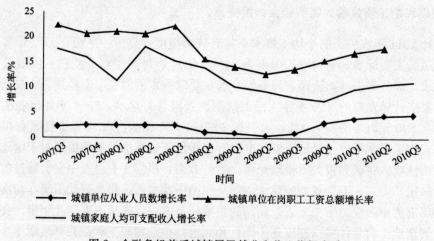

图 2　金融危机前后城镇居民就业和收入指标变动

2010 年以来，宏观经济进入常规增长轨道，前三季度 GDP 为 268 660 亿元，实际增长 10.6%，比上年同期加快 2.5 个百分点；全社会固定资产投资 192 228 亿元，同比增长 24.0%；社会消费品零售总额 111 029 亿元，同比增长 18.3%；出口总量达到11 346.4 亿美元，同比增长 34.0%。根据经济发展形势判断，2011 年中国经济增速将有所放缓，但仍将保持较快增长。这将为城镇居民可支配收入的提高提供良好的宏观环境。

另外，随着宏观经济的平稳发展，工业企业效益也将有所提高，城镇居民工薪收入有望进一步增加。2010 年前三季度全国规模以上工业增加值同比增长 16.3％，增速比上年同期加快 7.6 个百分点；工业企业利润总额也在不断上升，2010 年 8 月累计同比增长 55％，比上年同期加快 65.6 个百分点。随着经济形势的向好，工业企业生产效益的不断提高，职工的工薪收入将会有所提高。另外，个体经济和私营经济也将随着经济的较快增长蓬勃发展起来，这将有助于城镇居民经营性收入的增长。

5. 就业形势的稳定，将为城镇居民收入增长提供有力保障

金融危机后，随着宏观经济的不断回暖，城镇居民就业人数和平均工资水平也在不断提高。如图 2 所示，城镇从业人员数增长率和城镇单位在岗职工平均工资增长率从 2009 年第二季度开始不断升高，2010 年三季度末城镇从业人员数达到 12 794 万人，同比增长 4.88％，比上年同期加快 3.88 个百分点。另外，城镇人口中从业人数比例从 2003 年开始逐年小幅增加，2009 年年末已增加到 50％。这些良好的发展趋势将为 2011 年就业形势的稳定奠定基础。

据相关资料显示，与往年相比，2011 届毕业生就业形势明显回暖，各用人单位已纷纷开始在校园举行招聘会，企业的招聘数比 2009 年上升不少，薪酬也普遍提高。据人力资源和社会保障部发布的信息，2011 年全国大学毕业生数量将达 650 万人。2010 年为保证大学生的就业，政府实行了就业拓展计划、大学生援助计划和大学生见习计划，鼓励和引导大学生尽快就业。同时政府为扩大就业，实施了 2010 年特别职业培训计划，2010 年全国困难企业职工培训 97 万人，城镇失业人员技能培训 264 万人，登记求职高校毕业生技能培训 39 万人，创业培训 79 万人。这些援助计划有望在 2011 年继续保持，并进一步增加力度。

同时为扩大就业，鼓励以创业带动就业，财政部、国家税务总局发布了《关于支持和促进就业有关税收政策的通知》，规定自 2011 年 1 月 1 日起实施新的支持和促进就业的税收优惠政策，鼓励失业者和大学生自主创业，鼓励企业增加就业岗位。另外，"十二·五"规划建议也提出，未来五年，要实施更加积极的就业政策，大力发展劳动密集型产业、服务业和小型微型企业，多渠道开发就业岗位，鼓励自主创业，促进充分就业。人力资源和社会保障部也将研究制定"十二·五"就业专项规划，并指导各地结合实际制定本地区的就业规划。随着经济形势的好转以及国家促进就业的各种政策，预计 2011 年就业形势较为稳定，这将为城镇居民的工薪收入增长提供有力保障。

6. 政府高度重视居民收入增长，城镇居民工资水平有望较大幅度提高

在中共中央关于制定"十二·五"规划的建议书中，国家把较快增加城乡居民收入作为今后五年我国经济社会发展的主要目标之一，表示要努力实现居民收入增长和经济发展同步、劳动报酬增长和劳动生产率提高同步。另外据人力资源和社会保障部消息，企业工资条例正在抓紧研究、讨论、拟定之中，下一步也将加大企业工资支付保障工作力度。各界普遍认为"同工同酬"、"工资协商"等规定可能会在企业工资条例中涉及，

这将为城镇居民工薪收入的提高提供保障。随着政府对居民收入的重视，2011 年城镇居民的工资水平将得到进一步提高。工薪收入是城镇居民收入的主要来源，而工资水平对工薪收入又起着决定性的作用，因此，提高工资水平对提高城镇居民人均可支配收入起着举足轻重的作用。如图 3 所示，城镇居民人均可支配收入增长率与在岗职工平均工资增长率一直保持着同步变动的关系，在岗职工平均工资的提高能够带动城镇居民人均可支配收入的整体提高。

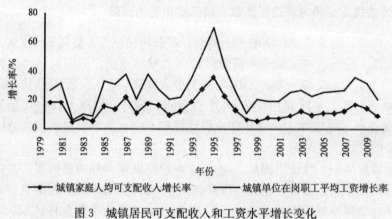

图 3　城镇居民可支配收入和工资水平增长变化

7. 国家不断加大社会保障力度，城镇居民转移性收入将保持较快增长

近几年来，城镇居民的转移性收入一直保持着较快的增长速度，这与国家不断加大社会保障力度密不可分。其中养老金水平的不断提高是转移性收入增加的主要原因。国家已连续六年提高企业退休人员的基本养老金水平，2010 年的提高幅度更是高于前几年。据人力资源和社会保障部消息，企业退休人员的基本养老金已由 2005 年的 700 元提高到 2010 年的 1 370 元，增加了近一倍。在完成国务院"2008～2010 年企业退休人员养老金连涨三年"的任务后，人力资源和社会保障部再次表示将继续做好调整企业退休人员基本养老金的工作，并将在养老保险实现省级统筹的基础上，进一步推进基础养老金的全国统筹。与此同时，基本养老保险参保人数在连年增加，随着城市化和人口老龄化的进行，领取养老金的人数将逐渐扩大。

另外，其他社会保险的支出也在不断增加。2010 年前三季度，国家社会保险总支出为 10 643.9 亿元，比上年同期增加 1 788.7 亿元，增长 20.2%。城镇居民的社会保险覆盖范围也将进一步扩大，参保人数迅速增加。截至 2010 年 9 月底，基本养老、基本医疗、失业、工伤、生育保险参保人数分别为 25 025 万人、42 072 万人、13 147 万人、15 871 万人、11 973 万人，分别比上年年底增加 1 475 万人、1 925 万人、431 万人、975 万人和 1 097 万人。全国已纳入社区管理的企业退休人员已达 4 091 万人，占全部企业退休人员的 75.6%，比 2007 年年底提高 4.4 个百分点，预计 2011 年此比例将进一步提高。

（二）2011 年城乡居民收入预测

在对 2011 年城乡居民增收形势分析的基础上，我们利用多因素预测模型，并结合系统综合因素预测法对 2011 年的农村居民人均纯收入和城镇居民人均可支配收入进行了初步预测。预测结果如表 3 所示。

表 3　2011 年我国城乡居民收入预测结果

城乡居民收入	收入/（元/人）	实际增长速度/%
农村居民人均纯收入	6 590	9.8
城镇居民人均可支配收入	21 550	9.3

预测结果显示：2011 年，在农产品生产价格上涨、工资水平提高、政府转移支付力度加大等利好因素的作用下，农村居民人均纯收入将迈上 6 000 元的台阶，达到 6 590 元左右，实际增长速度在 9.8％左右；在工资增长体制不断完善、政府社会保障力度加大等因素的作用下，城镇居民人均可支配收入将突破 20 000 元，达到 21 550 元左右，实际增长速度在 9.3％左右。从预测结果来看，2011 年城乡居民人均收入实际增长水平将分别高于 2010 年；并且将延续 2010 年农村居民人均纯收入实际增长速度快于城镇居民人均可支配收入实际增长速度的新局面，城乡居民收入差距有望进一步缩小。

四、政策建议

针对当前的城乡居民收入状况，建议做好以下几项工作。

1. 改善收入分配格局，缩小居民收入差距

从 1997 年到 2007 年，我国劳动者报酬占增加值的比重由 54.9％下降到 41.4％，同时营业盈余所占比重由 18.0％上升到 30.2％，生产税净额所占比重由 13.5％上升到 14.5％。在我国经济高速增长的同时，劳动者报酬的比重却在下降，这使得经济增长的成果有很大一部分转化为非工资性收入。在这一背景下，灰色收入不断膨胀，居民收入差距不断扩大，2009 年我国基尼系数达到了 0.47。反观英国、法国、德国、丹麦等欧洲发达国家的劳动者报酬比重一般都在 50％以上，劳动力工资也都会占到企业生产成本的一半左右。而恰恰在这些国家，居民收入分配较为平等，基尼系数大都在 0.24～0.36。建议政府出台相关政策，加快推进收入分配改革，逐步提高劳动者报酬在增加值中的比重。将经济增长的成果真正体现到居民工资收入的增长上，使居民能平等地享受到经济增长的成果。

2. 提高个人所得税起征点，缩小居民收入差距

从格局上来看，缩小居民收入差距的关键在于"提低—扩中—控高"，即提高低收

入群体的收入，扩大中等收入群体的规模，控制高收入群体的收入。建议充分发挥税收在调节收入分配中的作用。在逐年提高工资水平的同时，提高个人所得税起征点，以减少中低收入者的税赋负担，缓解社会分配不公的矛盾，促进经济发展和社会稳定。

3. 防止"最低工资标准"成为"最高工资标准"

2010 年全国各地最低工资标准的提高对居民增收尤其是农村居民的增收发挥了重要作用。最低工资标准的提高有利于低收入群体收入水平的提高，有利于居民收入差距的缩小。然而令人担忧的是很多用人单位直接按照最低工资标准给一线工人发放工资，从而使最低工资标准成为很多劳动者的最高工资标准。建议政府制定相关制度，尽快建立和完善工资的正常增长机制，使劳动者的工资真正能够随企业效益的增长而增长，使劳动者充分享受到经济增长的成果。

4. 加快农业科技推广与农村剩余劳动力转移，缩小城乡收入差距

2009 年我国城乡居民收入比达到了 3.33∶1，过大的城乡收入差距不仅不利于我国内需的扩大，而且对我国的社会稳定也造成了一定的威胁。尽管近几年国家一直在加大惠农力度，农民的转移性收入一直处于增长之中，但由于数额较少，对于农民增收来讲只是杯水车薪。因此，"授之以鱼不如授之以渔"。从长远来看，一方面政府要继续加大对农民的转移支付力度，保证农民的农业生产积极性，另一方面要加大农业科技在农民中的推广力度，克服耕地等农业资源的约束，充分发挥科技对农业增产的作用，不断提高农民的家庭经营收入；加快农村劳动力向二三产业转移，并进一步推进对农民工的专业化培训，实现农民工稳定就业。逐步建立起农民增收的长效机制，不断提高农民收入的增长速度，缩小城乡收入差距。

5. 提高专业技术人才比例，引导居民就业方向，平衡就业人口供需结构

我国劳动力充裕，但供求结构不一致，专业技术人才供不应求。2010 年第三季度，各技术等级的岗位空缺与求职人数的比率均大于 1，劳动力需求大于供给。其中技师、高级技师和高级工程师的岗位空缺与求职人数的比率较大，分别为 1.85、1.84 和 1.75。据有关部门预测，2011 年专业人才在三大产业的缺口将分别为 218 万人、1 220 万人和 325 万人。我国劳动力素质、人力资源结构与经济社会发展不相适应的结构性矛盾不容忽视。建议加强对从业人员的专业职能培训，合理引导人才的发展方向，以协调就业结构的供需平衡。

2011 年我国分行业一次能源消费产生的二氧化碳排放量估算[①]

刘秀丽

报告摘要： 估算 2011 年我国分行业一次能源消费产生的二氧化碳排放量，对制定我国"十二·五"分行业的节能减排目标和政策措施具有重要参考价值。本报告首先对比分析了我国与世界主要国家一次能源消费状况，进而分析我国分行业一次化石能源消费状况，结合我国中短期的节能减排政策和规划目标，应用投入占用产出分析和计量经济方法，估算了 2011 年我国分行业一次化石能源消费产生的二氧化碳排放量。主要结果为：

2011 年，来源于煤炭消费产生的二氧化碳排放量为 563 630 万吨。分行业来看，行业煤炭消费产生的二氧化碳排放量占煤炭消费产生的二氧化碳排放总量的比例排在前五位的产业部门及其数值分别是：电力、热力的生产和供应业，48.64%；金属冶炼及压延加工业，9.76%；石油加工、炼焦及核燃料加工业，9.41%；非金属矿物制品业，8.20%；化学工业，6.16%。

来源于石油消费产生的二氧化碳排放量为 147 850 万吨。分行业来看，行业石油消费产生的二氧化碳排放量占石油消费产生的二氧化碳排放总量的比例排在前五位的产业部门及其数值分别是：石油加工、炼焦及核燃料加工业，87.91%；化学工业，7.89%；石油和天然气开采业，3.65%；交通运输、仓储及邮电通信业，0.47%；非金属矿物制品业，0.05%。

来源于天然气消费产生的二氧化碳排放量为 34 310 万吨。分行业来看，行业天然气消费产生的二氧化碳排放量占天然气消费产生的二氧化碳排放总量的比例排在前五位的产业部门及其数值分别是：化学工业，25.09%；生活消费，20.93%；石油和天然气开采业，12.84%；电力、热力的生产和供应业，9.09%；交通运输、仓储及邮电通信业，8.8%。

依据估算结果和分析，提出如下政策建议：

第一，优先发展低能耗、高附加值且具有国际竞争力的制造行业，积极发展第三产业，有效促进节能减排；

第二，加快淘汰发电、石油加工、钢铁、水泥、造纸、医药等行业的落后生产能力、工艺、技术和设备；

① 本研究得到国家自然科学基金（项目号：70701034，60874119，70810107020）、中国科学院知识创新工程重大项目（项目号：KSCX-YW-09）、中国科学院知识创新工程重要方向性项目等资助。

第三，根据我国的资源条件，调整优化能源结构，加快发展核能，积极发展水电、风电和沼气利用，提高天然气和可再生能源的消费占比；

第四，建议不要把完成定量的节能减排目标作为根本目的，而是通过节能减排，淘汰一些落后产能，进一步推动各行业向低能耗、高技术水平、高国际竞争力转型，实现真正意义上的节能减排；

第五，积极扩大森林面积，大力提高森林质量，提高森林碳汇能力，从固碳方面减少我国温室气体的排放量。

一、引　言

当前我国与美国的温室气体排放量居世界前两位。《京都议定书》规定发展中国家现阶段不承担减排义务，但到 2012 年以后即后京都时代，我国将面临着较大的温室气体减排压力。同时，鉴于建设资源节约型和环境友好型社会的目标和作为联合国气候变化框架公约缔约国，我国相关方面已行动起来。我国政府已经向国际社会庄严承诺：到 2020 年，中国单位 GDP 二氧化碳排放比 2005 年减少 40%～45%。

十七届五中全会前，我国于 2010 年 2 月 25 日召开了十一届全国人大常委会第十三次会议，国家发展和改革委员会等部门决定我国将编制 2005 年和 2008 年温室气体排放清单，以增强我国温室气体排放清单的完整性、准确性[①]。目的是为了进一步摸清我国二氧化碳排放情况，逐步建立和完善有关温室气体排放的统计监测和分解考核体系，切实保障实现控制温室气体排放的行动目标。

在 2010 年 10 月份我国发布的"十二·五"规划中，对能源问题给予了高度重视。建设资源节约型、环境友好型社会将作为"十二·五"期间加快转变经济发展方式的重要着力点。"十二·五"期间我国将合理控制能源消费总量，抑制高耗能产业过快增长，提高能源利用效率；抓好工业、建筑、交通运输等重点领域节能；建立完善温室气体排放和节能减排统计监测制度。

我国以煤炭为主的能源消费结构决定了我国温室气体排放主要来源于能源的消费。二氧化碳作为最主要的一种温室气体，占温室气体排放总量的 80% 以上。无论是编制温室气体排放清单，还是建立温室气体排放的统计监测和分解考核体系、抓好重点领域节能及实现节能减排目标，都需要系统掌握分行业二氧化碳的排放情况。

本报告首先对比分析了我国与世界主要国家一次能源消费状况，进而分析我国分行业一次化石能源消费状况，结合我国中短期的节能减排政策和规划目标，应用投入占用产出分析和计量经济方法，估算了 2011 年我国分行业各类一次化石能源消费而产生的二氧化碳排放量。根据定性与定量的分析结果，提出相关政策建议。

---

① 中国能源报．我国将编制温室气体排放清单．http：//paper．people．com．cn/zgnyb/html/2010-03/01/content＿459200．htm，2010-03-01．

二、我国与世界主要国家一次能源消费状况对比分析

(一)一次能源消费结构对比分析

图 1 显示,2009 年全球一次能源消费结构中,石油比重平均为 35%(比 2006 年下降 0.8 个百分点)、天然气比重平均为 24%(比 2006 年上升 0.3 个百分点),煤炭比重平均为 29%(比 2006 年上升 0.6 个百分点),核能比重平均为 5%(比 2006 年下降 0.8 个百分点),水电比重平均为 7%(比 2006 年上升 0.7 个百分点)。

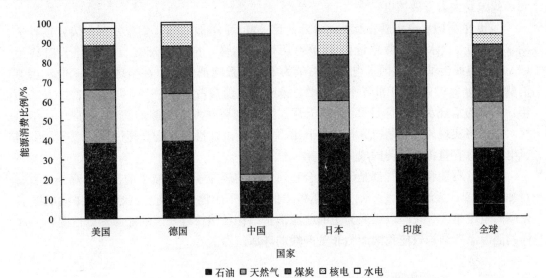

图 1 2009 年中国和世界主要国家一次能源消费结构图
资料来源:根据 BP Statistical Review of World Energy 2010 能源数据统计整理。

2009 年我国一次能源消费结构中,煤炭消费占比为 71%,超过世界平均水平 42 个百分点。美国和印度的煤炭消费量分别排在第二和第三位,煤炭消费占比分别为 23% 和 52%。其他地区如非洲,除南非外,其他非洲国家煤炭消费占比都在 5% 以下。我国以煤炭为主的能源消费结构,决定了其温室气体排放量偏高。

美国不仅石油消费量居全球第一,而且石油消费占全部能源消费的 39%。尽管我国石油消费量排全球第二,但在总能源消费中的比例仅为 19%,低于世界平均水平 16 个百分点。日本、德国等发达国家的石油消费占比都超过世界平均水平。发达国家汽车拥有量大是石油消费比例高的直接原因。

2009 年我国天然气消费量占本国总能源消费量的比例仅为 4%,比 2006 年增加了 1 个百分点,而世界平均水平为 24%。美国是天然气消费第一大国,其消费量占本国总能源消费量的 27%,比 2006 年增加了 2 个百分点,超过全球平均水平。我国天然气消

费量小的主要原因是国内天然气资源相对贫乏。发展天然气等碳排放较少的化石能源也是我国"十二·五"期间的规划目标。预计"十二·五"期间我国常规天然气产量增加100 亿立方米，2015 年全国常规天然气产量超过 1 400 亿立方米，商品气量 1 300 亿立方米、非常规天然气产量大约 100 亿立方米、煤制气规模将超过 100 亿立方米、进口管道气 400 亿～500 亿立方米[①]。

2009 年我国核能消费量为印度的 4.2 倍，但仅占本国能源消费总量的 0.7%，远远低于全球 5% 的平均水平。美国虽然是核能消费量第一大国，但其消费占比仅为 8.7%。核能利用占比位居世界榜首的是法国，占该国能源消费量的比例为 38%。目前我国核电在建机组有 24 条，在建台数和总装机容量占世界在建的 40% 以上，"十二·五"期间，我国要大力发展核电。

2009 年我国水电消费占比为 6.4%，比 2006 年增加了 0.9 个百分点，接近世界平均水平 6.6%。水电消费总量为 13 930 万吨油当量，位居全球之首，超过了加拿大（9 020 万吨油当量）。美国水电消费总量为 6 220 万吨油当量，在全球排第三位，水电消费占比为 2.9%，低于世界平均水平。挪威水电消费占比为 68%，居全球首位。2010年，我国的常规水电目标是 2.07 亿千瓦。风电也是可再生能源的一种，到 2010 年年底，中国将实现风机总装机 3 500 万千瓦，实际装机容量有可能会超过这一数字，中国风电装机总容量将超过美国成为世界第一[②]。

煤炭、石油和天然气都是碳氢化合物，它们的碳原子和氢原子的比率，煤为 1：1；石油为 1：2；天然气为 1：4。所用燃料中的碳原子的比例越高，其燃烧后排放的二氧化碳的量也越大。我国以煤炭为主的能源消费结构虽然符合我国的能源资源情况，但这样的能源消费结构致使我国面临非常严峻的环境压力。

（二）一次能源消费增速对比分析

2009 年我国一次能源消费增长了 8.4%，占世界一次能源消费总量的 19.5%。其中石油消费量增长了 6.7%，占世界石油消费总量的 10.4%；煤炭消费增长了 9.6%，占世界煤炭消费总量的 46.9%；天然气消费量增长了 9.4%，占世界天然气消费总量的3.0%；核电消费增长了 2.8%，占世界核电消费总量的 2.6%；水电消费增长了5.5%，占世界水电消费总量的 18.8%。

2009 年，伴随全球大部分国家和地区的经济下滑，全球一次能源消费量出现了 1982年以来的首次下滑。全球一次能源消费降幅为 1.1%，是 1980 年以来的最大降幅，其中石油、天然气和核电的消费下降，煤炭的消费基本持平，水电和其他可再生能源的消费量增加。这些数据表明全球源自能源消耗的二氧化碳排放量出现了 1998 年的第一次下降。

---

① 杨建红．"十二·五"天然气供应与需求分析．http://www.china5e.com/show.php? contentid＝137016，2010-11-02.

② 邵晓天．中国风电总装机年底将超美国．http://energy.people.com.cn/GB/13176100.html，2010-11-10.

分能源类型看，2009 年全球的石油消费量下降了 1.7%（相当于 120 万桶/天），是 1982 年以来的最大降幅。经济合作与发展组织国家的石油消费量下降了 4.8%（相当于 200 万桶/天），是第四个连续下降的年度。非经济合作与发展组织国家石油消费的增长主要源自于中国、印度和中东国家石油消费的增长，增长率为 2.1%（相当于 86 万桶/天），是 2001 年以来的最小增幅。

2009 年全球煤炭消费量与 2008 年基本持平，是 1999 年以来变化最小的一年。由于经济衰退和天然气的竞争性价格，经济合作与发展组织国家煤炭消费量下降了 10.4%，俄罗斯下降了 13.3%，均是有史以来的最大降幅。其他地区煤炭消费量增长了 7.4%，接近历史平均水平，中国煤炭消费量的增长占煤炭总消费量增长的 95%。除了亚太和中东地区，其他地区的煤炭消费量均有下降。

全球天然气的消费量下降了 2.1%。全球核电的产出下降了 1.3%，是连续第三个下降的年度。由于日本从之前的地震引起的运行中断中恢复，亚太地区核电产量增长，但是并没有抵消其他地区的负增长。全球水电以低于平均增速 1.5 个百分点的速度增加，中国、巴西和美国的水电增长排在前三位。其他可再生能源占全球能源消费的比例仍然很小，但是它们的增速很快。由于很多国家政府的持续支持以及财政刺激政策，全球的风电和太阳能产能分别增加了 31% 和 47%。中国和美国风电增速最快，占总增长的 62.4%。

（三）一次能源在产业部门间的消费结构对比分析

由图 2 知，2008 年我国 94.7% 的煤炭消费用于工业，比 2005 年提高了 0.4 个百分点；1.3% 的煤炭用于商业，比 2005 年提高了 0.6 个百分点；0.2% 的煤炭用于交通业，比 2005 年降低了 0.1 个百分点；3.3% 的煤炭用于民用部门，比 2005 年降低了 0.4 个百分点。

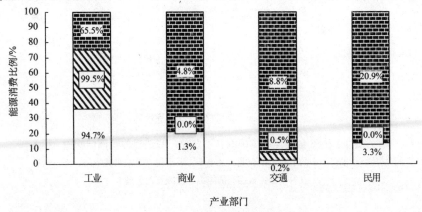

图 2　2008 年我国一次能源在四部门的消费结构

资料来源：国家统计局．中国能源统计年鉴 2009．中国统计出版社，2009．

对原油来说，我国 99.5% 的原油用于工业，比 2005 年降低了 0.1 个百分点；0.5% 的原油用于交通业，比 2005 年提高了 0.1 个百分点；商业和民用部门的原油消费量为 0。对天然气来说，我国 65.5% 的天然气用于工业，比 2005 年降低了 9.5 个百分点；4.8% 的天然气用于商业，比 2005 年降低 0.5 个百分点；8.8% 的天然气用于交通业，比 2005 年提高了 6 个百分点；20.9% 的天然气用于民用部门，比 2005 年提高了 3.9 个百分点。可见，我国一次能源的消费主要集中在工业部门，而我国正处在加速推进工业化建设的新时期，工业的加速发展必然带来未来能源消费的较快增长。

美国能源署对能源人的分类为：液体燃料、煤炭、天然气、可再生能源和生物能源、电力。相对我国来说，美国的能源类型更为多元化，可再生能源和生物能源已经在工业、民用和商业部门广泛应用。图 3 显示，2008 年美国 96% 的煤炭用于工业（与我国工业部门耗煤比例基本相当），其他部门的煤耗非常少，其中交通业的煤耗为 0。对液体燃料来说，美国液体燃料的 70% 用于交通，24% 的液体燃料用于工业，商业和民用消费的液体燃料非常少。对天然气来说，美国 48% 的天然气用于工业，30% 的天然气用于民用。对可再生能源和生物能源来说，79% 的可再生能源和生物能源用于工业，17% 的可再生能源和生物能源用于民用。对电力来说，美国 37% 的电力用于民用，35% 的电力用于商业，28% 的电力用于工业，交通的电耗为 0。对电损耗来说，37% 的电损耗出现在民用部门，36% 出现在商业部门，27% 出现在工业部门。

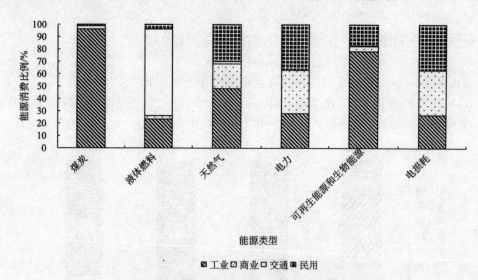

图 3　2008 年美国各类能源在产业部门间消费的比例结构图

注：图中的工业包括农业、发电厂，但不包括电的销售部门。

资料来源：根据美国能源署数据资料整理。

(四) 人均电力消费量的对比分析

人均电力消费量指标可以很好地反映一个国家经济和人民生活的实际水平。表 1 显示，2002 年以来，我国人均电力消费量逐年增加，2006 年超过 2 000 千瓦时，2007 年为 2 328 千瓦时（2009 年达到 2 729 千瓦时），但仅为经济合作与发展组织国家的 0.27 倍。经济合作与发展组织国家、中国台北、以色列、俄罗斯等国家和地区的人均电力消费量在 2002 年时已经超过 5 000 千瓦时，并且逐年增加。巴西、伊朗、泰国的人均电力消费量在 2006 年时也超过了 2 000 千瓦时。埃及、印度尼西亚和印度的人均电力消费量都在 2 000 千瓦时以下。印度的最低，2007 年仅为 543 千瓦时，仅为世界平均水平的 0.2 倍。从各国一般的发展态势看，发达国家在工业化完成时，其人均电力消费量为 4 500～5 000 千瓦时。人均用电量从 2 000 千瓦时到 5 000 千瓦时的变化过程正是一个国家工业高速发展的过程，这一时间大致需要 15 年左右[①]。从发达国家的经历看，我国当前的人均用电量水平，属于重化工业加速发展阶段的工业化中期后段。随着我国工业化进程的加快，2011 年我国人均电力消费量将增加。

表 1　2002～2007 年世界主要国家和地区人均电力消费量对比表（单位：千瓦时/人）

国家和地区	2002 年	2003 年	2004 年	2005 年	2006 年	2007 年
世界	2 365	2 435	2 507	2 586	2 661	2 752
经济合作与发展组织合计	7 991	8 081	8 205	8 380	8 393	8 477
非经济合作与发展组织合计	1 087	1 162	1 236	1 306	1 401	1 501
中国台北	8 441	8 898	9 293	9 618	9 917	10 216
以色列	6 486	6 597	6 707	6 574	6 715	7 010
沙特阿拉伯	5 810	6 620	6 587	6 813	7 080	7 236
中国香港	5 612	5 653	5 779	5 879	5 883	5 899
俄罗斯	5 305	5 480	5 642	5 785	6 122	6 338
南非	4 546	4 756	4 886	4 735	4 831	5 013
委内瑞拉	2 653	2 664	2 760	2 924	3 100	3 078
阿根廷	2 017	2 186	2 301	2 418	2 560	2 658
巴西	1 813	1 885	1 951	2 009	2 060	2 154
伊朗	1 782	1 916	2 006	2 117	2 236	2 325
泰国	1 656	1 752	1 898	1 988	2 080	2 157
中国内地	1 184	1 379	1 586	1 782	2 040	2 328
埃及	1 103	1 173	1 234	1 308	1 382	1 468
印度尼西亚	428	440	487	509	530	564
印度	417	435	457	476	511	543

资料来源：国家统计局．中国能源统计年鉴 2009．中国统计出版社，2009.

---

① 百纳机械资讯．探析我国与国外电力工业的发展状况．http://www.ic98.com/info/jixie/235/2010629/93989.html，2010-06-29.

（五）高耗能产品能耗对比分析

表 2 列出了几个高耗能产业部门主要产品的单位能耗。由表 2 知，2008 年我国和日本吨钢的可比能耗之比为 1.13，火电厂供电煤耗之比为 1.11，火电厂发电煤耗之比为 1.10。2007 年我国铁路货运综合能耗比日本低 15.4 千克标准煤/万吨公里，其他产品的能耗都高于美国和日本。2007 年我国和日本水泥的综合能耗之比为 1.34（2003 年该比例为 1.41）。2005 年我国和美国合成氨综合能耗（大型装置）之比为 1.38。相对于工业节能水平较高的日本和美国来说，我国主要的高耗能产品及相关行业仍存在较大节能潜力。

表 2　高耗能产品能耗中外对比分析表

对比指标	中国	日本	美国
2008 年纸和纸板综合能耗/（千克标煤/吨）	1 153	626	
2005 年合成氨综合能耗（大型装置）/（千克标准煤/吨）	1 340		970
2008 年钢可比能耗/（千克标准煤/吨）	709	626	
2008 年火电厂供电煤耗/（克/千瓦小时）	345	309.9	
2008 年火电厂发电煤耗/（克/千瓦小时）	322	292	
2007 年水泥综合能耗/（千克标准煤/吨）	158	118	
2007 年铁路货运综合能耗/（千克标准煤/万吨公里）	64.6	80	

资料来源：国家统计局. 中国能源统计年鉴 2009. 中国统计出版社，2009.

三、我国分行业一次化石能源消费状况分析

（一）一次化石能源消费的比例结构分析

根据我国 2007 年 42 部门投入产出表和 2009 年中国能源统计年鉴中的部门分类，我们编制了我国 2007 年能源投入占用产出表（部门分类见表 3），同时编制了 2008 年一次化石能源的占用部分。据此分析 2008 年我国分行业一次化石能源消费的比例结构，结果见表 4。

表 4 显示，2008 年我国 30 个产业部门的煤炭消费差异很大。82.5％的煤炭消费量集中在如下几个产业部门：电力、热力的生产和供应业煤炭消费量最多，其占比为48.6％；金属冶炼及压延加工业，其占比为 9.8％；石油加工、炼焦及核燃料加工业，其占比为 9.4％；非金属矿物制品业，其占比为 8.2％；煤炭开采和洗选业，其占比为6.5％。用于生活消费的煤炭占比仅为 3.3％。

对原油来说，2008 年我国 87.9％的原油消费在石油加工、炼焦及核燃料加工业，比 2005 年增加了 1.4 个百分点；7.9％的原油消费在化学工业，3.6％的原油消费在石油和天然气开采业。

表 3   2007 年我国能源投入占用产出表部门代码和部门名称对照表

部门代码	部门名称	部门代码	部门名称
1	农林牧渔业	16	通用、专用设备制造业
2	煤炭开采和洗选业	17	交通运输设备制造业
3	石油和天然气开采业	18	电气机械及器材制造业
4	金属矿采选业	19	通信设备、计算机及其他电子设备制造业
5	非金属矿及其他矿采选业	20	仪器仪表及文化办公用机械制造业
6	食品制造及烟草加工业	21	工艺品及其他制造业
7	纺织业	22	废品废料
8	纺织服装鞋帽皮革羽绒及其制品业	23	电力、热力的生产和供应业
9	木材加工及家具制造业	24	燃气生产和供应业
10	造纸印刷及文教体育用品制造业	25	水的生产和供应业
11	石油加工、炼焦及核燃料加工业	26	建筑业
12	化学工业	27	交通运输、仓储及邮电通信业
13	非金属矿物制品业	28	批发和零售贸易业、餐饮业
14	金属冶炼及压延加工业	29	其他服务业
15	金属制品业	30	生活消费

表 4   2008 年我国分行业各类能源消费的比例结构（单位：%）

部门代码	煤炭	原油	天然气
农林牧渔业	0.5	0	0
煤炭开采和洗选业	6.5	0	0.6
石油和天然气开采业	0.1	3.6	12.8
金属矿采选业	0.1	0	0
非金属矿及其他矿采选业	0.2	0	0
食品制造及烟草加工业	1.3	0	0.5
纺织业	0.9	0	0.2
纺织服装鞋帽皮革羽绒及其制品业	0.1	0	0
木材加工及家具制造业	0.2	0	0.1
造纸印刷及文教体育用品制造业	1.4	0	0.2
石油加工、炼焦及核燃料加工业	9.4	87.9	3.2
化学工业	6.2	7.9	25.1
非金属矿物制品业	8.2	0.1	5.4
金属冶炼及压延加工业	9.8	0	2.8
金属制品业	0.1	0	0.3
通用、专用设备制造业	0.4	0	1.3
交通运输设备制造业	0.3	0	1.4
电气机械及器材制造业	0.1	0	0.3
通信设备、计算机及其他电子设备制造业	0.1	0	0.8
仪器仪表及文化办公用机械制造业	0	0	0
工艺品及其他制造业	0.2	0	0
废品废料	0	0	0

部门代码	煤炭	原油	天然气
电力、热力的生产和供应业	48.6	0	9.1
燃气生产和供应业	0.4	0	1.2
水的生产和供应业	0	0	0
建筑业	0.2	0	0.1
交通运输、仓储及邮电通信业	0.2	0.5	8.8
批发和零售贸易业、餐饮业	0.6	0	2.2
其他服务业①	0.6	0	2.6
生活消费	3.3	0	20.9

①其他服务业主要包括金融保险业、房地产业、租赁和商务服务业、教育、卫生、社会保障和社会福利业等服务业。

对天然气来说，2008 年我国 25.1％的天然气消费在化学工业，比 2005 年降低了 7.9 个百分点；12.8％的天然气消费在石油和天然气开采业，比 2005 年降低了 4.2 个百分点；20.9％的天然气用于生活消费，比 2005 年增加了 3.9 个百分点；5.4％的天然气消费在非金属矿物制品业，比 2005 年降低了 0.2 个百分点。

（二）单位增加值一次化石能源消耗量分析

根据 2007 年我国能源投入占用产出表，可计算各个产业部门单位增加值一次化石能源消耗量，结果见表 5。由表 5 可知，第二产业中大部分部门的单位增加值一次化石能源消费量的值都远远高于第三产业和第一产业各部门。具体来看，电力、热力的生产和供应业，石油加工、炼焦及核燃料加工业，燃气生产和供应业，煤炭开采和洗选业，非金属矿物制品业的单位增加值一次化石能源消耗量排在前五位，它们都属第二产业中的工业部门，是高耗能行业。这五大高耗能行业一次能源消费量占总一次能源消费量的 68％，但增加值只占 GDP 的 7％。可见，我国工业经济的发展以高能源消耗为代价的状况并没有得到明显改善。工业经济的加速发展，必然带动能源消费总量规模的不断扩大。

表 5　2007 年各行业单位增加值一次化石能源消耗量比较（单位：千克标准煤/元）

部门代码	部门名称	单位增加值一次化石能源消耗量	排序
1	农林牧渔业	0.005 3	22
2	煤炭开采和洗选业	0.398 1	4
3	石油和天然气开采业	0.029 3	13
4	金属矿采选业	0.012 3	16
5	非金属矿及其他矿采选业	0.046 2	10
6	食品制造及烟草加工业	0.035 4	11
7	纺织业	0.058 3	9
8	纺织服装鞋帽皮革羽绒及其制品业	0.009 3	18

续表

部门代码	部门名称	单位增加值一次化石能源消耗量	排序
9	木材加工及家具制造业	0.018 7	14
10	造纸印刷及文教体育用品制造业	0.109 3	8
11	石油加工、炼焦及核燃料加工业	1.474 8	2
12	化学工业	0.151 3	7
13	非金属矿物制品业	0.326 6	5
14	金属冶炼及压延加工业	0.216 2	6
15	金属制品业	0.009 1	19
16	通用、专用设备制造业	0.010 9	17
17	交通运输设备制造业	0.013 9	15
18	电气机械及器材制造业	0.003 8	25
19	通信设备、计算机及其他电子设备制造业	0.002 3	28
20	仪器仪表及文化办公用机械制造业	0.002 4	27
21	工艺品及其他制造业	0.033 7	12
22	废品废料	0.000 2	29
23	电力、热力的生产和供应业	1.518 0	1
24	燃气生产和供应业	0.696 7	3
25	水的生产和供应业	0.007 1	21
26	建筑业	0.004 3	24
27	交通运输、仓储及邮电通信业	0.004 5	23
28	批发和零售贸易业、餐饮业	0.008 2	20
29	其他服务业	0.003 5	26

注：增加值为 2007 年价格。

除去废品废料行业，通信设备、计算机及其他电子设备制造业，仪器仪表及文化办公用机械制造业，其他服务行业，电气机械及器材制造业，建筑业的单位增加值一次化石能源消耗量排在后五位，它们基本属于技术密集型行业和服务业，单位能源消耗创造的增加值较多。这五个行业一次化石能源消费量仅占一次化石能源总消费量的 0.1%，但增加值却占 GDP 的 32.3%。可见，积极发展第三产业和高技术产业，调整产业结构，将是我国实现节能减排的有效途径。

四、"十一·五"期间我国节能减排任务完成情况及中短期内节能的量化指标和工作重点

我国的"十一·五"规划中确定，至 2010 年年底，单位 GDP 能耗比 2005 年年末降低 20% 左右，并且这一目标具有法律约束性，直接关系到地方政府官员的政绩。据公开资料显示，2006～2009 年单位 GDP 能耗持续下降，"十一·五"前四年累计下降了 14.38%。但由于金融危机以来我国更注重经济建设，特别是 2009 年的经济刺激计划打乱了原有的节能降耗工作部署，尤其是 2009 年第三季度以来，高耗能、高排放行

业快速增长，一些被淘汰的落后产能死灰复燃，能源需求大幅增加，能耗强度、二氧化硫排放量下降速度放缓甚至由降转升，化学需氧量排放总量下降趋势明显减缓。2010年一季度，我国电力、钢铁、有色金属、建材、石油加工、化工等六大高耗能行业加快增长，全国单位GDP能耗上升了3.2%。2010年上半年，由于国内经济恢复高速发展，单位GDP能耗同比升0.09%，有七个地方单位增加值能耗上升，形势相对严峻。

2010年5月初，《国务院关于进一步加大工作力度确保实现"十一·五"节能减排目标的通知》（以下简称《通知》）发布，其措辞之严厉几乎前所未有。《通知》指出：到"十一·五"期末，要对节能减排目标完成情况算总账，实行严格的问责制，对未完成任务的地区、企业集团和行政不作为的部门，都要追究主要领导责任，根据情节给予相应处分[1]。《通知》中我国关于2010年节能减排的具体的量化目标包括：2010年我国将关停小火电机组1 000万千瓦，淘汰落后炼铁产能2 500万吨、炼钢600万吨、水泥5 000万吨、电解铝33万吨、平板玻璃600万重箱、造纸53万吨。到2010年年底，全国城镇新建建筑执行节能强制性标准的比例达到95%以上，完成北方采暖地区居住建筑供热计量及节能改造5 000万平方米，确保完成"十一·五"期间1.5亿平方米的改造任务。通过严格控制"两高"和产能过剩行业新上项目，加快实施节能减排重点工程，形成年节能能力8 000万吨标准煤。通过抓好千家企业节能行动，确保形成2 000万吨标准煤的年节能能力。

"十二·五"期间我国能源规划将突出七大重点。一是优化发展化石能源。稳步推进煤矿升级改造，加大油气资源开发，优化火电开发。合理控制煤炭产量，大力推进煤炭清洁高效利用，扩大电力、天然气在终端消费中的比重。二是要加快推进非化石能源发展。加快推进水电、核电建设，积极有序做好风电、太阳能、生物质能等可再生能源的转化利用，要确保到2015年非化石能源消费占一次能源消费的比重达到11%以上。三是要加强能源输送管网建设，提高能源配置能力。四是要加快能源科技装备创新，提高能源装备自主化发展水平。五是要加强节能减排。促进能源开发和利用全过程的节能减排，通过集约开发能源资源，加强能源需求管理，推进重点领域节能，减少污染物排放，实现平衡发展。六是要加强国际能源合作。加强海外开发，深化和拓展国内能源对外开放，进一步扩大能源贸易。七是要推进能源体制改革[2]。2010年节能减排的完成情况、量化目标及"十二·五"能源规划的工作重点将影响到2010年和2011年我国各类一次能源的消费量及二氧化碳的排放量。

五、我国分行业一次化石能源消费排放的二氧化碳量估算

根据对我国一次化石能源消费量、消费结构及其变动趋势的分析和我国2010年及

---

① 郁鸣.突击限电降耗或能破解铅锌产能过剩困境.http://green.sina.com.cn/news/roll/2010-09-15/101221106392.shtml, 2010-09-15.

② 邢佰英.能源"十二·五"2015年非化石能源消费将占11%.http://energy.people.com.cn/GB/13091716.html, 2010-11-01

"十二·五"期间有关节能减排的规划目标和政策措施，应用投入占用产出分析和计量经济方法，对 2011 年我国分行业因煤炭、石油和天然气消费而排放的二氧化碳量进行估算，结果见表 6。

表 6 2011 年我国 30 个部门按能源消费类型分的二氧化碳排放量

部门代码	来源于煤炭消费/万吨	比例/%	来源于石油消费/万吨	比例/%	来源于天然气消费/万吨	比例/%	来源于三类能源的消费/万吨	比例/%
1	3 050	0.54	0	0.00	0	0.00	3 050	0.41
2	36 730	6.52	0	0.00	220	0.63	36 940	4.95
3	600	0.11	5 390	3.65	4 410	12.84	10 400	1.39
4	560	0.10	0	0.00	0	0.01	560	0.08
5	1 220	0.22	0	0.00	0	0.01	1 220	0.16
6	7 350	1.30	0	0.00	170	0.49	7 520	1.01
7	5 070	0.90	0	0.00	60	0.18	5 140	0.69
8	630	0.11	0	0.00	10	0.03	640	0.09
9	950	0.17	0	0.00	30	0.07	980	0.13
10	7 860	1.39	0	0.00	70	0.19	7 920	1.06
11	53 010	9.41	129 970	87.91	1 100	3.20	184 080	24.68
12	34 700	6.16	11 670	7.89	8 610	25.09	54 980	7.37
13	46 220	8.20	70	0.05	1 850	5.38	48 140	6.45
14	55 000	9.76	0	0.00	980	2.85	55 970	7.51
15	690	0.12	0	0.00	90	0.25	770	0.10
16	1 970	0.35	0	0.00	450	1.30	2 420	0.32
17	1 680	0.30	0	0.00	490	1.43	2 170	0.29
18	360	0.06	0	0.00	100	0.29	460	0.06
19	370	0.07	0	0.00	260	0.77	640	0.09
20	50	0.01	0	0.00	10	0.03	60	0.01
21	990	0.17	0	0.00	0	0.01	990	0.13
22	20	0.00	0	0.00	0	0.00	20	0.00
23	274 150	48.64	40	0.03	3120	9.09	277 310	37.18
24	2 280	0.40	0	0.00	420	1.23	2 700	0.36
25	70	0.01	0	0.00	0	0.01	70	0.01
26	1 210	0.21	0	0.00	40	0.12	1 250	0.17
27	1 330	0.24	690	0.47	3 020	8.80	5 040	0.68
28	3 590	0.64	0	0.00	750	2.18	4 340	0.58
29	3 590	0.64	0	0.00	880	2.57	4 480	0.60
30	18 340	3.25	0	0.00	7 180	20.93	25 520	3.42
合计	563 630	100	147 850	100	34 310	100	745 790	100

由表 6 知，2011 年，来源于煤炭消费产生的二氧化碳排放量为 563 630 万吨。分行业来看，来源于煤炭消费产生的二氧化碳排放量占煤炭消费产生的二氧化碳排放总量的

比例排在前五位的行业及其数值分别是：电力、热力的生产和供应业，48.64%；金属冶炼及压延加工业，9.76%；石油加工、炼焦及核燃料加工业，9.41%；非金属矿物制品业，8.20%；化学工业，6.16%。

来源于石油消费产生的二氧化碳排放量为 147 850 万吨，分行业来看，来源于石油消费产生的二氧化碳排放量占石油消费产生的二氧化碳排放总量的比例排在前五位的行业及其数值分别是：石油加工、炼焦及核燃料加工业，87.91%；化学工业，7.89%；石油和天然气开采业，3.65%；交通运输、仓储及邮电通信业，0.47%；非金属矿物制品业，0.05%。

来源于天然气消费产生的二氧化碳排放量为 34 310 万吨，分行业来看，来源于天然气消费产生的二氧化碳排放量占天然气消费产生的二氧化碳排放总量的比例排在前五位的行业及其数值分别是：化学工业，25.09%；生活消费，20.93%；石油和天然气开采业，12.84%；电力、热力的生产和供应业，9.09%；交通运输、仓储及邮电通信业，8.8%。

总的一次化石能源消费产生的二氧化碳排放量为 745 790 万吨，分行业来看，来源于一次化石能源消费产生的二氧化碳排放量占一次化石能源消费产生的二氧化碳排放总量的比例排在前五位的行业及其数值分别是：电力、热力的生产和供应业，37.18%；石油加工、炼焦及核燃料加工业，24.68%；金属冶炼及压延加工业，7.51%；化学工业，7.37%；非金属矿物制品业，6.45%。

除排序不同外，总的一次化石能源消费产生的二氧化碳排放量排前五位的行业与因煤炭消费产生的二氧化碳排放量排前五位的行业完全相同。

六、政 策 建 议

（一）优先发展低能耗、高附加值且具有国际竞争力的制造行业，积极发展第三产业

对表 4 的分析表明，通过产业结构调整，发展高效益、高附加值、低消耗、低污染的高新技术产业和第三产业，可有效促进节能减排。与其他行业相比，我国的通信设备、计算机及其他电子设备制造业，仪器仪表及文化办公用机械制造业，其他服务行业，电气机械及器材制造业，纺织业等具有低能耗、低排放、高附加值的特点。同时，除其他服务业外，这些行业具有较强的国际竞争力。近期《中国海关》杂志发布的2009～2010 年度《中国制造实力榜——行业国际竞争力指数》[①] 显示，2009 年我国电子及通信设备制造业、电气机械及器材制造业、纺织业市场占有率较金融危机前有明显提升，国际竞争力评价指数位列全球首位。仪器仪表及文化办公用机械制造业的国际竞

---

① 世界工厂网．中国行业国际竞争力指数公布优势集中于制造业．http://info. ch. gongchang. com/a/main/2010-11-23/85738. html，2010-11-23．

争力超过世界平均水平。建议优先发展这些制造行业。我国第三产业虽然单位增加值能耗低，但第三产业占国内增加值的比例偏低，国际竞争力均低于国际平均水平，建议积极发展第三产业。

（二）加快淘汰落后生产能力、工艺、技术和设备

对表 5 的分析表明，2007 年我国电力、热力的生产和供应业，石油加工、炼焦及核燃料加工业，非金属矿物制品业，金属冶炼及压延加工业等属于高耗能、高排放、低附加值的行业。从表 3 高耗能产品能耗中外对比分析看出这些行业仍存在很大节能潜力。从国际竞争力来看，2009～2010 年度《中国制造实力榜——行业国际竞争力指数》显示，我国医药制造业，石油加工、炼焦及核燃料加工业，有色金属冶炼业及压延加工业和造纸及纸制品业的国际市场占有率均不足 4%，这些行业国际竞争力非常弱。当前我国黑色金属冶炼及压延加工业国际竞争力大幅下降，是全球该行业前十大出口地区中竞争力最弱的国家，并且该行业贸易条件出现明显恶化。按照我国加快淘汰落后产能的指导意见，建议加快淘汰发电、石油加工、钢铁、水泥、造纸、医药等行业的落后生产能力、工艺、技术和设备。对这些行业的生产企业要加速产品的更新换代，加大企业生产工艺的改造，大力降低能耗，努力提高它们的经济效益和国际竞争力。

（三）调整优化能源结构，提高天然气和可再生能源的消费占比

对图 1、表 4 和表 6 的分析表明，我国以煤炭为主的能源消费结构，使得煤炭消费量的高低基本决定了分行业二氧化碳排放量的高低。中国和世界主要国家一次能源消费结构对比分析及我国一次能源消费增速表明，我国天然气、核能消费占比远低于世界平均水平，水电消费占比与世界平均水平相当，可再生能源消费占比低于世界平均水平，2009 年仅达到 7.7%。德国经验表明，2008 年德国温室气体减排比例达 23.3%（与1990 年相比），超过了《京都议定书》规定的 21% 的减排目标，主要得益于调整能源消费结构，减少煤炭的消费，增加天然气和可再生能源的利用。

（四）建议通过节能减排，淘汰一些落后产能，进一步推动各行业向低能耗、高技术水平、高国际竞争力转型

我国 2007 年的人均用电量水平仅为经济合作与发展组织国家的 0.27 倍，属于重化工业加速发展阶段的工业化中期后段。随着我国工业化进程的加快，2011 年我国人均电力消费量将增加。从发达国家的经历看，这是工业化过程的必经阶段。"十一·五"期间我国制定了明确的节能目标和严格的实施措施，2006～2009 年我国单位 GDP 能耗持续下降，"十一·五"前四年累计下降了 14.38%。2010 年是中央政府实现"十一·五"节能减排目标的最后一年。根据规划，要完成"十一·五"期间降耗 20% 的目标，

2010 年单位 GDP 能耗还要下降约 5.2%。为完成这样艰巨的节能任务，多个省市强力限产限电冲刺节能降耗目标。2010 年 9 月开始，广西、广东、江苏、浙江等省（自治区、直辖市）对不符合能耗标准的钢铁生产企业，实施了强制性拉闸限电或提高供电价格。广西不仅对落后产能实行限电，一些节能水平较高的钢厂也准备部分停产。武安市一个钢厂内部人士称，按照目前钢厂产能规模，一关一停，每天消耗的钱大概应该在 200 万元左右。一个月下来，亏损就是 6 000 万元①。很多企业出现类似情况。可见，部分省（自治区、直辖市）以"关、停、限"等的方式完成 2010 年节能减排的目标任务已经影响到一些企业的正常发展，也不能实现真正意义上的节能减排。

（五）积极扩大森林面积，大力提高森林质量，增加森林碳汇能力

能源消耗产生的二氧化碳排放量占我国二氧化碳排放总量的 80% 以上。节能是从排放源的角度减少我国二氧化碳源的排放量。而大气中多余的二氧化碳还可通过森林植被和海洋生物的光合作用被吸收。林业可吸收固定大量二氧化碳。据专家估算：1980～2005 年，我国通过持续不断地开展植树造林和森林管理活动，累计净吸收二氧化碳 46.8 亿吨，通过控制毁林，减少二氧化碳排放 4.3 亿吨，两项合计 51.1 亿吨，对减缓全球气候变暖做出了重要贡献。2007 年国务院公布的《中国应对气候变化国家方案》表明，2004 年我国森林植被净吸收了约 5 亿吨二氧化碳当量，约占当年全国温室气体排放总量的 8%。

我国尚有 6 亿多亩宜林荒山荒地以及相当数量的 25 度以上的陡坡耕地等可用于植树造林。按照中央政府确定的林业中长期发展目标，经过努力，到 2020 年，我国森林覆盖率将由现在的 20.36% 提高到 23%，到 2050 年将提高到 26% 以上。届时，森林生态系统碳储量将会得到较大提高。

另外，我国森林资源质量总体偏低，乔木林每公顷蓄积量仅 85.88 立方米，只有世界平均水平的 78%，人工乔木林每公顷蓄积量仅 49.01 立方米，只有世界人均占有量的 1/7。专家分析："中国现有森林植被资源的碳储量只相当于其潜在碳储量的 44.3%。"② 因此强化森林经营管理，单位面积林木生长量将有可能得到大幅度提高，从而大大增加现有森林植被的碳汇能力。

---

① 杨烨，李军义. 多个省市强力限产限电冲制节能降耗目标. http://news. eastday. com/c/20100909/u1a5439371. html，2010-09-09.

② 王祝雄. 中国森林的贡献. http://www. chinatoday. com. cn/ctchinese/second/2010-09/08/content＿297028＿2. htm，2010-09-08.

2011 年我国贸易引致二氧化碳排放分析及预测

蒋雪梅　王玉静

报告摘要： 随着我国对外贸易对经济增长的贡献越来越大，其产生的二氧化碳排放也越来越大。结合投入产出分析、计量经济模型和智能预测方法，本报告对 1997～2010 年我国进出口引致的二氧化碳排放进行分析，并在此基础上预测 2011 年因进出口增长及结构变化所引致的二氧化碳排放。计算结果及主要结论如下：

我国是贸易转移二氧化碳排放大国。1997～2004 年我国因为贸易而引致的净二氧化碳排放在 4.64 亿～5.80 亿吨，自 2005 年起出现大幅上涨，到 2008 年已达到 9.57 亿吨，预计 2010 年为 8.34 亿吨。其中，出口贸易引致的二氧化碳排放在 1997～2001 年从 5.80 亿吨缓慢增长至 6.13 亿吨；自 2001 年我国加入世界贸易组织之后迅速增长，至 2008 增长到 16.37 亿吨，增长了近 3 倍，预计 2010 年为 16.61 亿吨；进口经历了与出口同样的增长过程，1997～2001 年因进口避免的二氧化碳排放从 0.87 亿吨缓慢增长至 1.42 亿吨，2001 之后迅速增长，至 2008 年达到 6.78 亿吨，预计 2010 年进一步增至 8.27 亿吨。与贸易总额相比，出口引致二氧化碳排放增速远低于出口额增速，而进口转移二氧化碳排放的增速与进口额增速基本持平。这是由于过去 20 年我国节能减排技术水平迅速提高，各部门的二氧化碳排放系数在逐步下降；而主要进口来源国包括欧盟、美国、日本等发达国家，其生产技术水平在短期内相对稳定，其单位产值的二氧化碳排放强度亦比较稳定。

预计 2011 年，我国因出口贸易引致的二氧化碳排放为 19.55 亿吨，进口贸易转移的二氧化碳排放为 9.87 亿吨，贸易引致的二氧化碳排放净出口将进一步增加至 9.68 亿吨。这表示其他国家通过与我国的进出口贸易将二氧化碳排放转移给我国的总量将在 2011 年将进一步增加。分部门产品的贸易引致二氧化碳排放预测结果表明，我国贸易引致二氧化碳排放集中在少数的几个部门，并呈现"大进大出"特征。据预测，2011 年，通信设备、计算机及其他电子设备制造业因出口贸易引致的完全二氧化碳排放量为 3.5 亿吨，因进口其原材料及组件而避免的二氧化碳排放量为 2.5 亿吨；其他贸易领先行业如通用专用设备制造业和化学工业也呈现不同程度的排放"大进大出"特征。这说明我国目前进出口贸易仍以加工贸易为主，从二氧化碳减排的角度而言，在近 10 年内并未实现明显的结构升级。

基于我国贸易引致二氧化碳排放的分析预测结果，为实现我国中长期节能减排目标和减排约束下的贸易结构升级，我们提出如下政策建议：第一，以高附加值低污染排放为导向，促进加工贸易结构升级；第二，差别性、结构性地下调出口退税率；第三，适当扩大资源性产品进口，积极发展新能源和可再生能源，改善能源使用结构；第四，完善激励机制，切实提高出口企业节能减排的积极性；第五，进一步推进产业结构升级，带动贸易结构优化。

一、引　言

随着经济一体化和贸易全球化趋势的不断深入，对外贸易对经济增长的贡献越来越大。改革开放之初，我国出口额仅为97.5亿美元，进出口总额仅为206.4亿美元；20世纪80～90年代，我国进出口额平均年增长11.9%；2001年加入世界贸易组织之后，我国连续五年年均进出口增长率高达30%；到2008年，我国出口额已达到14 285.5亿美元，进口额也增至11 330.9亿美元。从贸易依存度来看，1978年我国的对外贸易总额占GDP的比重不到10%，2008年这一比重已迅速上升至59%。

与此同时，对外贸易引致的二氧化碳排放也在不断增加。据测算，1997～2007年，我国货物出口引致的二氧化碳排放从占我国二氧化碳排放总量的10.0%上升至26.5%，而进口隐含二氧化碳排放仅分别占我国二氧化碳排放总量的4.4%和9.1%[1]。2007年6月在《中国应对气候变化国家方案》发布会上，时任国家发展和改革委员会主任马凯指出："在经济全球化和国际产业分工日益深化的大背景下，一国生产的产品要在多国去消费，一个国家又要消费多个国家的产品。所以，生产、出口高耗能和高排放产品的国家，要承担本应在进口国排放的二氧化碳，而进口消费这些产品的国家，在其排放总量的计算中，却没有计算这部分产品的排放量……拿中国来说，去年出口钢材2 500多万吨，焦炭1 400万吨左右。这里面都包含了很多的能源消耗和温室气体排放……我们还出口了大量的机械产品，里面也有能源消耗，这相应地增加了中国二氧化碳的排放量，也减少了进口国的二氧化碳的排放量。"[2] 2009年年底，国务院常务会议确立了我国控制温室气体排放行动目标，包括到2020年我国单位GDP二氧化碳排放比2005年下降40%～45%，作为约束性指标纳入国民经济和社会发展中长期规划，并制定相应的国内统计、监测、考核办法。

贸易结构的合理调整，包括促进低污染低排放的高技术等产品出口和适当增加高污染高排放的资源性产品进口，对实现我国整体减排目标和产业结构升级具有重要作用。结合投入产出分析、计量经济模型和智能预测方法，我们将对1997～2010年进出口引致的二氧化碳排放进行分析，并在此基础上预测2011年因进出口增长及结构变化所引致的二氧化碳排放，为我国实现单位GDP二氧化碳排放强度降低的长期目标及减排约束下的贸易结构调整提供科学参考依据。

---

① Yan Y, Yang L. China's foreign trade and climate change: a case study of 二氧化碳 emissions. Energy Policy, 2010, 38: 350～356.

② 国家发展和改革委员会. 国家发展改革委主任马凯在国新办举行的新闻发布会上就气候变化问题答记者问. http://www.sdpc.gov.cn/xwfb/t20070606_139824.htm, 2007-06-06.

二、1997～2010 年贸易引致二氧化碳排放分析

对出口产品引致的完全二氧化碳排放进行测算时，不仅需要考虑产品生产过程中直接消耗能源导致的直接二氧化碳排放，还需要考虑产品生产过程中通过中间投入品而间接消耗的能源以及由此产生的二氧化碳排放，也即出口产品的完全二氧化碳排放。我国目前的出口产品仍以低端产品为主，单位产出二氧化碳排放量较高。而对进口产品隐含的二氧化碳排放进行测算时，需要以产品进口国的生产和单位产出二氧化碳排放系数为准。目前我国超过 1/3 的产品是从美国、欧盟、日本进口的，且进口品以高技术和服务为主，二氧化碳排放强度相对较低。因此，对出口产品，我们构建了非竞争型二氧化碳排放投入产出表，并依据各部门能源消费对各部门二氧化碳排放强度系数进行测算，从而对出口产品引致的二氧化碳排放进行测算；而对进口产品，我们对其区分原产地，基于该原产地的二氧化碳排放强度系数计算相应进口产品隐含的二氧化碳排放，进行加总得到进口产品的隐含二氧化碳排放测算结果。

（一）数据说明

1. 投入产出表

我们所使用的 1997 年非竞争型 40 部门投入产出表是从经济合作与发展组织投入产出数据库获取的（国家统计局也是此数据整理发布的合作者之一）。2002 年和 2007 年非竞争型 42 部门投入产出表，则是在由国家统计局和中国科学院课题组编制的 2002 年、2007 年非竞争（进口）型投入产出表的基础上调整编制的。最终采用的 1997 年、2002 年、2007 年非竞争型投入产出表依据 2002 年投入产出表中的部分划分标准进行了统一调整。

2. 贸易数据

贸易数据取自海关月度库中的进出口商品总值（按 HS 分类）[①]。但海关统计数据与投入产出表中贸易数据有一定的偏差，主要表现在两个方面：一是投入产出表中包括产品和服务，而海关统计进出口产品未包含服务贸易；二是投入产出表采用的是生产者价格，而海关统计是离岸价格。我们采用了国家统计局与中国科学院课题组合作编制的转换矩阵解决了第二个问题。但由于各部门的服务贸易数据较难获取，最终只对贸易商品中的二氧化二氧化碳进行了分析。

---

① 国家统计局贸易外经统计司. 1998，2003，2008 中国对外经济贸易年鉴. 中国经济出版社，1998，2003，2008。

3. 二氧化碳排放数据

二氧化碳排放没有官方公布的正式数据，目前较为权威并被相对广泛接受的是依据 IPCC 计算框架计算得到的二氧化碳排放数据。沿用 IPCC 框架，Peters 等 2006 年计算了 1997 年和 2002 年我国工业部门二氧化碳排放数据[①]，我们沿用了该文献对 1997 年和 2002 年的测算结果，并结合 2007 年国家能源统计年鉴中的能源消耗数据，测算出 2007 年我国各部门二氧化碳排放数据。能源统计年鉴中的部门划分为 36 个工业部门，与投入产出表部门分类有一定差异，我们同样根据 2002 年投入产出表部门划分，对各研究年份的部门划分进行了统一调整，令其与投入产出表的部门划分保持一致。

（二）计算模型

对于第 j 个部门的出口引致的二氧化碳排放 te^{ex_j}，依据投入产出分析的框架，其计算公式为

$$te^{ex_j} = F(I - A^d)^{-1} ex^{(j)} \tag{1}$$

其中，$ex^{(j)} = (0, \cdots, ex_j^{(j)}, \cdots, 0)$，$ex_j^{(j)}$ 为第 j 个部门的出口值；F 为各部门单位产出的二氧化碳排放，即单位产出的直接二氧化碳排放强度行向量；A^d 为非竞争型投入产出表中的国内品投入系数。

对于进口贸易隐含的二氧化碳排放，理论上应依据具体的贸易对象进行相应测算。例如，我国从美国的进口产品，在测算其隐含的二氧化碳排放时，就应按照美国的二氧化碳排放强度系数来计算，而不是按照我国或其他国家的二氧化碳排放强度系数。也就是说，对出口产品可从国内中间投入角度直接进行考察，而进口产品则要按照贸易对象进行相应的划分后再测算。参照齐晔等的简化计算公式[②]，首先计算出国家 k 单位 GDP 的排放系数，如式（2）所示：

$$e_k = \frac{te_k}{GDP_k} \tag{2}$$

其次，认为进口产品的二氧化碳排放强度系数与国产品一致，故而进口产品的隐含二氧化碳排放为

$$te^{im} = \sum_k e_k \cdot im_k = \sum_k \frac{te_k}{GDP_k} \cdot im_k \tag{3}$$

其中，im_k 为从国家 k 的进口值。

为实现我国节能减排的长期目标，优化贸易结构，还需要计算因进口其他国家产品

① Peters G P, Weber C, Liu J. Construction of Chinese energy and emissions inventory. Norwegian University of Science and Technology, Trondheim , 2006.

② 齐晔，李惠民，徐明. 中国进出口贸易中的隐含二氧化碳估算. 中国人口·资源与环境，2008，18（3）：8~13.

为我国减少的二氧化碳排放量，即假设进口品由我国生产时，测算第 j 部门减少的二氧化碳排放量为

$$\text{te}^{\text{im}_j} = F(I - A^d)^{-1} \text{im}^{(j)} \tag{4}$$

其中，$\text{im}^{(j)} = (0, \cdots, \text{im}_j^{(j)}, \cdots, 0)$，$\text{im}_j^{(j)}$ 为第 j 部门的进口值。

（三）1997～2010 年我国对外贸易引致的二氧化碳排放量分析

表 1 列出了 1997～2010 年我国的进出口贸易总额及进出口贸易引致的二氧化碳排放量。目前为止海关只公布了 2010 年 1～10 月份的进出口值数据，结合计量经济模型、神经网络等智能预测方法，我们对 2010 年全年分产品结构的进出口值进行了估计，并基于此对 2010 年贸易引致的二氧化碳排放进行了测算。

表 1　1997～2010 年我国对外贸易及其引致二氧化碳排放

年份	出口额 /亿美元	出口引致二氧化碳排放/万吨	进口额 /亿美元	进口引致二氧化碳排放/万吨	净出口 /亿美元	净出口引致二氧化碳排放/万吨
1997	1 827.0	58 030	1 423.6	8 720	403.4	49 310
1998	1 837.6	58 010	1 401.7	8 360	435.9	49 650
1999	1 949.3	58 420	1 657.2	9 610	292.1	48 810
2000	2 492.1	60 730	2 251.0	13 200	241.2	47 520
2001	2 661.5	61 300	2 436.1	14 160	225.4	47 140
2002	3 255.7	63 580	2 952.0	17 220	303.6	46 360
2003	4 383.7	74 480	4 128.4	24 500	255.3	49 980
2004	5 933.7	91 800	5 614.2	33 760	319.5	58 050
2005	7 620.0	114 230	6 601.2	40 200	1 018.8	74 030
2006	9 690.7	128 940	7 916.1	47 820	1 774.6	81 120
2007	12 180.1	150 300	9 558.2	57 580	2 622.0	92 730
2008	14 285.5	163 680	11 330.9	67 990	2 954.6	95 690
2009	12 016.6	127 020	10 055.6	60 000	1 961.9	67 020
2010*	15 625.6	166 090	13 787.2	82 680	1 838.4	83 420

*2010 年出口额及出口引致二氧化碳排放为预测值。

从表 1 可以看出，我国是贸易转移碳排放大国。1997～2001 年，出口贸易从 1 827.0 亿美元增长至 2 661.5 亿美元，出口贸易引致的二氧化碳排放也从 5.80 亿吨缓慢增长至 6.13 亿吨；自 2001 年我国加入世界贸易组织之后，出口及出口引致的二氧化碳排放经历了迅速增长，至 2008 年我国出口已达到 14 285.5 亿美元，比 2001 年增长了 5 倍多，出口引致的二氧化碳排放增长也达到 16.37 亿吨，增长了近 3 倍。2008 年起，受国际金融危机及全球主要经济体经济大幅衰退影响，我国出口额出现大幅下滑，2009 年降至 12 016.6 亿美元，出口引致的二氧化碳排放也相应下降至 12.70 亿吨。2010 年起，随着全球主要经济体的缓慢复苏，我国的出口也出现一定回升，预计 2010

年出口将达到 15 626 亿美元，出口引致的二氧化碳排放也将上升至 16.61 亿吨。对出口及出口引致的二氧化碳排放增速进行对比可以发现，出口引致的二氧化碳排放的增速远低于出口总额增速，1997～2001 年出口平均增速为 9.86%，而出口引致的二氧化碳排放平均增速仅为 1.38%；2001～2008 年出口平均增速为 27.13%，出口引致的二氧化碳排放平均增速仅为 15.06%。这主要是因为随着我国节能减排技术水平的提高，各部门的二氧化碳排放强度系数在逐步下降，即单位出口额的二氧化碳排放有所降低，与此同时贸易结构升级也使得高污染、高排放的出口产品比例有所降低，从而出口引致的二氧化碳排放总量增速低于出口额增速。

　　进口贸易隐含的二氧化碳相当于我国通过进口其他国家产品而进口的其他国家二氧化碳排放，体现为我国二氧化碳排放向其他国家的转移。从表 1 可以看出，我国进口经历了和出口同样的增长过程：1997～2001 年进口额从 1 423 亿美元增至 2 436 亿美元，年均增速仅为 14.37%，2001～2008 年迅速增加，年均增速达到 24.56%，2009 年虽受全球金融危机影响，进口从 2008 年 11 330 亿美元降至 10 056 亿美元，但随着我国一揽子经济刺激政策的推出，我国经济开始企稳回升，预计 2010 年进口将增长 37.11%，回升至 13 787 亿美元。与出口引致的二氧化碳排放不同的是，进口隐含的二氧化碳排放的增速与进口额增速基本持平。1997～2001 年，进口隐含的二氧化碳排放从 0.87 亿吨增加至 1.42 亿吨，年均增速为 12.88%；而 2001 年加入世界贸易组织之后，进口隐含的二氧化碳排放同样出现了迅速增长，到 2008 年，增加至 6.80 亿吨，2001～2008 年均增速为 25.12%。可以看出，进口隐含的二氧化碳排放的增速与进口额的增速基本一致，这是因为我们的进口大部分来自欧盟、美国、日本等发达国家，其生产技术水平在短期内相对稳定，其单位产值的二氧化碳排放强度亦比较稳定。

　　将出口额与进口额相减，可以得到我国的净出口额；类似地，将出口引致的二氧化碳排放与进口隐含的二氧化碳排放相减，可以得到我国因为贸易而引致的净二氧化碳排放。从表 1 中可以看出，我国是净出口大国，同时也是贸易转移二氧化碳排放大国。1997～2001 年，我国净出口额从 403 亿美元降至 225 亿美元；2001 年起，虽然进出口额出现大幅上涨，但净出口额最初并未出现大幅上升，到 2004 年仅为 319 亿美元；净出口额的大幅上升出现在 2005 年汇率制度改革之后，2005 年我国净出口总额为 1 019 亿美元，至 2008 年已达到 2 955 亿美元，年均增速达到 42.61%。因贸易而产生的净二氧化碳排放转移也呈现出类似的特征。1997～2004 年，净出口引致的二氧化碳排放在 4.64 亿～5.80 亿吨的区间徘徊，自 2005 年起出现大幅上涨，到 2008 年已达到 9.57 亿吨，预计 2010 年为 8.34 亿吨。这说明以生产国作为二氧化碳减排责任的测算基础时，由于贸易的存在，我国有至少 4.64 亿～9.57 亿吨的二氧化碳排放是由其他国家通过进出口贸易而消费我国的产品引致的。

　　最后，表 2 对我国因为进口而避免的二氧化碳排放量进行了测算，即假设没有进口这些产品，需用我国的生产工艺来生产进口品时，我国需要增加的二氧化碳排放量。从表 2 中可以看出，相比我国自己生产产品，从国外进口可以大大降低二氧化碳的排放。1997 年我国进口品中隐含二氧化碳排放为 0.87 亿吨，而我国自己生产将增加 5.52 亿吨的二氧化碳排放,这表示由于我国未在本国生产而从其他国家进口产品时,全球二氧化碳排放减少了 4.65(5.52－0.87)亿吨。到 2008 年,因为进口产品而避免的我国二氧化碳排放上升至 13.93 亿吨。但从增速来看,我国自己生产而产生二氧化碳的排放量的增长率低于进口国家的增长率:1997～2001 年我国生产工艺下,二氧化碳排放量的平均增长率是 3.51%,低于进口来源国生产工艺下 12.88%的增长率,2001～2008 年的平均增长率是 11.91%,同样低于 25.12%的二氧化碳排放增长率。这也说明我国的经济结构和生产工艺在逐步提高。

表 2　我国生产和进口来源国生产的进口避免二氧化碳排放(单位:万吨)

年份	进口来源国生产工艺	我国生产工艺	年份	进口来源国生产工艺	我国生产工艺
1997	8 720	55 200	2004	33 760	95 460
1998	8 360	55 040	2005	40 200	105 580
1999	9 610	57 210	2006	47 820	115 990
2000	13 200	62 160	2007	57 580	127 900
2001	14 160	63 370	2008	67 990	139 330
2002	17 220	67 510	2009	60 000	123 170
2003	24 500	80 100	2010*	82 680	169 940

* 2010 年数值为估计值。

总之,自 20 世纪 90 年代起,特别是 2001 年我国加入世界贸易组织之后,我国进出口贸易及其对环境的影响是非常显著的。整体说来,我国是二氧化碳排放净出口国,通过净出口贸易转移的二氧化碳排放由 1997 年的 4.93 亿吨增至 2009 年的 6.70 亿吨,到 2010 年将达到 8.34 亿吨。这表示其他国家(特别是发达国家)通过与我国的对外贸易很大程度地减少了本国的二氧化碳排放,增加了我国二氧化碳减排的负担。

三、2011 年我国对外贸易引致的二氧化碳排放预测

结合计量经济模型和智能预测方法,我们对 2011 年分产品的进出口值进行预测,并在此基础上预测 2011 年分产品进出口引致二氧化碳排放的数值。表 3 列出了 2011 年二氧化碳排放总量的预测值,其中,进口品分两种方式计算,情形 1 是进口隐含的其他国家的二氧化碳排放总额,情形 2 是因进口而避免的我国的二氧化碳排放量。

表 3　2011 年进出口额及引致二氧化碳排放总量预测

出口额/亿美元	出口引致二氧化碳排放/万吨	进口额/亿美元	进口引致二氧化碳排放/万吨		净出口引致二氧化碳排放/万吨
			情形 1	情形 2	
1 845 780	1 954 60	16 443.6	98 670	201 590	96 790

227

预测结果表明，我国 2011 年出口贸易引致的二氧化碳排放为 19.55 亿吨，进口贸易隐含的二氧化碳排放为 9.87 亿吨，贸易引致的二氧化碳排放净出口将进一步增加至 9.68 亿吨。这表示其他国家通过与我国的进出口贸易将二氧化碳排放转移给我国的总量将在 2011 年进一步增加。情形 2 的计算表明，我国因进口而避免的二氧化碳排放为 20.16 亿吨，大于出口引起的二氧化碳排放，但从进出口总额上看，我国出口额大于进口额，呈现贸易顺差。这是因为相对于出口品，进口品国内的二氧化碳排放强度系数较高。

结合分部门产品的出口预测，我们对 2011 年各部门出口贸易引致的二氧化碳排放量同样进行了预测。图 1 是各部门二氧化碳排放占出口总排放的比例。从图 1 中可以看出，出口引致二氧化碳排放最大的部门是通信设备、计算机及其他电子设备制造业，其引致的二氧化碳排放为 3.50 亿吨，占全部出口引致的二氧化碳排放总量的 18%；化学工业排在第二位，其引致的二氧化碳排放为 2.36 亿吨，达到出口引致的二氧化碳排放总量的 12%；电气机械及器材制造业出口引致的二氧化碳排放为 2.31 亿吨，居第三位；第四、五位分别是通用、专用设备制造业和纺织业，其产品出口引致的二氧化碳排放量分别为 1.88 亿吨和 1.68 亿吨。这五个部门产品出口引致的二氧化碳排放合计为 11.73 亿吨，占到出口引致的二氧化碳排放总量的 60%。这说明少数部门的出口产品集中了大部分的二氧化碳排放。考察这五个部门单位出口的二氧化碳排放强度系数，化学工业、电气设备及器材制造业、通用专用设备制造业的平均二氧化碳排放系数分别为 2.17 吨/万元、2.04 吨/万元和 1.98 吨/万元，远高于出口产品的平均二氧化碳排放系数 1.92 吨/万元；通信设备、计算机及其他电子设备制造业，纺织业的二氧化碳排放强

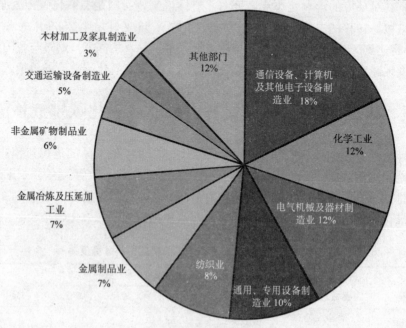

图 1   2011 年各部门出口贸易引致的二氧化碳排放

度系数相应较低，分别为 0.98 和 1.26 吨/万元，属于较低水平，但是由于其出口值的快速增长，其引致的二氧化碳排放总量增长非常迅速。总体来说，我国目前的出口产品结构仍以加工贸易的污染密集型产品为主。

图 2 显示了 2011 年我国由于进口贸易所避免的二氧化碳排放最大的十个部门占全部进口所避免的二氧化碳排放总量的比例。由于我国从其他国家进口商品可避免本国一部分的二氧化碳排放，因此，利用图 2，可通过分析我国各产业部门进口贸易对二氧化碳排放转移的影响，来验证我国贸易结构的合理性，包括进口产品的单位进口隐含的二氧化碳排放量是否相对较低，进口品是以污染密集型产品还是高技术产品和服务为主等。据估计，2011 年我国因进口而避免的国内二氧化碳排放总量为 20.16 亿吨。

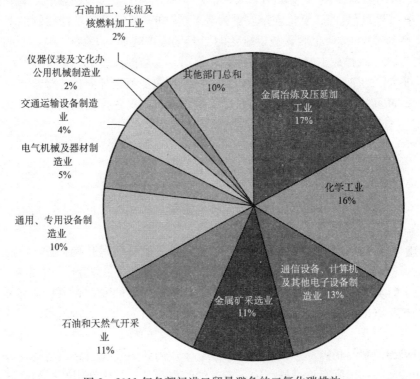

图 2　2011 年各部门进口贸易避免的二氧化碳排放

图 2 表明，因进口避免二氧化碳排放最多的是金属冶炼及压延加工业，该部门避免的二氧化碳排放量为 3.45 亿吨，占全部进口避免二氧化碳排放总量的 17%；其次是化学工业，其避免二氧化碳排放量为 3.25 亿吨，占全部进口避免二氧化碳排放总量的 16%；第三位是通信设备、计算机及其他电子设备制造业，其避免二氧化碳排放为 2.54 亿吨，占全部进口避免二氧化碳排放总量的 13%。对这几个部门国内二氧化碳排放系数进行分析可以发现，金属冶炼及压延业、石油和天然气开采业、化学工业的二氧化碳排放强度系数分别为 3.33 吨/万元总产出、1.48 吨/万元总产出和 0.86 吨/万元总产出，属于非常高的水平；金属矿采选业的二氧化碳排放强度系数为 0.40 吨/万元，属

于中等水平；通信设备、计算机及其他电子设备制造业的二氧化碳排放强度系数为0.04吨/万元，属于较低水平。总体来看，我国进口品的单位产出二氧化碳排放强度系数很高，可以理解为我国通过进口国内污染密集型的产品，从而大量减少了我国的生产国责任下的二氧化碳排放量，是一个对我国比较有利的进口结构，但是这并代表这些部门进口越多越好，解决问题的根本在于提高国内技术水平，降低各部门，特别是污染密集型部门的单位产出二氧化碳排放强度系数，从而减小整体二氧化碳排放量。

对比分产品结构的进出口贸易引致的二氧化碳排放可以发现，我国分产品结构贸易引致的二氧化碳排放呈现了"大进大出"的特征。通信设备、计算机及其他电子设备制造业出口引致的二氧化碳排放为3.50亿吨，而因进口减少的二氧化碳排放为2.54亿吨；出口引致的二氧化碳排放量第二大的部门——化学工业出口引致的二氧化碳排放为2.36亿吨，进口避免的二氧化碳排放量为3.25亿吨；电气设备及器材制造业出口引致的二氧化碳排放为2.31亿吨，进口避免的二氧化碳排放量为1.08亿吨，说明我国因贸易产生的二氧化碳排放主要集中在加工贸易部门。在节能减排的约束下，下一轮贸易结构升级应更加关注加工贸易出口结构的调整，以高附加值为导向，在继续提高具有自主知识产权的高新技术产品和机电产品在加工贸易出口中所占比重的同时，扩大原创设计类劳动密集型产品的加工贸易出口规模。

四、政策建议

鉴于以上分析，在国内节能减排和国际低二氧化碳经济的背景下，结合贸易结构优化，特提出以下政策建议：

第一，以高附加值低污染排放为导向，促进加工贸易结构升级。我国目前的高新技术和机电产品进出口贸易仍呈现二氧化碳排放"大进大出"的特点。据预测，2011年，通信设备、计算机及其他电子设备制造业因出口贸易引致的完全二氧化碳排放量为3.5亿吨，因进口其原材料及组件而避免的二氧化碳排放量为2.5亿吨；其他贸易领先行业如通用、专用设备制造业和化学工业也呈现不同程度的排放"大进大出"特征。这说明我国目前进出口贸易仍以加工贸易为主，在近十年内并未实现明显的结构升级。面临着日益增加的实际和国际舆论减排压力，应在继续提高具有自主知识产权的高新技术产品和机电产品在加工贸易出口中所占比重的同时，扩大原创设计类劳动密集型产品的加工贸易出口规模，鼓励企业从国际分工的低端向中高端转变，实现高新技术和机电产品贸易，特别是加工贸易结构，朝高附加值低污染值的方向升级，以应对国际经济贸易格局的新变化。

第二，差别性、结构性地下调出口退税率。测算结果表明，单位排放强度很高的产品不仅包括传统意义上的"两高一资"（高污染、高能耗、资源性）产品，同样也包括处于国际产业链低端的高新技术加工贸易出口产品。对这些实际意义上的"两高一资"产品，不仅应取消出口退税，还要征收出口税，抑制它的出口；个别产品可率先征收"碳税"，所得的税收再补贴给行业中注重技术创新和提高能源利用效率的企业，在促进企业走上良性发展的道路的同时，避免美国未来二次征收"碳关税"的可能性。

第三，适当扩大石油、天然气等能源进口，积极发展新能源和可再生能源，改善能源使用结构。目前煤炭作为最大的能源矿种，在我国能源消费中仍处于主导地位。由于石油和天然气产生单位热量时的二氧化碳排放量比煤炭低 10%～30%，因此可以增加石油、天然气等能源的消费。另外，二氧化碳排放更低的新能源和可再生能源则是未来能源结构调整中的重点。因此，可适当扩大天然气、石油等资源性产品进口，积极发展新能源和可再生能源，改善能源使用结构，这不仅是减少国家二氧化碳排放的有效途径，也是满足我国经济快速发展带来能源消费增加的需求。

第四，完善激励机制，切实提高出口企业节能减排的积极性。鼓励企业转变外贸增长方式，在做好一些传统产品的同时，力争在各个产品线上、在各个产业上去开拓那些高附加价值的环节，有效降低单位 GDP 的完全二氧化碳排放强度。同时加大对研发的投资力度，鼓励技术创新，推动出口企业工艺、设备的升级换代，积极提倡使用耗能少、效率高、污染小的工艺和设备，淘汰落后工艺和设备，减少生产过程的能耗和物耗，稳步推进节能降耗减排工作。

第五，为进一步优化贸易结构，必须进一步加快推进产业结构升级。出口结构是产业结构的反映，产业结构是出口结构的基础。政府需要调整产业政策重心，不再以出口拉动经济增长为唯一目标，而应同时考虑节能减排目标。近年来钢铁、冶金、化工等高耗能、高污染行业的投资高速增长，是受高利润的驱动，但如果把土地、水等资源价格被严重低估、政府对企业的环保要求不严等因素考虑进来，这些行业的合理利润水平就会大大降低。应以优化资源利用方式和提高资源利用效率为核心，以节能、节水、降耗、减排为重点，以技术创新和制度创新为动力，进一步优化贸易结构，继续加快产业结构调整，努力形成低碳经济发展新格局。